技工院校一体化课程教学改革汽车维修专业教材

汽车底盘维修

人力资源和社会保障部教材办公室组织编写

中国劳动社会保障出版社

内容简介

本书主要内容包括：离合器打滑的拆检、变速器无法挂挡的拆检、驱动桥异响的拆检、减振器漏油的拆检、转向沉重的拆检、制动拖滞的拆检、ABS警报灯亮的拆检等。

图书在版编目(CIP)数据

汽车底盘维修/人力资源和社会保障部教材办公室组织编写. —北京：中国劳动社会保障出版社，2013

技工院校一体化课程教学改革汽车维修专业教材

ISBN 978-7-5167-0523-0

Ⅰ.①汽…　Ⅱ.①人…　Ⅲ.①汽车-底盘-车辆修理-技工学校-教材　Ⅳ.①U472.41

中国版本图书馆CIP数据核字(2013)第192877号

中国劳动社会保障出版社出版发行

（北京市惠新东街1号　邮政编码：100029）

出版人：张梦欣

*

北京市艺辉印刷有限公司印刷装订　新华书店经销

787毫米×1092毫米　16开本　19印张　388千字

2013年8月第1版　2024年5月第13次印刷

定价：36.00元

营销中心电话：400-606-6496

出版社网址：http://www.class.com.cn

http://jg.class.com.cn

技工院校一体化课程教学改革教材编委会名单

编审人员

主　编：张　萌

参　编：戴庆海　陈金伟　王　建　孙善德　刘金峰　李子忠　苏　州
卫云贵

主　审：李景芝

顾　问：朱永亮　张利芳　张晓梅

序

人才是我国经济社会发展的第一资源，技能人才是人才队伍的重要组成部分。党中央、国务院高度重视技能人才队伍建设工作，2009 年 12 月，胡锦涛总书记在视察珠海市高级技工学校时指出："没有一流的技工，就没有一流的产品"、"技能型人才在推进自主创新方面具有不可替代的重要作用"。技工院校是系统培养技能人才的重要基地。多年来，技工院校始终紧紧围绕国家经济发展和劳动者就业，以满足经济发展和企业对技术工人的需求为办学宗旨，形成了鲜明的办学特色，为国家培养了大批生产一线技能劳动者和后备高技能人才。

当前，我国处于全面建设小康社会的关键时期，随着加快转变经济发展方式、推进经济结构调整以及大力发展高端制造产业等新兴战略性产业，迫切需要加快培养一大批具有精湛技能和高超技艺的技能人才。为了遵循技能人才成长规律，切实提高培养质量，进一步发挥技工院校在技能人才培养中的基础作用，从 2009 年开始，我部借鉴国内外职业教育先进经验，在全国 17 个省（区、市）的 30 所技工院校启动了一体化课程教学改革试点工作，推进以职业活动为导向，以校企合作为基础，以综合职业能力培养为核心，理论教学与技能操作融合贯通的一体化课程教学改革。这项改革试点将传统的以学历为基础的职业教育转变为以职业技能为基础的职业能力教育，促进了职业教育从知识教育向能力培养转变，努力实现"教、学、做"融为一体，收到了积极成效。改革试点得到了学校师生的充分认可，普遍反映一体化课程教学改革是技工院校一次"教学革命"，学生的学习热情、教学组织形式、教学手段和学生的综合素质都发生了根本性变化。试点的成果表明，一体化课程教学改革是转变技能人才培养模式的重要抓手，是推动技工院校改革发展的重要举措，也是人力资源社会保障部门加强技工教育和在职业培训工作的一个重点项目。

教学改革的成果最终要以教材为载体进行体现和传播。根据我部推进一体化课程教学改革的要求，一体化课程改革专家、几百位试点院校的骨干教师以及中国人力资源和社会保障出版集团的编辑团队，用了三年多的时间，组织实施了一体化课程教学改革试点，并将试点中形成的课程成果进行了整理、提炼，汇编成“活页”教材。这套教材不仅在形式上打破了传统教材的编写模式，而且在内容上突破了传统教材的结构体例，在国内职业教育培训教材领域中均属首创。这套教材及配套资料的出版，不仅是本次一体化课程教学改革试点工作的阶段性总结，也是一体化课程教学改革不断深化和全面推广的一个起点。希望全国技工院校将一体化课程教学改革作为创新人才培养模式、提高人才培养质量的重要抓手，进一步推动教学改革，促进内涵发展，提升办学质量，为加快培养合格的技能人才作出新的更大贡献！

人力资源和社会保障部副部长

王晓初

二〇一二年八月

活页式教材使用说明

◆ 页码编排方式

为了更加方便地在教材中增删和替换内容，页码采用“学习任务编号－学习活动编号－页码号”三级编排形式，如“3-2-4”表示“学习任务三”的“学习活动 2”的第 4 页。

◆ 过程评价表使用方法

教材中设计了“自评表”、“互评表”、“教师总评表”、“综合评价表”等评价表格，表头上有“班级”、“姓名”、“学号”等信息栏，从活页教材中取出评价表填写后可以单独提交。

◆ 教材内容更新方法

中国人力资源和社会保障出版集团将根据一体化课程教学改革的推进以及科学技术的发展和不同地域的需要，不断补充和更新教材中的学习任务和学习活动，学校可以从“技工院校一体化教学资源网（http：//yth.cott.org.cn）”下载（需在网站注册）。通过网站还可以了解到更多的一体化课程教学改革信息和下载相关资源。

◆ 便携式活页夹和 PVC 保护板使用方法

使用教材中附赠的便携式活页夹，可以灵活方便地将教材中部分内容携带至一体化教学场地。教材内附的整张 PVC 保护板可以作为学习记录垫板使用。

◆ 参考用书选用方法

在学习过程中，学生需要查阅大量参考资料，下表为中国人力资源和社会保障出版集团出版的适宜本专业一体化教学使用的参考书目录。

汽车维修专业一体化教学参考书目录（中级阶段）

序号	书号	书名
1	978-7-5045-8590-5	汽车文化
2	978-7-5045-8832-6	汽车结构
3	978-7-5045-8843-2	汽车识图
4	978-7-5045-8914-9	机械常识与维修基础
5	978-7-5045-8422-9	汽车电路知识与基本操作技能
6	978-7-5045-9057-2	汽车发动机构造与维修
7	978-7-5045-7647-7	汽车电控发动机构造与维修
8	978-7-5045-8874-6	汽车底盘构造与维修
9	978-7-5045-9005-3	汽车电气设备构造与维修
10	978-7-5045-8457-1	汽车底盘与车身电控技术
11	978-7-5045-7574-6	汽车自动变速器构造与维修
12	978-7-5045-8508-0	汽车维护实训
13	978-7-5045-8421-2	汽车故障诊断

目　录

学习任务一　离合器打滑的拆检

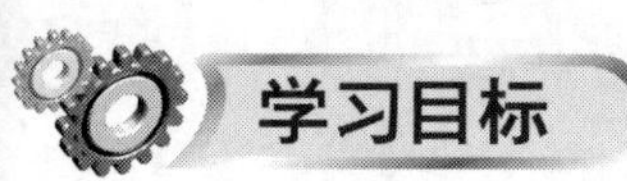

1. 能按照车间安全防护规定穿戴劳保用品，执行安全操作规程，树立安全文明操作意识。
2. 能查阅维修手册，描述离合器的拆装工艺。
3. 能描述离合器的作用、结构组成及工作原理。
4. 能结合图片描述离合器的工作情况。
5. 能描述离合器的检查项目及技术要求。
6. 能对离合器进行规范地拆装及检查。
7. 能主动获取有效信息，对工作进行总结，能与他人合作，进行有效沟通。

60 学时

一辆轿车在起步时车身发抖、无力，伴随发动机转速很高，能闻到焦臭味，勉强开至修理厂进行维修。经组长诊断为离合器打滑故障，需要对离合器进行拆检。你作为维修人员，首先应确定维修方案，按照规范的要求对该车的离合器总成进行拆卸，并按照维修手册的要求对离合器进行解体检查及更换操作，最终检验合格后交车。

1. 明确学习任务

2. 离合器的认知
3. 分析故障原因并制订维修方案
4. 离合器的检修
5. 评价反馈

学习活动1　明确学习任务

学习目标

1. 能描述汽车离合器的作用和基本类型。
2. 能结合实训车辆说明离合器零部件的安装位置。
3. 能说明汽车的动力传递路线。

建议学时：6学时

学习过程

一、认知汽车传动系

1. 汽车传动系的作用是什么？

2. 汽车传动系有哪些类型？

3. 根据下图所示汽车传动系的结构填空。

1
2
3
4
5
6

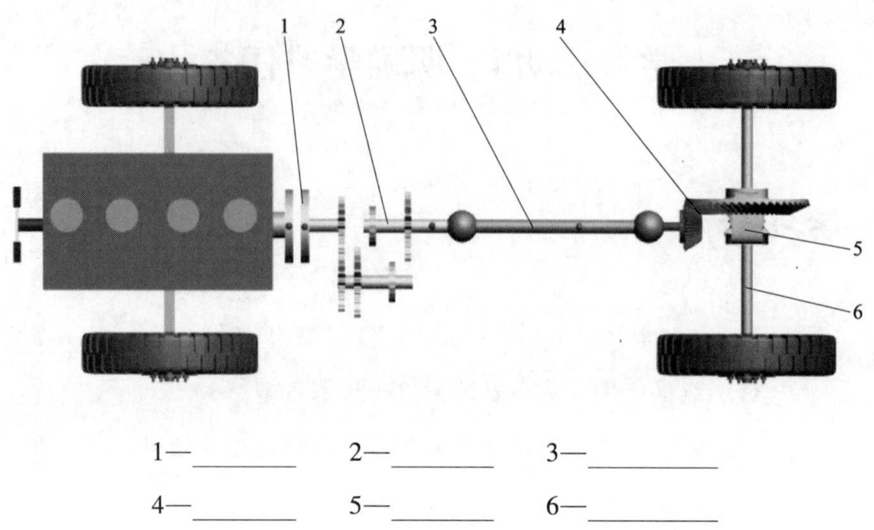

1—________　　2—________　　3—________

4—________　　5—________　　6—________

4．结合下图讨论和分析汽车发动机的动力传递路线，并在实车上找到相应部件的安装位置。

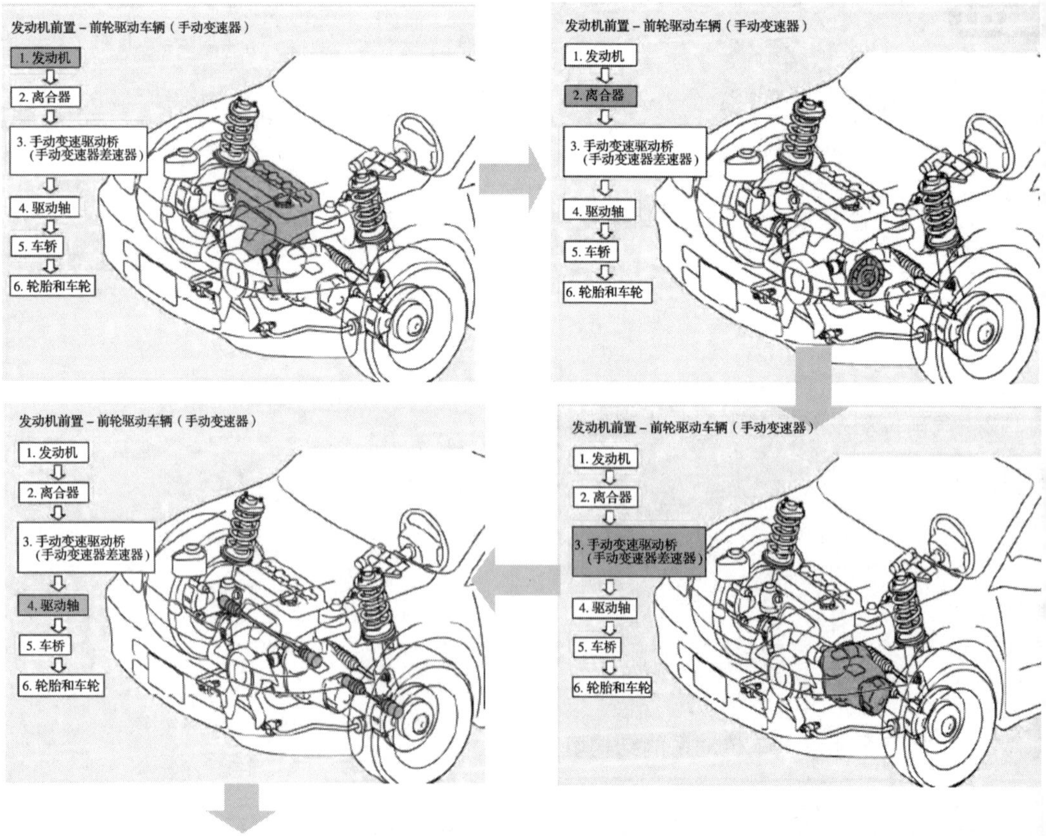

发动机前置－前轮驱动车辆（手动变速器）
1. 发动机
2. 离合器
3. 手动变速驱动桥（手动变速器差速器）
4. 驱动轴
5. 车桥
6. 轮胎和车轮
发动机前置－前轮驱动车辆（手动变速器）
1. 发动机
2. 离合器
3. 手动变速驱动桥（手动变速器差速器）
4. 驱动轴
5. 车桥
6. 轮胎和车轮
发动机前置－前轮驱动车辆（手动变速器）
1. 发动机
2. 离合器
3. 手动变速驱动桥（手动变速器差速器）
4. 驱动轴
5. 车桥
6. 轮胎和车轮
发动机前置－前轮驱动车辆（手动变速器）
1. 发动机
2. 离合器
3. 手动变速驱动桥（手动变速器差速器）
4. 驱动轴
5. 车桥
6. 轮胎和车轮

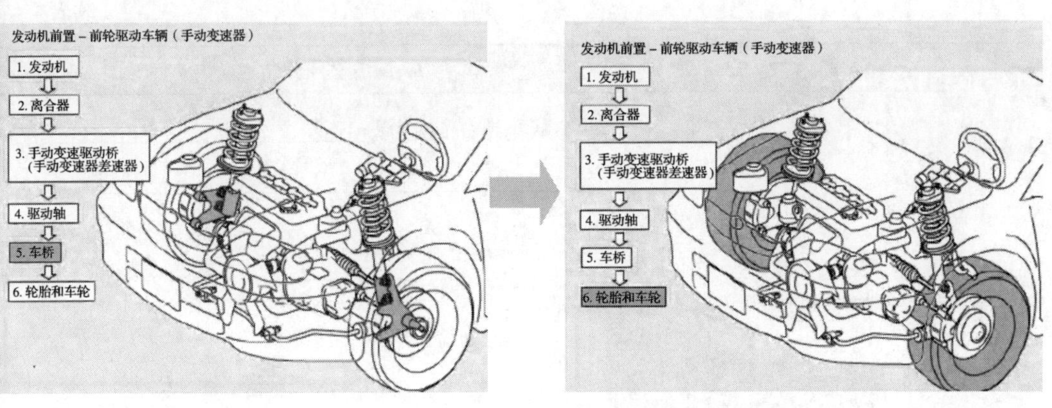

二、认知离合器

1. 根据上述发动机的动力传递路线，讨论、总结并描述离合器的三个作用。

作用 1：起步时____

____

作用 2：换挡时____

____

作用 3：过载时____

____

2. 查阅资料填写下表。

图示	作用和特点
	离合器油储液罐（右侧箭头所示）： 制动油储液罐（左侧箭头所示）：

续表

图示	作用和特点
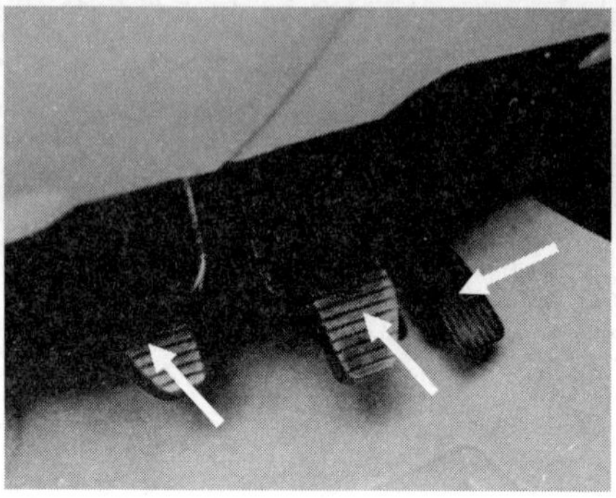	从左到右依次为：________________ ________________ 离合器踏板： 制动踏板： 加速踏板：

三、总结与思考

1. 离合器有哪些类型?

2. 结合离合器的作用，简述离合器应满足的要求。

学习活动 2　离合器的认知

学习目标

1. 能描述汽车离合器的结构和组成。
2. 能对照实物描述离合器的工作原理。

建议学时：8 学时

学习过程

1. 根据相关资料补全离合器的组成。

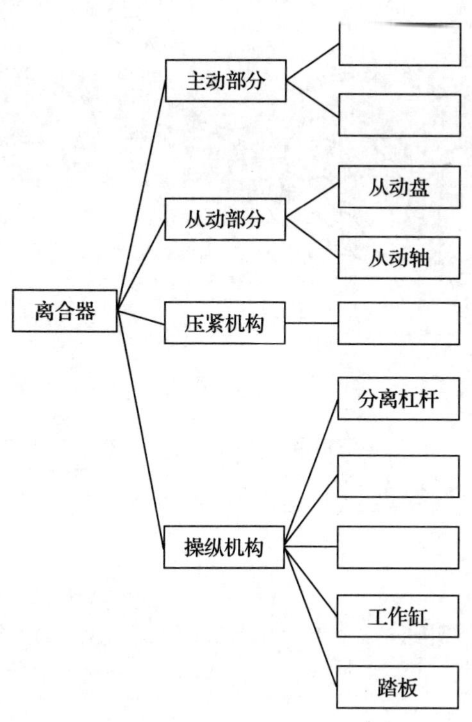

2. 根据下图的标注，写出相应部件的名称。

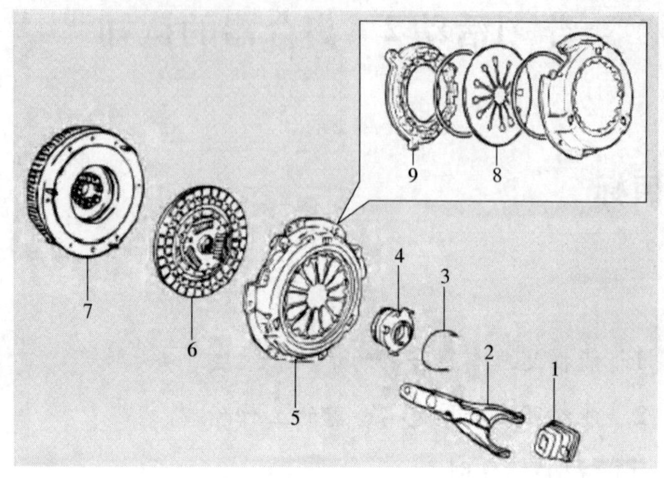

离合器的结构

1—__________ 2—__________ 3—__________ 4—__________

5—__________ 6—__________ 7—__________ 8—__________

9—__________

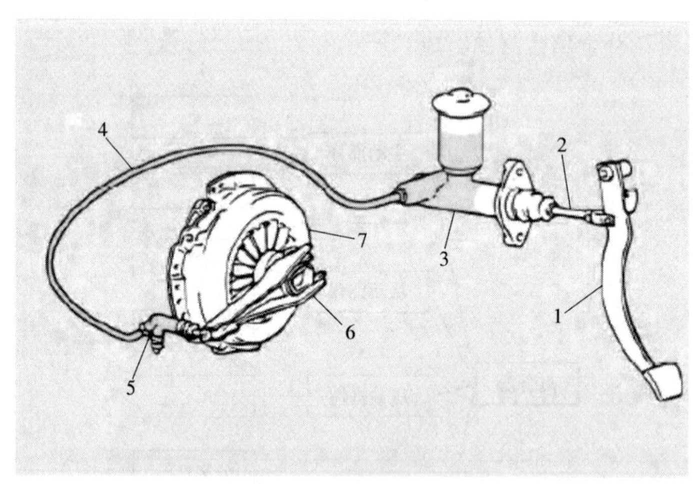

离合器液压操纵机构的结构

1—__________ 2—__________ 3—__________ 4—__________

5—__________ 6—__________ 7—__________

3. 根据膜片式摩擦离合器图示，在右侧方框内绘制其结构简图。

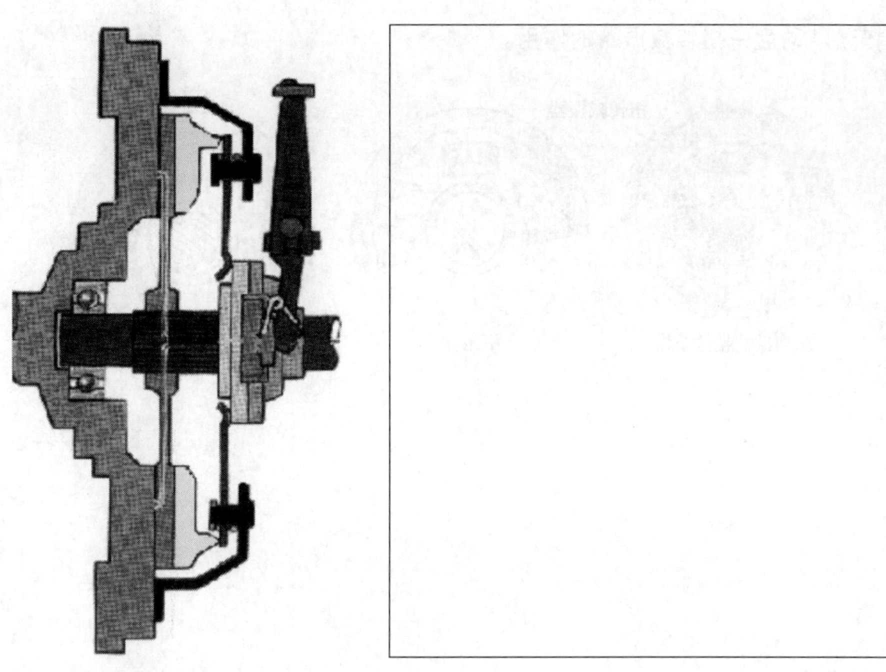

4. 以文字的形式描述离合器的工作过程。

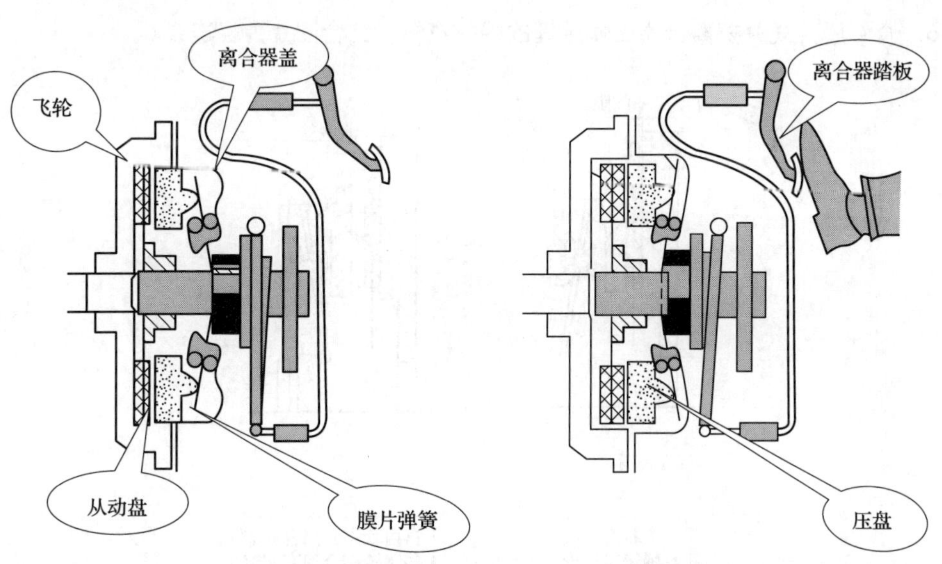

离合器接合过程	离合器分离过程

5．描述从动盘中扭转减振器的作用。

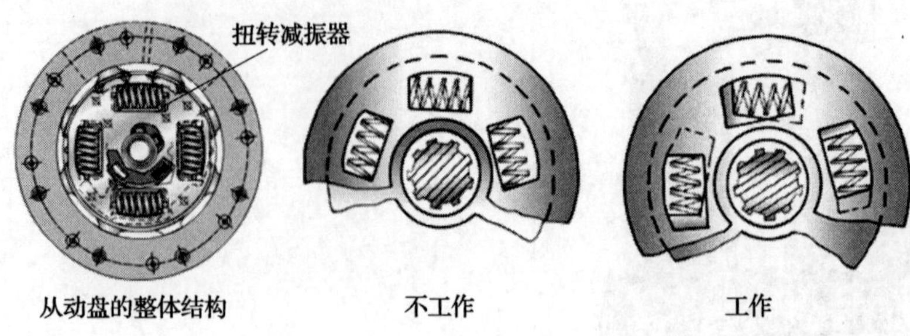

6．查阅膜片式摩擦离合器工作原理的相关资料，结合图片内容连线。

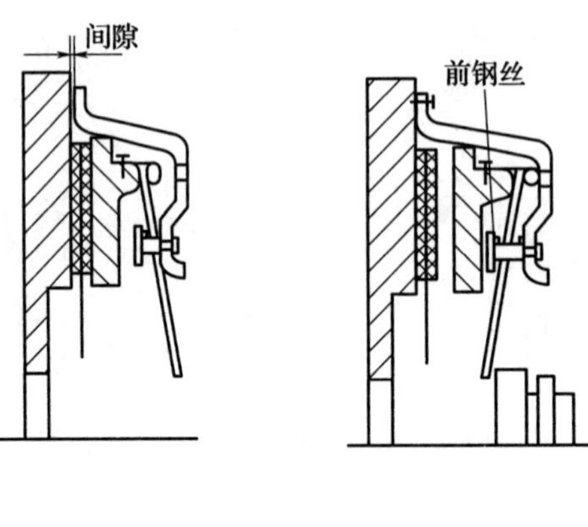

分离状态，膜片弹簧呈反形

自由状态，离合器盖与飞轮接合面有间隙

7. 总结与思考

(1) 液压式离合器操纵机构和机械式离合器操纵机构在结构上有哪些区别?

(2) 什么是离合器踏板的自由行程?

学习活动3　分析故障原因并制订维修方案

学习目标

1. 能结合汽车离合器的结构和原理，制订离合器拆检的维修方案。

2. 能规范地完成离合器的拆装。

3. 能分析离合器打滑的故障原因。

建议学时：10学时

学习过程

1. 查阅维修手册或资料，列举造成离合器打滑的原因，分小组向全班同学展示说明。

故障现象	离合器打滑	备注
表现形式		
可能原因		

2. 通过查阅维修手册或资料，填写以下内容。

（1）实训车辆的车型是＿＿＿＿＿＿＿＿＿＿＿＿。

（2）离合器总成拆卸前，列出需要准备的安全用具及设备，说明其用途和作用。

序号	安全用具及设备	用途和作用
1	车轮挡块	
2		举升车辆
3	支承凳	
4	拆装托架	
5		
6		

3. 参照维修手册，写出离合器总成的拆装步骤及注意事项，进行离合器的拆装实训。

项目	维修手册拆装步骤	注意事项及要求	使用工具及设备	实际拆装步骤
离合器总成				

续表

项目	维修手册拆装步骤	注意事项及要求	使用工具及设备	实际拆装步骤
离合器总成				

4. 总结与思考

（1）什么情况下需要进行离合器的拆装?

（2）离合器分离不彻底的故障原因有哪些?

学习活动4 离合器的检修

学习目标

1. 能结合汽车离合器的结构和原理规范地对离合器零部件进行检修。

2. 能熟练使用工量具。

建议学时：32学时

学习过程

1. 从动盘的检修

从动盘的主要损伤有：摩擦片的磨损变薄、烧蚀、表面龟裂、油污、铆钉外露或松动，从动盘钢片翘曲，减振弹簧损坏，花键轴套内的花键磨损等。根据损伤形式不同，描述离合器从动盘的检测方法和注意事项。

2. 膜片弹簧的检修

膜片弹簧因经受长时间负荷的作用而疲劳，易造成弯曲、折断或弹力减弱，影响其动力的传递。如弯曲必须进行校正，折断应予以更换。根据图示描述离合器膜片弹簧的检测方法和注意事项。

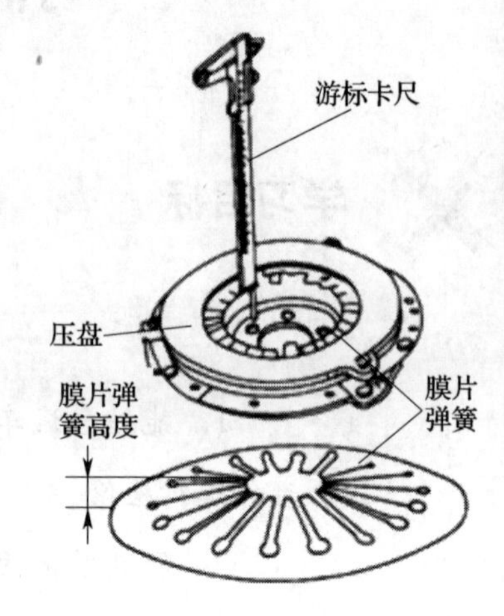

3. 分离轴承的检修

由于分离轴承是永久地加注润滑脂而不需要加注润滑油，因而当发现脏物时，用干布擦净即可，出现噪声无法消除时，必须更换。检查与分离轴承的膜片弹簧接触面是否有磨损，如与轴承的分离叉接触面有异常磨损，应予更换。注意：分离轴承中填充有润滑脂，不能用油类等清洗。根据图示描述分离轴承检测的方法和注意事项。

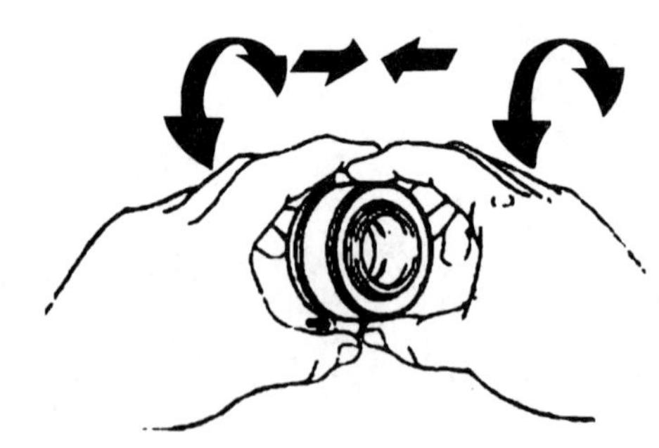

4. 离合器踏板自由行程（自由间隙）的调整

（1）为了消除____________和____________之间的间隙和机件之间的间隙，离合器踏板所走过的距离，称为离合器踏板自由行程。

（2）离合器踏板自由行程过大的故障原因是什么?

（3）离合器踏板自由行程过小或没有自由行程的故障原因是什么?

（4）根据图示描述离合器踏板自由行程的调整方法。

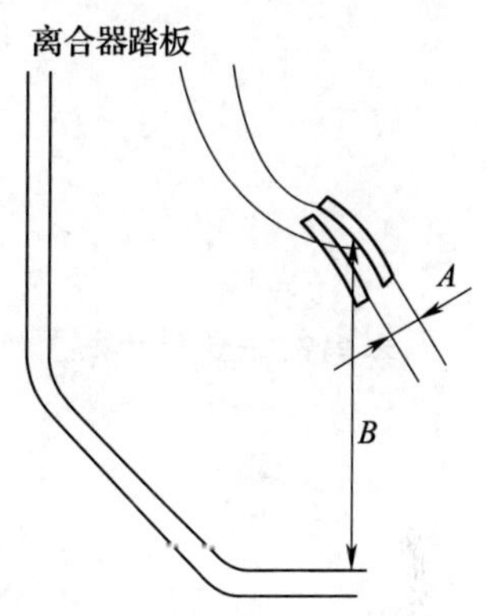

5. 离合器打滑的故障分析

根据离合器打滑的故障点参考信息，以鱼骨图、故障树的形式绘制故障分析图。

参考信息：（1）踏板自由间隙不正确，调整；（2）油管堵塞，修理或更换；（3）离合器摩擦片过度磨损，更换；（4）离合器片硬化或表面油污，更换；（5）压盘或飞轮损坏，更换；（6）膜片弹簧磨损或损坏，更换。

6. 总结与思考

（1）离合器除了打滑还可能出现哪些故障?

（2）如果离合器在汽车起步时不能实现分离，有什么应急处理的办法?

学习活动5　评 价 反 馈

学习目标

1. 能说明离合器检测的国家标准和企业标准。
2. 能检验离合器打滑故障的排除。
3. 能进行自检，发现工作中的问题并改进。

建议学时：4 学时

学习过程

1. 维修手册要求的离合器相关检验标准有哪些?

2. 参照企业标准，检验离合器是否打滑，写出检查离合器的评价点。

3. 如果你需要向客户进行说明，你会给客户哪些使用建议？

(1) ______________________________

(2) ______________________________

(3) ______________________________

4. 通过本任务的学习，总结收获与不足。

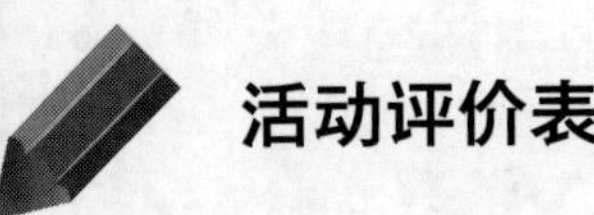

活动评价表

学习任务一评价表

班级：________　　　　姓名：________　　　　学号：________

项目	自我评价			小组评价			教师评价		
	10 ~ 9	8 ~ 6	5 ~ 1	10 ~ 9	8 ~ 6	5 ~ 1	10 ~ 9	8 ~ 6	5 ~ 1
	占总评 10%			占总评 30%			占总评 60%		
学习活动 1									
学习活动 2									
学习活动 3									
学习活动 4									
学习活动 5									
协作精神									
纪律观念									
表达能力									
工作态度									
安全意识									
任务总体表现									
小计									
总评									

任课教师：________　　　年　　　月　　　日

学习任务二　变速器无法挂挡的拆检

学习目标

1. 能描述汽车变速器的变速变扭原理。

2. 能描述手动变速器的组成、结构和工作原理。

3. 能描述自动变速器的组成、结构、工作原理及挡位使用方法。

4. 能分析手动变速器的动力传递路线。

5. 能描述换挡操纵机构与同步器的工作原理。

6. 能列举变速器常见的故障并分析原因。

7. 能完成手动变速器油液的更换和操纵机构的调整。

8. 能识别手动变速器总成的主要零部件。

9. 能根据维修手册按规范进行手动变速器的拆卸、解体、清洗、装配作业，并在规定时间内完成操作及做相应记录。

建议学时

60 学时

工作情境描述

某客户抱怨其汽车（手动挡）在行驶过程中不能顺利地从 3 挡挂入 4 挡，并伴有齿轮撞击声，有时完全不能挂入挡位。将车送到维修站后，经服务顾问初步判断，怀疑变速器操纵机构或同步器出现故障，交予机电组进一步检修。你作为机电组维修人员，需在规定时间内按专业要求（参照维修资料）对上述变速器进行检修与零部件更换，并做好记录，交付服务顾问试车验收。

教学流程与活动

1. 明确学习任务
2. 手动变速器的认知
3. 自动变速器的认知
4. 分析故障原因并制订维修方案
5. 手动变速器的故障排除
6. 评价反馈

学习活动1　明确学习任务

学习目标

1. 能描述变速器的作用、类型和安装位置。

2. 能进行发动车辆前的准备工作。

3. 能验证并体会变速器无法挂挡的故障，记录现象和感受。

建议学时：4学时

学习过程

一、变速器的作用、类型和安装位置

1. 根据以下提示写出变速器的主要作用。

（1）汽车上所应用的发动机具有转矩变化范围小、转速高的特点，无法满足汽车起步、行驶中各种不同的驾驶需求。作用：________________

（2）发动机的旋转方向从前往后看为顺时针方向，且不能改变，而汽车实际行驶过程中常常需要倒向行驶。作用：________________

（3）在发动机起动和怠速运转、变速器换挡、汽车滑行和暂时停车等情况下，都需要中断发动机的动力传动。作用：________________

2. 变速器按传动比的级数可以分为________、________、________三种，按照操纵方式可以分为__________、__________两种，按照前进时所用轴的数目可以分为________、________两种。组员之间相互说明不同变速器的特点。

3. 识别图中A、B分别属于哪种驱动形式？手动变速器安装在车辆的哪个位置？在图中标出变速器，并在实车上找到。

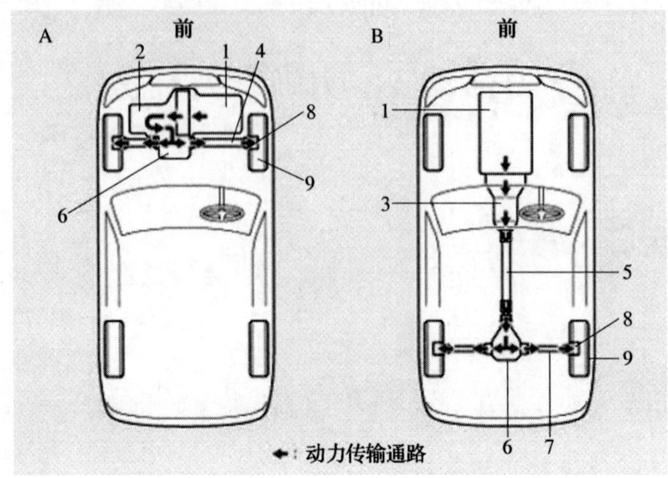

发动机将动力经传动系传递到车轮上，驱动形式主要有两种：

FF（发动机前置/前轮驱动车辆）对应图__________。

FR（发动机前置/后轮驱动车辆）对应图__________。

4．普通齿轮式变速器由_________机构和________机构两大部分组成。变速传动机构主要是通过不同齿数的________组成不同的动力传递路线（组成不同传动比的挡位）。操纵机构主要是进行传动比的变换，即________。

二、验证并体会故障，记录现象和感受

1．作为维修人员，接受故障车后，应该对车辆进行__________，而不是盲目去______车辆。如检查外观是否磕碰，打开发动机舱盖后确定各油壶的油液是否正常等，然后再发动车辆，确定________________，仔细体会感受，并记录。

2．验证故障前应做哪些准备工作?

3. 记录手动变速器无法挂挡的故障现象。

（1）是某个挡位挂入困难还是所有挡位都挂入困难：______________

（2）换挡时是否有异响：______________

（3）离合器踏板行程和踏板力大小：______________

三、总结与思考

1. 为什么起动车辆前要对机油液位、冷却液液位、制动液液位进行检查？

2. 发动机纵置和发动机横置对变速器布置有何影响？

3. 叙述规范的手动变速器换挡动作流程。

学习活动 2　手动变速器的认知

学习目标

1. 能描述手动变速器的组成、结构和变速变扭原理。

2. 能识别手动变速器总成的主要零配件，并描述不同类型手动变速器的结构特点。

3. 能利用各种途径查找手动变速器相关资料信息。

建议学时：14 学时

学习过程

一、手动变速器的组成和结构

1. 在图中分别找出变速器传动机构、操纵机构的零部件，并说出各零部件的名称。

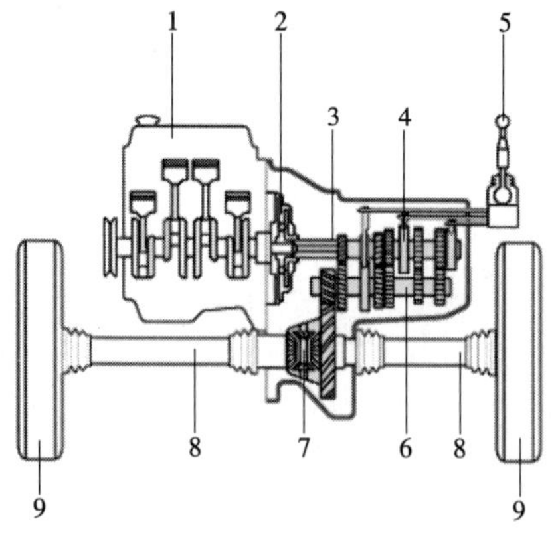

1—________

2—________

3—________

4—________

5—________

6—________

7—________

8—________

9—________

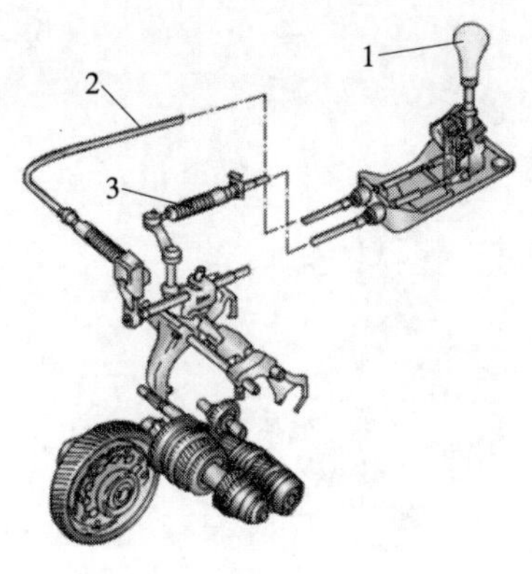

1—__________

2—__________

3—__________

2. 变速传动机构安装在变速器壳内，分为两轴式和三轴式。两轴式手动变速器的变速传动机构有输入轴（第____轴）和输出轴（第____轴），二轴______布置，输入轴也是离合器的______轴，输出轴也是主减速器的主动锥齿轮轴。三轴式手动变速器有三根主要的传动轴：输入轴、输出轴和______轴，另外还有倒挡轴。

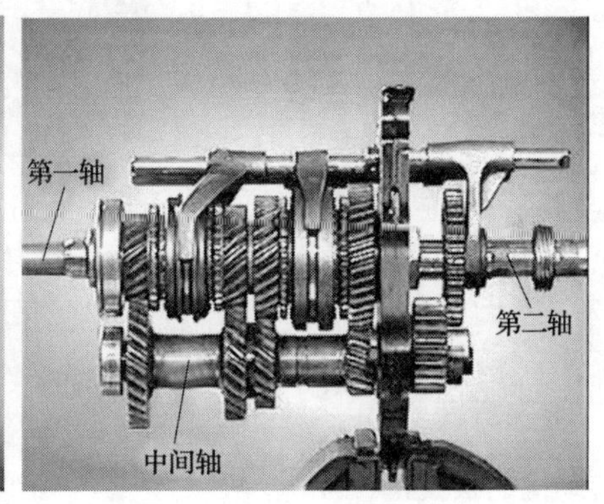

3. 运用所学知识，辨别实训车辆的手动变速器是属于两轴式还是三轴式?

二、手动变速器的变速、变扭、变向原理

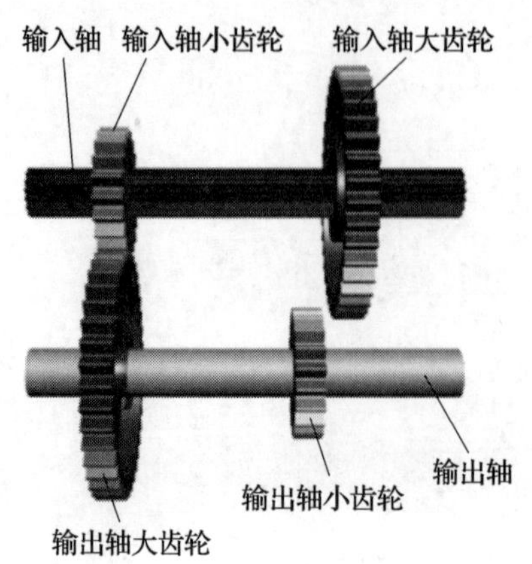

图 a

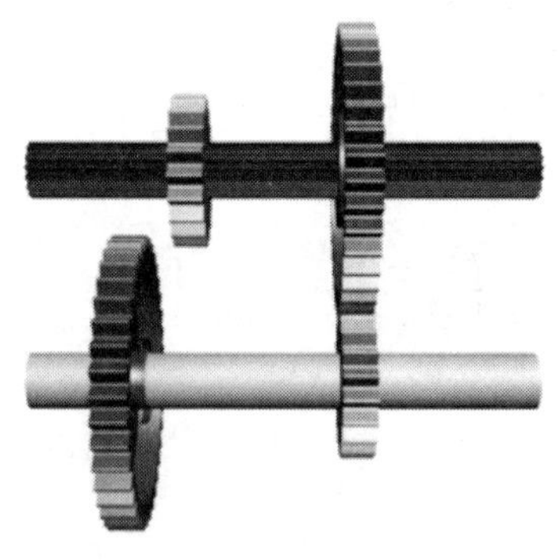

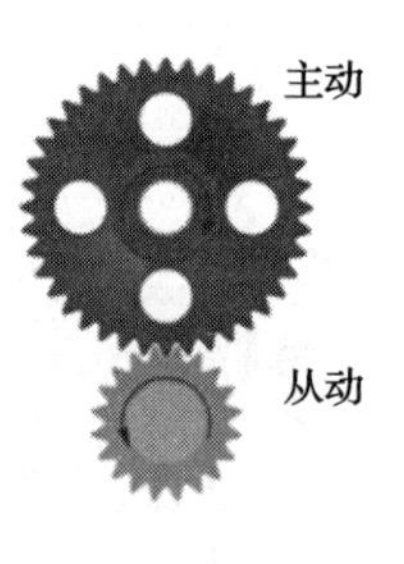

图 b

1. 变速原理

传动比的公式：

$$i = n_1/n_2 = z_2/z_1$$

式中

i——传动比；

n_1——主动轴（输入轴）转速；

n_2——从动轴（输出轴）转速；

z_1——主动轴（输入轴）齿轮齿数；

z_2——从动轴（输出轴）齿轮齿数。

写出传动比的定义：______________________________

____

假设上面图 a 中，主动齿轮有 12 个齿，从动齿轮有 48 个齿，则传动比为________。

假设上面图 b 中，主动齿轮有 60 个齿，从动齿轮有 20 个齿，则传动比为________。

图 a 中小齿轮带大齿轮，可以起到__________（增速/减速）作用；图 b 中大齿轮带小齿轮，可以起到__________（增速/减速）作用。

2．变矩原理

$$力矩 = 力 \times 力臂，即 M = F \times L$$

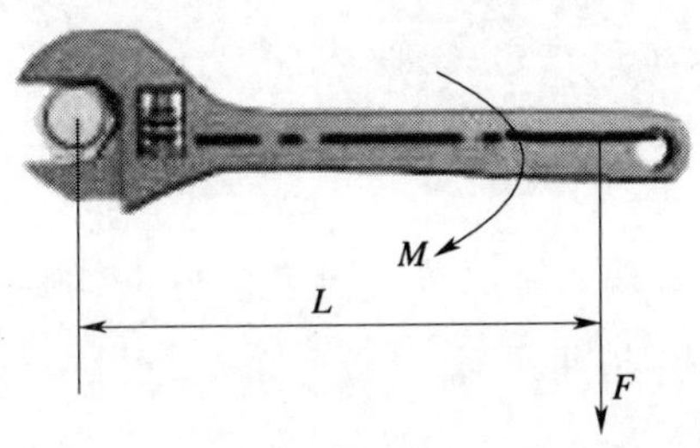

每个齿轮都是一个承受作用力的旋转杠杆，此处力臂即齿轮的半径。

齿轮 a：$M_1 = F_1 \times d_1/2$

齿轮 b：$M_2 = F_2 \times d_2/2$

如果 $F_1 = F_2$，$d_1 < d_2$，那么 $M_1 < M_2$。因此，齿轮直径越大，受到的力矩越大。

假设相互啮合的两个齿轮，齿轮 1 的直径 $d_1 = 50$ mm，齿轮 2 的直径 $d_2 = 200$ mm，比较两个齿轮的受力和力矩的大小关系。

M_1______________M_2（大于/等于/小于）

F_1________F_2　（大于/等于/小于）

结论：图 a 小齿轮带大齿轮，可以__________（增大/减小）传递扭矩；图 b 大齿轮带小齿轮，可以__________（增大/减小）传递扭矩。

3．变向原理

（1）内啮合

内啮合齿轮的旋转方向__________（相同/相反）。

图中已知一个齿轮的旋转方向，标出另一个齿轮的旋转方向。

(2) 外啮合

外啮合齿轮的旋转方向__________(相同/相反)。

图中已知一个齿轮的旋转方向，标出另一个齿轮的旋转方向。

(3) 奇数对齿轮的输入、输出轴旋转方向______(相同/相反)；偶数对齿轮的输入、输出轴旋转方向________(相同/相反)。

(4) 前进挡：驱动齿轮与从动齿轮的转动方向__________(相同/相反)。

倒车挡：驱动齿轮与从动齿轮的转动方向__________(相同/相反)。

中间齿轮又称为__________，只改变__________(方向/传动比)，不改变__________(方向/传动比)。

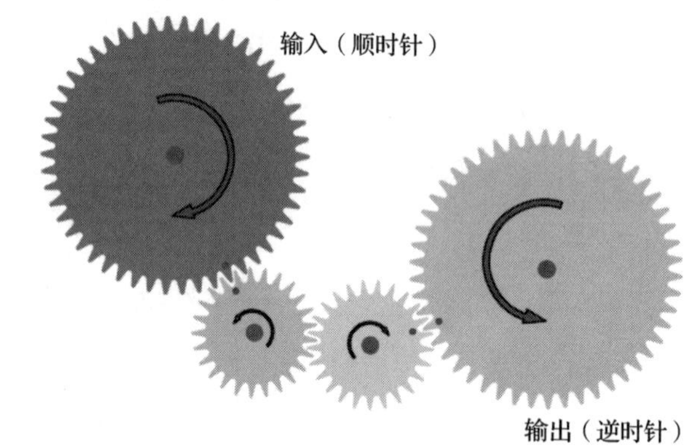

三、手动变速器的传动路线

在进行手动变速器故障诊断之前，需要根据实物画出动力传递示意图，以便熟悉传递路线。

1. 参照图示，结合所提供的手动变速器（两轴式），查找维修资料识别零件名称，将下表补充完整。

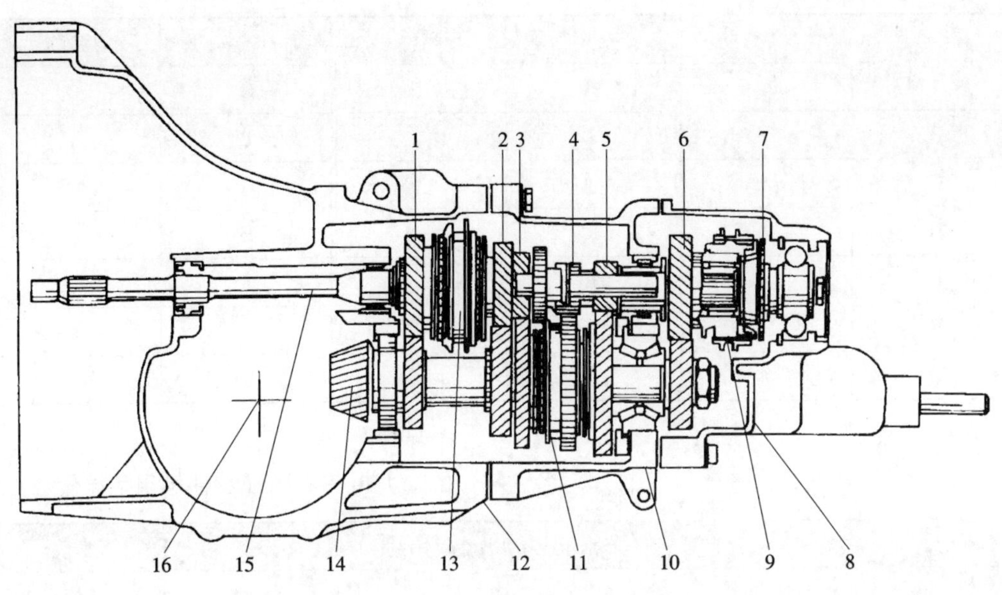

序号	名称	序号	名称
1		9	
2		10	
3		11	
4		12	
5		13	
6		14	
7		15	
8		16	

2. 下图是 5 挡变速器（三轴式）的剖视图，写出下列各部件的名称。

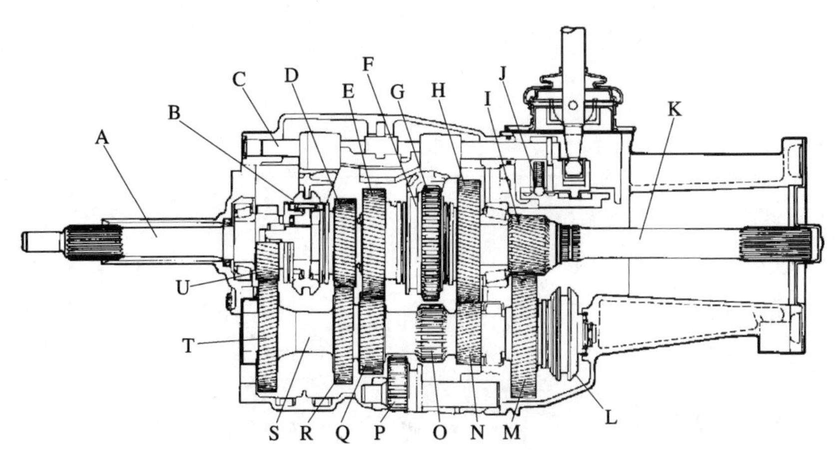

代号	名称	代号	名称	代号	名称
A		H		O	
B		I		P	
C		J		Q	
D		K		R	
E		L		S	
F		M		T	
G		N		U	

3. 写出上图5挡变速器（三轴式）各个挡位的动力传递路线（零件可用字母代替）。

挡位	动力传递路线
1挡	
2挡	
3挡	
4挡	
5挡	
倒挡	

4. 下图为5挡变速器的剖视图，有3个同步器，通过移动拨叉轴可实现____个前进挡、____个倒挡、1个空挡。其中两个同步器具有____个固定位置，另一个同步器具有____个固定位置。

结合下图在表格内给挂入各个挡位后的拨叉所在的位置打上“×”。

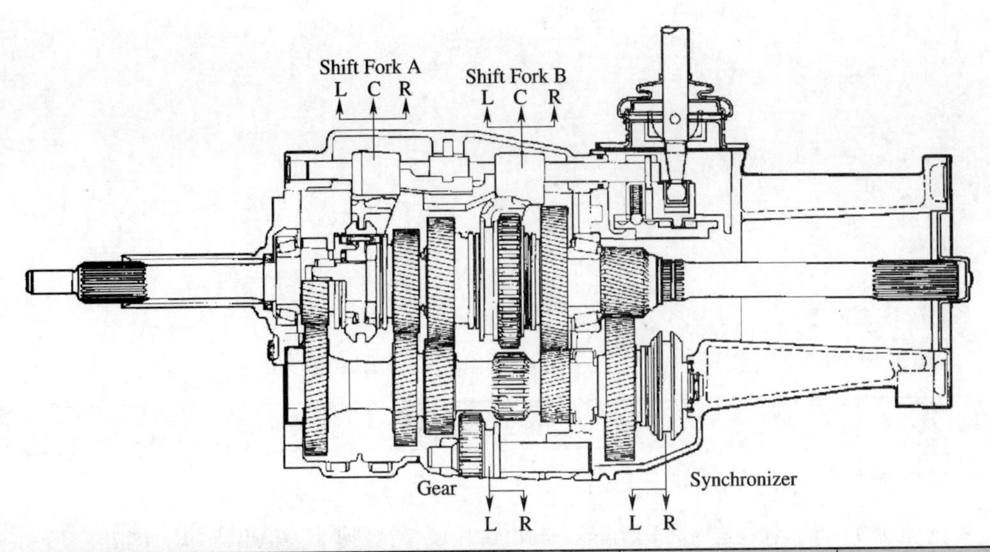

Gear Range（挡位）	Fork A（拨叉 A）			Fork B（拨叉 A）			Synchronizer（同步器）		Gear（倒挡齿轮）	
Neutral（空挡）	L	C	R	L	C	R	L	R	L	R
First（1 挡）	L	C	R	L	C	R	L	R	L	R
Second（2 挡）	L	C	R	L	C	R	L	R	L	R
Third（3 挡）	L	C	R	L	C	R	L	R	L	R
Fourth（4 挡）	L	C	R	L	C	R	L	R	L	R
Fifth（5 挡）	L	C	R	L	C	R	L	R	L	R
Reverse（倒挡）	L	C	R	L	C	R	L	R	L	R

5. 在教师指导下，参照图示在空白处绘制出实训车型变速器的传动示意图。

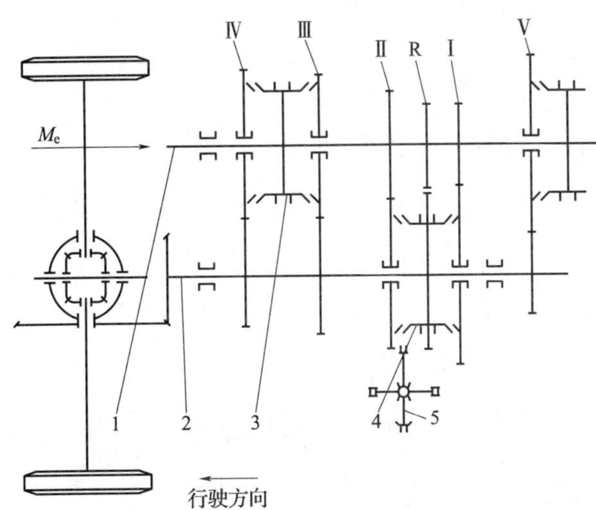

6. 根据所画的手动变速器传动示意图，写出各挡的动力传递路线。

挡位	动力传递路线
1 挡	换挡杆向左，向上移动，实现： 动力→输入轴→输入轴 1 挡齿轮→轴出轴上 1、2 挡同步器→输出轴→动力输出
2 挡	
3 挡	
4 挡	
5 挡	
倒挡	

四、换挡机构各零件及其工作原理

换挡机构是保证驾驶员根据使用条件将变速器换入某个挡位的重要装置。在拆解之前，应先认识换挡机构各零件及其工作原理。

1. 手动变速器换挡机构由外换挡机构和内换挡机构两大部分组成。

（1）外换挡机构（又称远距离操纵机构）

组成：从变速杆到选挡换挡轴之间的所有传动件。

作用：______________________________

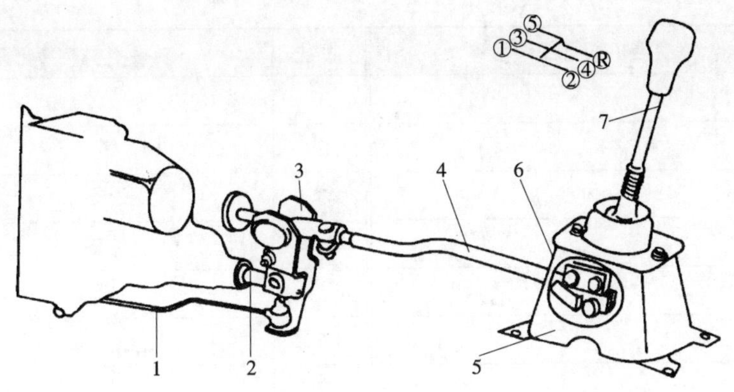

外换挡机构结构图

(2) 内换挡机构

组成：选挡换挡轴、拨叉轴、拨叉、自锁装置、互锁装置和倒挡锁等。

作用：____

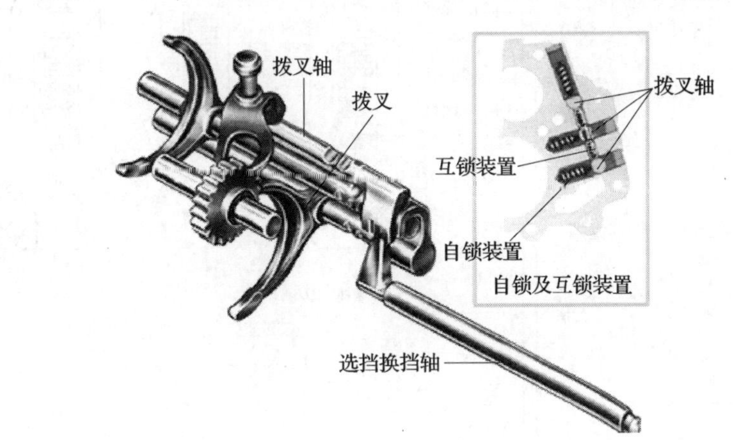

桑塔纳轿车变速器内部操纵机构

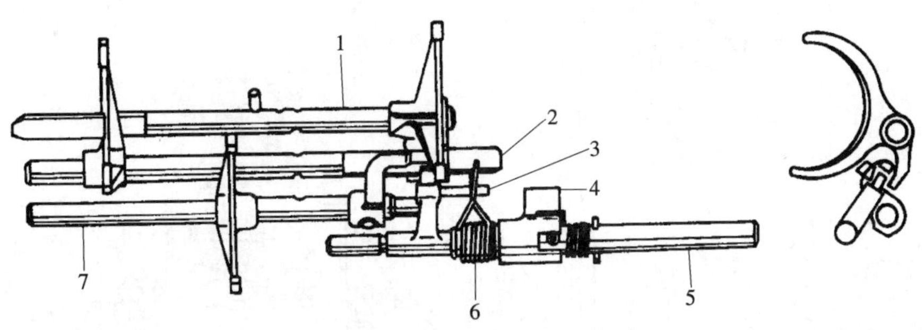

内换挡机构结构图

(3) 根据换挡机构结构图填写下表。

序号	外换挡机构零部件名称	序号	内换挡机构零部件名称
1		1	
2		2	
3		3	
4		4	
5		5	
6		6	
7		7	

2. 为了保证变速器在任何情况下都能准确、安全、可靠地工作，变速器换挡机构一般都有哪些锁止装置？分别起什么作用？根据回答完成下列连线。

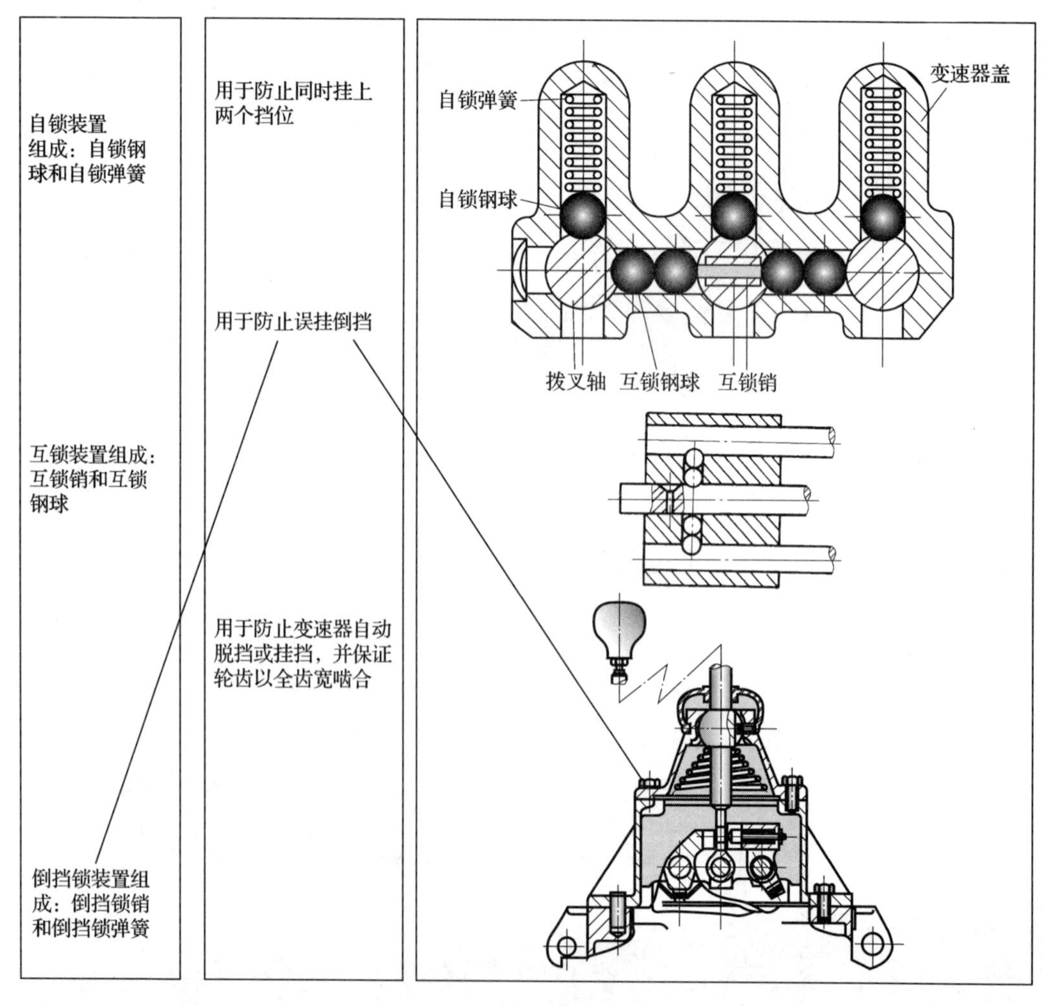

3. 根据图示和实物，向组员介绍各锁止装置的工作原理。

（1）自锁装置

自锁装置都是采用定位钢球对拨叉轴进行轴向定位的，每根拨叉轴上有______个凹槽。如果自锁弹簧弹力下降、自锁钢球或凹槽磨损会引起________________。

填写自锁装置组成：A ____________ B ____________ C ____________

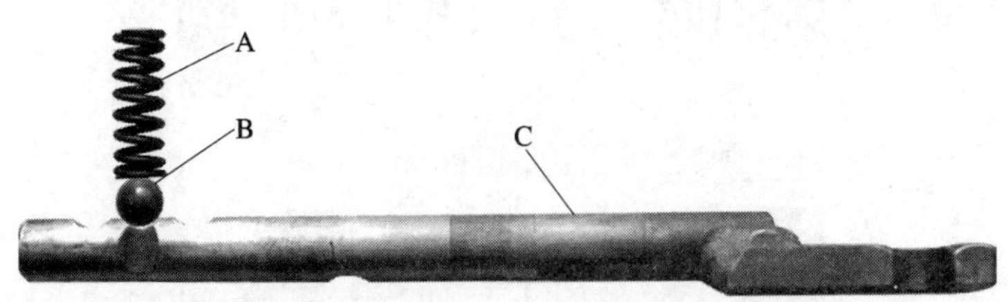

（2）互锁装置

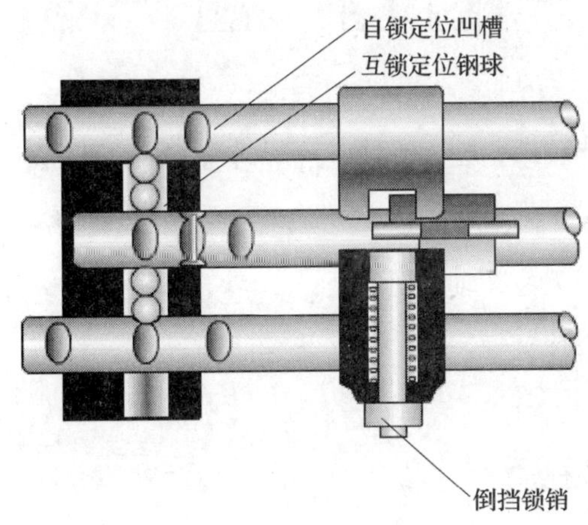

当中间换挡拨叉轴移动挂挡时，另外两个拨叉轴被钢球锁住，防止同时挂上两个挡而使变速器卡死或损坏，起到互锁作用。

填写互锁装置组成：A ________________ B ______________ C ____________

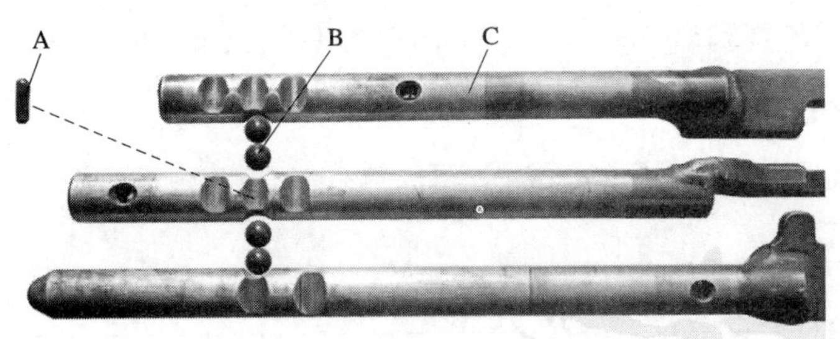

从下面四个图（A、B、C、D）中可以看出，拨动三根拨叉轴中的任意一根，另外两根拨叉轴将被自动__________，不能移动。

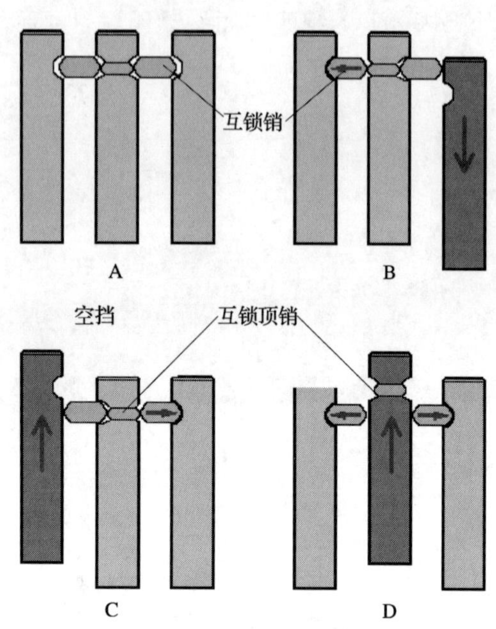

另外两根拨叉轴不能移动，因为互锁装置从结构上必须满足下面两个关系式：

互锁顶销尺寸长 = 拨叉轴直径______（+/-）____个凹槽深度

互锁销尺寸长 = 两相邻拨叉轴表面间距______（+/-）____个凹槽深度

能不能同时拨动两个拨叉轴？______（能/不能）

（3）倒挡锁

许多轿车的倒挡锁原理是采用操纵杆在倒挡时与前进挡位置在空间上错开，挂倒挡时需将变速杆________或________方可挂入，即克服弹簧力，换挡杆下端进入拨叉轴上的__________（凹槽/凸缘）内，以防误挂倒挡。

一旦挂入倒挡，其拨叉轴就接通装在变速器壳体上的________，使警报灯亮和报警器响，有效防止了在汽车前进时误挂倒挡而导致零件损坏，起到了倒挡锁的作用。

当倒挡拨叉轴移动挂挡时，另外两个拨叉轴被钢球________。

五、同步器

1. 同步器是手动变速器换挡过程中不可少的部件，其作用是______________________

____

____

2. 观察同步器在手动变速器中的安装位置，对照下图与实物，识别组成同步器各零件的名称。

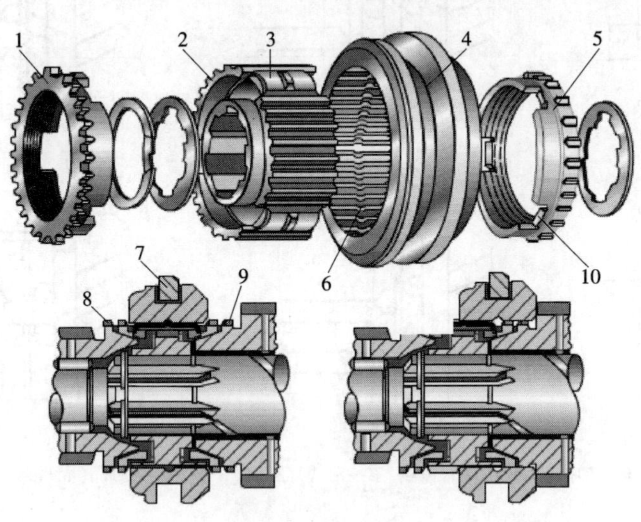

锁环式惯性同步器

序号	名称	序号	名称
1		6	
2		7	
3		8	
4		9	
5		10	

锁环式惯性同步器的特点：____________________

3. 结合图示叙述同步器的工作原理。

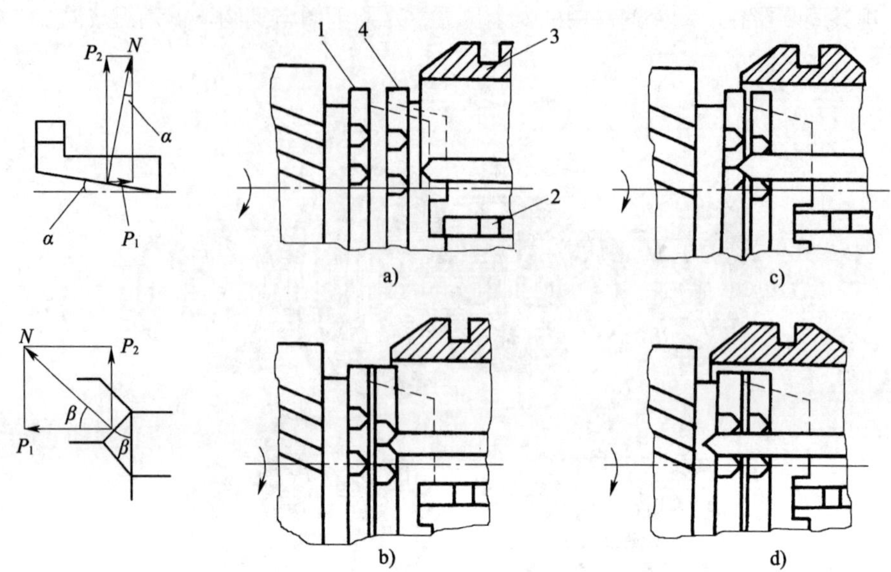

1—待啮合齿轮的接合齿圈 2—滑块 3—接合套 4—锁环（同步环）

（1）对照上图完成下列表格。

同步器工作三步曲	相对应的图形	叙述过程
1. 空转时		空转时，接合套保持在中间位置，齿轮在轴上自由转动
2. 同步位置（同步开始）		
3. 换挡位置（进入同步）	d	

（2）在换挡时齿轮无噪声应有哪些先决条件?

(3) 接合套内凹槽（锁环式惯性同步器结构图中序号6）有何作用?

4. 观察同步器的锁环齿及接合套内花键齿是否加工成倒锥角? 查阅资料，倒锥角对换挡平顺有何作用? 如果倒锥角磨损对换挡有何影响?

六、总结与思考

1. 惰轮只起到改变方向的作用，不改变传动比大小，用所学知识推导传动比不改变的原因。

2. 三轴式手动变速器的三轴是哪三轴? 倒挡轴是否属于三轴之一?

3. 变速器操纵机构一般都有哪些锁止装置? 分别起什么作用?

4. 早期车辆没有同步器，这些车辆如何挂挡? 叙述同步器的作用。

学习活动3　自动变速器的认知

学习目标

1. 能描述自动变速器的结构和组成。
2. 能描述自动变速器的换挡原理。
3. 能利用各种途径查找自动变速器的相关资料。
4. 能正确理解自动变速器各挡位的使用特征。

建议学时：4 学时

学习过程

一、自动变速器与手动变速器的区别

1. ________（自动挡/手动挡）汽车没有离合器，驾驶________（自动挡/手动挡）汽车需要频繁换挡，而驾驶________（自动挡/手动挡）汽车在前进时只需把挡位挂在 D 挡。

2. 一般自动挡汽车的价格要______手动挡汽车，维修和保养成本要______手动挡汽车。

3. 一般自动挡汽车燃油经济性要______手动挡汽车，尾气排放控制要______手动挡汽车，舒适性要______手动挡汽车。

二、自动变速器的组成

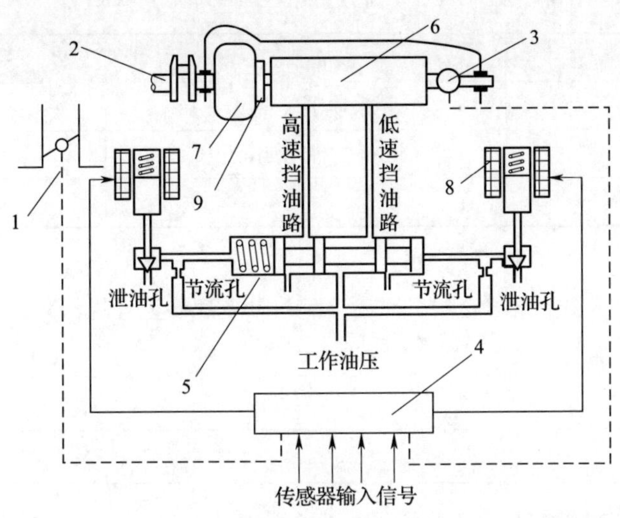

1. 对照上图，在下表中填写序号代表的名称。

序号	名称	序号	名称
1		6	
2		7	
3		8	
4		9	
5			

2. 液力变矩器：取代了手动挡汽车的__________，作用是传输和增加发动机产生的扭矩，安装位置是在______________，工作时以____________作为介质。

3. 齿轮传动装置：进行减挡、升挡、空挡和倒挡等操作，与手动挡齿轮机构相似，换挡执行机构主要由________________、____________、______________等组成。

4. 液压控制装置：主要用于控制液压的__________和____________，使液力变矩器和齿轮传动装置正常工作。

5. 电子控制装置：控制电磁阀和液压控制装置，使自动变速器满足汽车行驶的最佳状态。电子控制装置在液压控制系统的基础上增加了_______________、_______________和______________。

6. 电控自动变速器主要是依据__________和____________两个信号来控制换挡。

三、自动变速器生产厂商与型号识别

1. 世界上有三大自动变速器生产厂商，查询资料完善下表。

国家	品牌	主要配套车型
德国	采埃孚（ZF）	
	爱信（AISIN）	丰田
日本		日产

2. 查阅自动变速器的维修资料，写出下列自动变速器型号的含义。

ZF5HP19—FL：________________________________

A340E：________________________________

4L60E：________________________________

四、自动变速器挡位的正确使用

查询自动变速器各挡位的相关资料，填写下表。

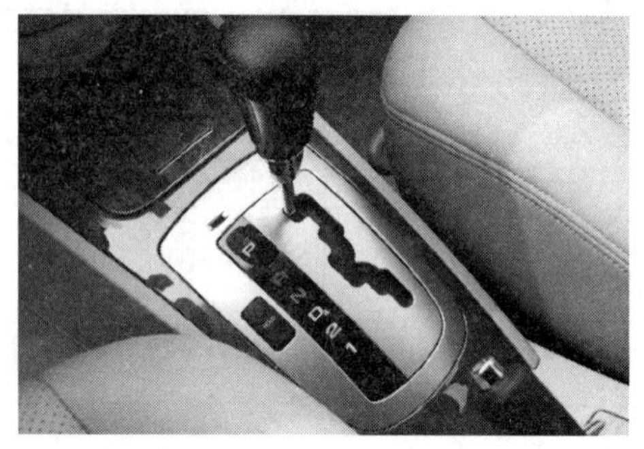

挡位	名称	功能	使用特点
P	停车挡	停车或驻车	
	倒车挡		
		暂时中断动力传递	允许发动机起动，这为车辆行驶中发动机熄火后的重新起动提供了方便，驾驶员只需要将换挡手柄移至此挡，便可起动发动机

续表

挡位	名称	功能	使用特点
D			变速器根据负荷和车速在 1 挡、2 挡、3 挡、4 挡四个挡中（四挡自动变速器）切换，是使用频率最高的一个挡
2	滑行挡		
1	强制 1 挡		

五、总结与思考

1．P 挡与 N 挡都有空挡作用，为什么要重复设置？它们的区别是什么？

2．当自动挡汽车在路上抛锚，需用拖车进行拖挂时，故障车应挂在什么挡位？拖车时要注意什么？

3．D 挡为前进挡，它包含了所有的前进挡，为什么还要设置 2 挡、1 挡？

4. 有些车子停在坡道上，挡位挂在 P 挡，有时候换挡杆无法拔出 P 挡，这是什么原因造成的?

5. 自动挡变速器的前进挡挡位数是否越多越好?

6. 某驾驶员为节省燃油，在高速时从 D 挡挂入 N 挡，这种方法是否可取? 为什么?

学习活动 4　分析故障原因并制订维修方案

学习目标

1. 能根据变速器的结构和工作原理，分析并绘制变速器无法挂挡的鱼骨图。

2. 能查阅维修手册，列举变速器的基本检查方法，并进行操作。

3. 能形成变速器故障诊断的基本思路。

4. 能在教师指导下，制订变速器无法挂挡故障的维修方案。

建议学时：4 学时

学习过程

根据变速器的结构和工作原理，分析变速器无法挂挡的原因，并绘制鱼骨图。明确变速器无法挂挡故障后，为确定故障是否由内操纵机构零部件损坏造成，防止不必要的变速器拆解工作，要先对变速器外操纵机构进行基本检查，判断出故障部位，并以小组为单位制订维修方案。

1. 造成变速器无法挂挡故障的原因有哪些？通过信息收集后完成鱼骨图的绘制（在鱼骨图中对应的位置填写相应内容）。

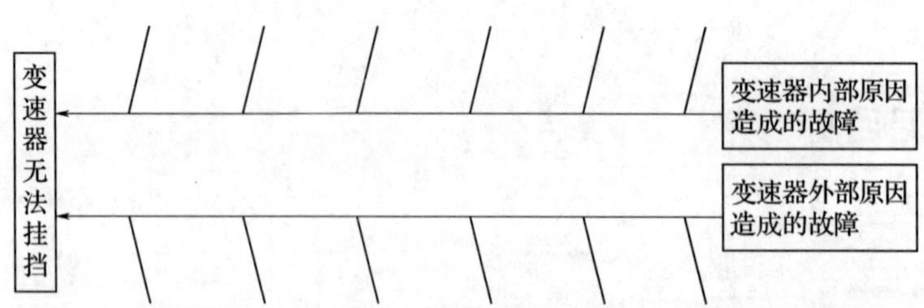

2. 作为维修人员，在遇到变速器无法挂挡故障时，你将通过怎样的检查步骤确定故障的部位？填写检查步骤。

步骤 1：____________________

步骤 2：____________________

步骤 3：____________________

步骤 4：____________________

步骤 5：____________________

步骤 6：____________________

步骤 7：____________________

步骤 8：____________________

步骤 9：____________________

步骤 10：____________________

步骤 11：____________________

步骤 12：____________________

步骤 13：____________________

学习活动 5　手动变速器的故障排除

学习目标

1. 能完成手动变速器操纵机构的调整。

2. 能完成手动变速器油的更换。

3. 能利用各种途径查找手动变速器就车维护和检修的相关资料和信息。

4. 能编制手动变速器总成的拆卸与装复计划。

5. 能分工协作，将手动变速器安全地从车上拆卸下来。

6. 会使用举升器（托架）完成手动变速器总成的拆卸与装复作业。

7. 能根据维修手册按规范进行手动变速器的解体、清洗、装配作业，并在规定时间内完成操作及做相应记录。

建议学时：30 学时

学习过程

手动变速器就车维护与检修是汽车售后维修项目，手动变速器通常不拆而是进行就车检查和调整。对手动变速器进行解体检修需从车上拆下变速器，检修完成后需将变速器总成装复到车上，并进行检查试验。手动变速器出现故障的概率非常低，在实际使用过程中，由于手动变速器的自然磨损、维护不及时或使用不当等原因，造成手动变速器内部故障，需要进行解体检查，确定故障部位，并对其进行维修更换。

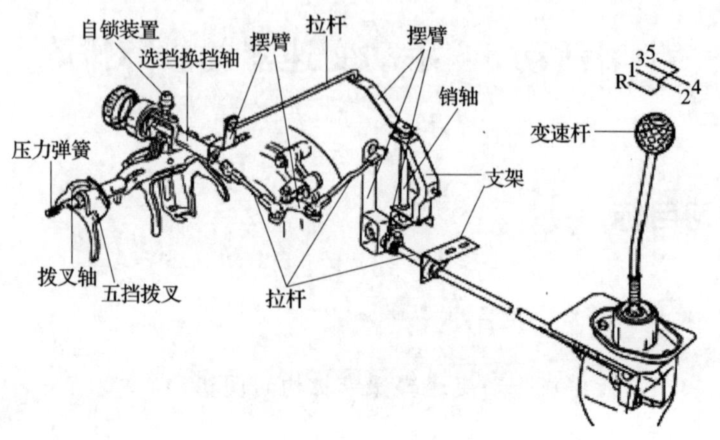

一、获取手动变速器维护与维修的相关信息

1. 在进行手动变速器就车维护与检修时，首先要查找手动变速器的铭牌，根据铭牌和维修手册来获取相关的信息与资料。将实训车的相关信息填入下表。

项目	内容
车型	
铭牌位置	
铭牌内容	

2. 查找维修手册，解释铭牌内容。

3. 根据变速器的型号查找维修手册，将手动变速器油的更换周期、类型及加注量填入下表。

项目	内容
变速器型号	
变速器油的更换周期	
变速器油的类型	
变速器油的加注量	

二、手动变速器油的分类与选用

齿轮油有高的黏性指标和质量，可以承受齿轮啮合时产生的高压力。齿轮油和发动机机油一样也是按照其______（SAE 分类）和________（API 分类）分类。

1. SAE 分类

齿轮油根据黏度指数分为 75 W、80 W、85 W、90 等。号数越大，黏度______。在汽车中实际使用的齿轮油是 75 W－90 和 80 W－90。

2. API 分类

考虑到不同类型齿轮的润滑要求，齿轮油按照其极端抗压力性来分类。API 分类可以分为五类：GL－1、GL－2、GL－3、__________、__________。

3. 汽车手动变速器油的选择

（1）一般按厂家规定的指定牌号添加润滑油。

（2）中等速度和负荷的直齿轮和斜齿轮，一般选用牌号为________的________负荷齿轮油。

（3）高速度和负荷的齿轮或条件苛刻的双曲线齿轮，一般选用牌号为____________的__________负荷齿轮油。

三、检查和更换手动变速器油

1. 汽车如果是冷车，应起动车辆使变速器油温达到规定温度。为什么要热车？

2. 安全举升车辆至工作高度。

3. 找到变速器壳体底部的放油螺栓和加油螺栓的位置，在其下方放置好集油盘，拆下放油螺栓放油。查找资料，小组讨论为了让旧油尽可能全部流出来有什么更好的方法吗？

4. 检查排出的油液。

（1）如果油里含有大量的铜屑，说明______________（同步器锁环/齿轮）严重磨损。

（2）如果放油螺栓上吸附有很多铁屑，说明______________（同步器锁环/齿轮）严重磨损。

5. 清洁并装复放油螺栓。

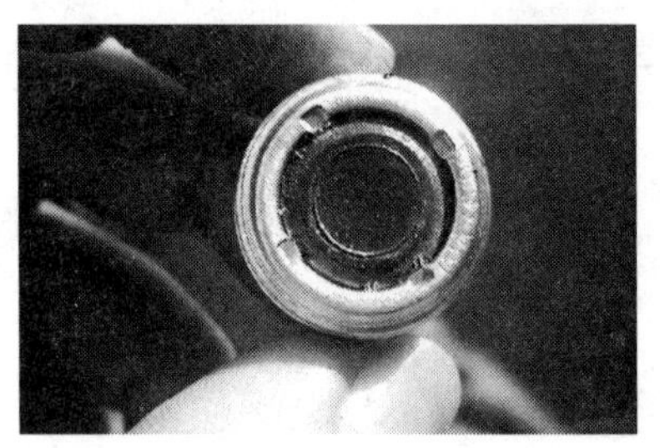

6. 加油。把发动机舱盖打开，将软管从发动机舱插进加油口，这个时候只需把手动变速器油倒入漏斗就可加油，直至有油溢出来。

7. 更换新的垫圈并安装加油塞。

8. 检查变速器油是否泄漏并降下汽车，对汽车复位与清洁。

四、就车检查手动变速器

变速器是通过挂挡、换挡、听声音、检查泄漏情况来判断故障。在路试中，对变速器的检查尤其重要。

现象或检查内容	是/否
1. 检查所有前进挡以及倒车挡	
2. 检查是否能正常入挡	
3. 变速器出现“乱挡”现象	
4. 行驶中变速杆跳回空挡	
5. 发动机怠速状态下，变速器处于空挡位置，却有异响	

检查结论：____

五、就车调整手动变速器的外操纵机构

根据所提供的实训车型，查找维修手册，进行调整操作。

步骤	操作内容	注意事项
1		
2		
3		
4		
5		
6		

六、拆卸前准备

查找维修手册，小组讨论若要将变速器拆卸下来，需要做哪些前期准备工作?

画出“手动变速器总成拆卸”的路线图。

七、制订并实施手动变速器总成拆卸计划

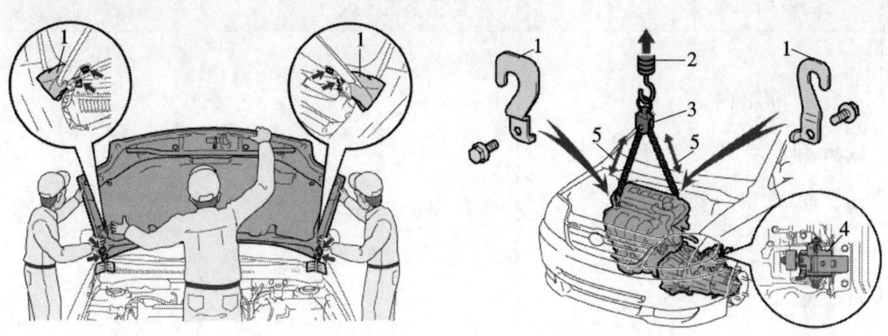

1—发动机吊耳　2—链动滑轮　3—发动机起吊装置　4—发动机安装支架　5—均匀张紧力

在教师指导下，根据收集到的信息，制订并实施手动变速器总成拆卸计划。

序号	作业内容	人员安排	所需工具和设备	注意事项
1	拆卸蓄电池		防护服、护目镜、世达工具	1. 先拆掉蓄电池______极端子电缆 2. 再拆掉蓄电池______极端子电缆
2	拆卸发动机盖			1. 用布遮盖车身，以防止碰撞或擦伤挡风玻璃或车身 2. 使用布等柔软的材料覆盖发动机盖，以防止盖被划伤 3. 在发动机罩标记机罩铰链位置，可以在安装发动机罩时，方便地调整发动机罩位置
3	车内总成部件拆卸：转向齿轮、换挡杆			

续表

序号	作业内容	人员安排	所需工具和设备	注意事项
4	发动机舱内总成拆卸：空气滤清、起动机、离合器分泵、线束拉索等			
5	车辆下部总成拆卸：动力转向管路、分离横拉杆			
6	拆下变速器			
7				

八、手动变速器总成分解与检查

1. 在进行手动变速器总成修理前需确认变速器外部零件是否齐备，故应先认识手动变速器的外部零件。对照实训车辆的手动变速器，查阅相关资料说出手动变速器外部零件的名称和作用。

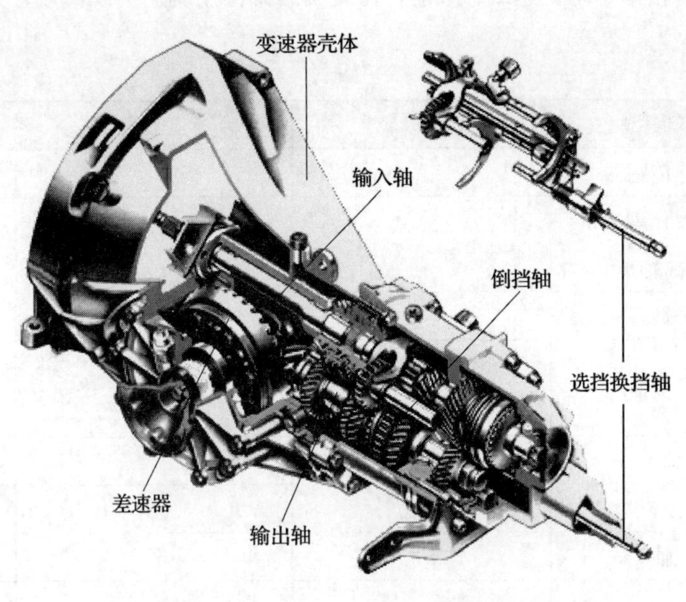

桑塔纳 2000 轿车两轴式变速器

名称	作用	位置
换挡杆		
	用来驱动车速表	
倒挡开关		

2. 在拆解手动变速器前，为了检查元件是否齐备和有无损坏，需进行手动变速器的外观目测检查。判断表中哪些是检查项目。

检查项目	是/否
（1）变速器外壳是否有裂纹?	
（2）变速器是否漏油?	
（3）倒挡开关是否存在?	
（4）分离拨叉防尘套是否有裂纹?	

3. 在拆解和检修手动变速器总成前，需查阅维修手册编制拆解计划，并进行相应的拆解和检查。

序号	拆卸零件	检查内容	所需工具和设备	注意事项
1	车速传感器			
2	离合器分离叉和分离轴承			
3	倒车灯开关			
4	同步器	外观目检，锁环间隙检查，运行检查		
5	轴承	磨损		
6	齿轮	外观		
7	轴			

九、手动变速器装回到车上

制订并实施手动变速器总成装复计划，按与拆卸相反的顺序将检修完成后的手动变速器装回到车上。

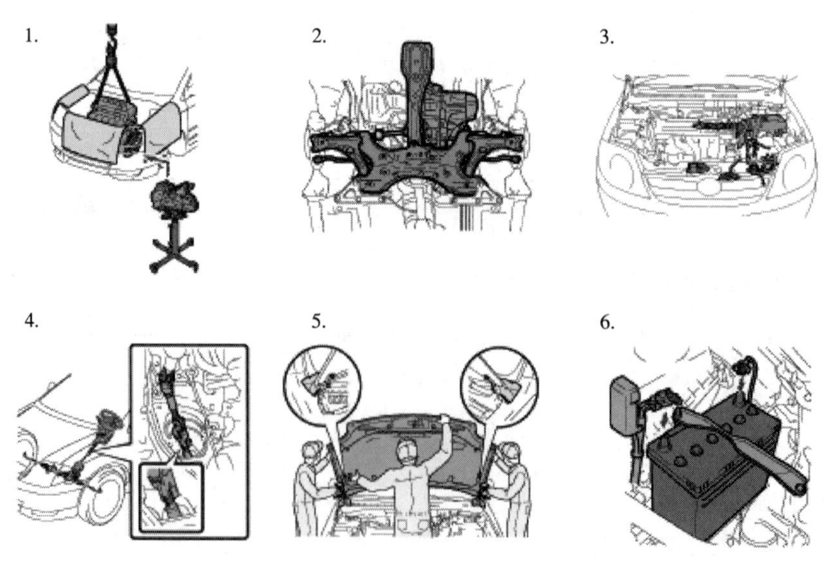

序号	操作步骤	人员安排	所需工具和设备	注意事项
1	安装变速器总成			
2	安装车下部的部件			
3	安装发动机室总成			
4	安装车辆内部总成			
5	安装发动机盖			
6	安装蓄电池			
7	起动发动机前进行检查			
8	排放动力转向液管路中的气体			
9	起动发动机后进行检查			
10	驾驶时检查			
11	驾驶后检查			

十、总结与思考

1. 手动变速器油分为哪两类？把变速器的润滑油加入到后驱动桥主减速器内，是否可行？会产生什么后果？

2. 变速器壳体上有一个通气孔，如果通气孔堵塞会产生什么后果？如果变速器内油液过满会产生什么后果？

3. 拆蓄电池时，为什么要先拆蓄电池的负极？装复时先装正极还是负极？

4．拆卸换挡和选挡控制拉索需要注意什么？

5．如果在发动机怠速状态下，变速器处于空挡位置却有异响，在踏下离合器踏板时异响消失，这是什么原因造成的？如果在入挡后有异响，可能是什么原因造成的？

6．行驶中变速杆跳回空挡是什么原因造成的？如果在车辆起步时发生变速杆不能挂进所需要的挡位，或挂挡后不能退回空挡等现象，是什么原因造成的？

学习活动6　评 价 反 馈

学习目标

1. 能检验变速器无法挂挡故障的排除。

2. 能向客户说明维修的项目、费用等，并能向客户提供使用建议。

3. 能进行良好的沟通和交流。

建议学时：4 学时

学习过程

1. 维修作业完成后，进行的质量测试有哪些？评定依据是什么？

________________评定依据________________

________________评定依据________________

________________评定依据________________

________________评定依据________________

________________评定依据________________

________________评定依据________________

2. 维修作业完成后，你认为维修过程中需要注意什么？

3. 如果你需要向客户进行说明，你会给客户什么使用和维修建议?

4. 如果需要进行维修费用的评估，你估计该维修项目所需要的时间是多少? 维修费用是多少? 有没有什么方面能够做到资源的节省与环保?

5. 维修该项目后，一般的质保期是多少? 是否有相关依据?

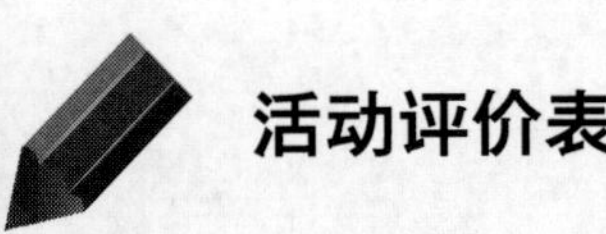

活动评价表

学习任务二评价表

班级：________　　姓名：________　　学号：________

项目	自我评价			小组评价			教师评价		
	10～9	8～6	5～1	10～9	8～6	5～1	10～9	8～6	5～1
	占总评 10%			占总评 30%			占总评 60%		
学习活动 1									
学习活动 2									
学习活动 3									
学习活动 4									
学习活动 5									
学习活动 6									
协作精神									
纪律观念									
表达能力									
工作态度									
安全意识									
任务总体表现									
小计									
总评									

任课教师：________　　年　　月　　日

学习任务三　驱动桥异响的拆检

学习目标

1. 能描述驱动桥的结构、类型、零部件的功能及工作原理。

2. 能通过图表列举润滑脂、润滑油的型号，并说明使用场合。

3. 能正确选择并使用工量具与设备对零部件进行拆装和检测。

4. 能描述传动轴的结构特点、实现等速传动的条件，并在规定时间内完成拆装操作。

5. 能描述半轴及车轮的拆装步骤和检查项目，并在规定时间内完成操作。

6. 能根据维修手册要求，在规定时间内独立、规范地完成主减速器差速器的拆卸、解体、清洗，以及零部件的检查和装配。

7. 能将换件情况、维修数据等正确、规范地记录在作业单内，并向客户介绍维修情况。

建议学时

60 学时

工作情境描述

一辆后轮驱动（FR 式）汽车直线行驶时发出“嗡嗡”的响声，转向时还出现“咔咔”的响声，客户要求维修站解决。经班组长检查判断为驱动桥异响，需对驱动桥相关部件进行拆检。你作为维修人员，根据维修手册相关要求，在规定时间内完成驱动桥解体与零部件的更换，完成后交付班组长验收。

教学流程与活动

1. 明确学习任务
2. 驱动桥的认知
3. 分析故障原因并制订维修方案
4. 传动轴及半轴的拆检
5. 主减速器总成的拆解及装配
6. 评价反馈

学习活动 1　明确学习任务

学习目标

1. 能运用挂图、多媒体素材介绍汽车传动系的布置形式、特点和应用车型。

2. 能描述驱动桥的动力传递路线。

3. 能描述润滑脂、润滑油的种类、牌号和性能，并能根据不同使用场合正确选用。

4. 能根据实训车辆驱动桥异响的特点，填写报修单。

建议学时：4 学时

学习过程

一、车辆的驱动方式

1. 后轮驱动（FR 式）汽车的含义是什么？

2. 通过查阅书籍或互联网资源，填写汽车传动系的布置形式。

形式：________________简称：______特点：后驱动轮的附着力大。

应用车型：____。

形式：________________简称：______ 特点：操纵简单，高速稳定性好。

应用车型：____。

形式：______________简称：_____ 特点：轴荷分配合理，操纵复杂。

应用车型：____。

形式：______________简称：_____ 特点：驱动力最大，通过性好。

应用车型：____。

二、驱动桥的作用

1. 驱动桥的功用是将______________传来的发动机_______传给驱动_______，并经_______，改变动力的传递方向，使汽车行驶，并允许左、右驱动轮以_______的转速旋转。

2. 驱动桥主要由_________、_________、_________、_________等组成。

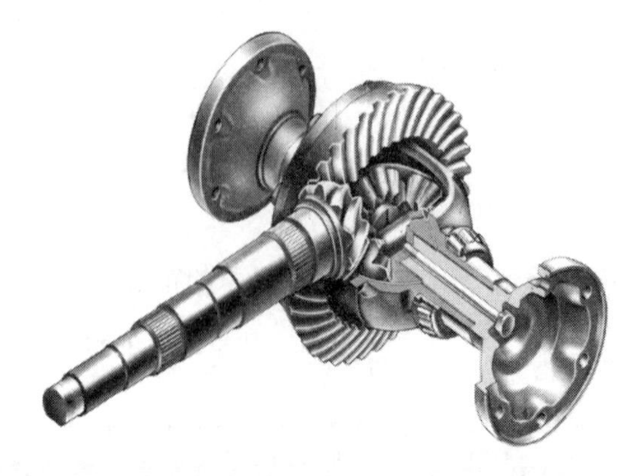

3. 汽车行驶时，驱动桥及相关零部件产生旋转运动并传递__________，为了降低噪声，应该进行__________，以避免产生干摩擦。

三、润滑脂

1. 查阅润滑脂牌号的相关资料，填写以下内容。

（1）润滑脂的牌号是以规定温度____________℃下的锥入度来表示的，锥入度又表示____等级，也表示承受载荷的等级。

（2）锥入度值是在规定负荷、规定温度下标准圆锥体按自由落体垂直穿入装在标准脂杯内的润滑脂，经过______秒钟所达到的深度，其单位为 1/10 mm。锥入度值反映润滑脂的软硬程度。

（3）圆锥体穿入润滑脂中越深，则锥入度越______，表示该润滑脂越______，承受载荷越______；反之，锥入度越________，润滑脂就越______，承受载荷越________。

（4）润滑脂锥入度值一般随温度变化，温度升高，锥入度值变________；反之，则变________。

2. 查阅汽车润滑脂使用的相关资料，填写以下内容。

（1）汽车常用润滑脂分为钙基润滑脂、钠基润滑脂、__________润滑脂等类型。

（2）钙基润滑脂（俗称黄油）按锥入度分为 1、2、3、4 共四个牌号，使用温度范围为____________℃。它是目前我国汽车用量最大的一种低挡润滑脂。虽然其具有良好的抗________性，遇________不易变质，但是它耐热温度不高，当温度超过一定值时，易引起________，造成磨损。它主要用于汽车________部分零件的润滑。

（3）钠基润滑脂（俗称弹子油）是制得的耐____________但不耐____________的普通润滑脂，有 2 号、3 号、4 号三种稠度的牌号。由于钠皂熔点____________，脂的滴点可达________℃，耐______性好，因而可在________℃条件下长时间工作，并有较好的承压抗磨性，可适应大的负荷；但钠皂遇________容易乳化变质，不适用于__________的部件使用。

（4）锂基润滑脂是加了抗氧化、防锈蚀剂等，具有良好的机械安定性、抗______性、防锈性、抗________性能。它对于汽车轮毂轴承、底盘等润滑点______，具有较高的极压抗磨性，可适用__________℃温度范围内润滑高负荷轴承，可在我国的平原和山区通用。它有 0#、1#和 2#三个牌号。

3. 钙基润滑脂和钠基润滑脂的颜色有什么不同?

4. 润滑脂的选用要注意__________、__________、__________三个方面。

5. 根据掌握的润滑脂知识填写下表，并向其他同学展示与说明。

序号	车辆及部位	润滑脂名称和牌号	选用理由
1	广州的重卡车、钢板销		
2	贵州的轻卡车、传动轴		
3	北京的小客车、轮毂轴承		
4	武汉的轿车、半轴球笼		
5	新疆的大客车、拉杆球头		
6	广州的小客车、传动轴		
7	贵州的重卡车、轮毂轴承		
8	北京的大客车、拉杆球头		
9	武汉的小客车、钢板销		
10	新疆的轿车、半轴球笼		

四、齿轮油

1. 查阅车用齿轮油的选择及黏度等级相关资料，填写以下内容。

（1）车用齿轮油的黏度等级按 SAE 分类法分为七级，即：

70 W、____ W、____ W、85 W、____、140、250。

（2）车用齿轮油的品质按 API 分类法分为六级，即：

GL-1、GL-2、GL-3、____________、____________、____________。

（3）车用齿轮油的低温流动性：_____W—— -55℃，75W—— -40℃，80W—— -30℃，_____W—— -12℃。

2. 查阅车用齿轮油使用的相关资料，填写以下内容：

（1）车用齿轮油的名称按负荷大小分为____________齿轮油和____________齿轮油。

（2）车用齿轮油的牌号一般按____________分类。

（3）中等速度和负荷的直齿轮和斜齿轮，一般选用牌号为____________的______负荷齿轮油：高速度和负荷的齿轮或条件苛刻的双曲线齿轮，一般选用牌号为____________的______负荷齿轮油。

（4）重负荷齿轮油还要根据环境温度和负荷选择________，一般有 75 W、________W/90、90、85W/90、________W/140。

（5）根据掌握的润滑油知识填写以下内容，并向其他同学展示与说明。

序号	车辆及部位	润滑油名称和牌号	选用理由
1	广州的重卡车、柴油机		
2	贵州的轻卡车、变速器		
3	北京的小客车、主减速器		
4	武汉的轿车、汽油机		
5	新疆的大客车、方向机		
6	广州的小客车、汽油机		
7	贵州的重卡车、变速器		
8	北京的大客车、柴油机		
9	武汉的小客车、方向机		
10	新疆的轿车、主减速器		

3．通过互联网资源查阅国内外主要润滑油厂家的品牌，填在图标下。

____

____

Mobil

____

____

五、总结与思考

1．一些维修人员认为：由于弹子油（钠基脂）比黄油（钙基脂）承载能力强，耐热性好（当然价格也贵），所以向客户推荐汽车底盘加注润滑脂时，最好加注弹子油（钠基脂）。这种做法对吗？

2. 向汽车底盘加注弹子油（钠基脂），向轮毂轴承加注黄油（钙基脂），会有什么后果?

3. 向变速器加注 GL－5 齿轮油，向主减速器加注 GL－4 齿轮油，会有什么后果?

附件：接车单

<table>
<tr><td rowspan="3">客户</td><td>单位名称：</td><td>地址：</td><td>电话：</td><td>联系人：</td></tr>
<tr><td>客户代码：</td><td>进厂日期：</td><td>车牌号码：</td><td>车型：</td></tr>
<tr><td>出厂编号：</td><td>发动机号码：</td><td>里程表数：</td><td>油量：</td></tr>
</table>

<table>
<tr><td>进厂外观状况</td><td>维　修
项　目</td><td>收费</td><td>主要零件名称</td><td>数量</td><td>单价</td><td>金额</td></tr>
<tr><td rowspan="2">△凹痕　○刮花</td><td></td><td></td><td></td><td></td><td></td><td></td></tr>
<tr><td colspan="2">维修条款</td><td colspan="4">完　工　检　验</td></tr>
<tr><td>随车状况登记
行车执照______ 收录机（或 CD 机）______ 随车工具______千斤顶______备胎______雨刷后 ____、左 ____、右 ____ 烟缸 ______ 门锁 ____倒后镜左____、右____、内后____
其他：</td><td colspan="2">1. 客户交修车辆应自行保险，如发生自然灾害等不可抗拒之灾损，本公司不负责赔偿。
2. 本人同意贵公司因修理需要进行车辆路试。
3. 本人委托授权贵公司对无法修理零配件予以更换，本人要求报价/不要求报价。
4. 本人同意支付贵公司单据所列修理人工、配件及规定的管理费用，如经贵公司通知后七天未取车，同意支付额外停车费及滞纳金。</td><td colspan="4">签名：</td></tr>
</table>

续表

<table>
<tr><td colspan="2">生产小组：</td><td rowspan="2">维修工费合计：</td></tr>
<tr><td colspan="2">预计完工日期：_月_日_时</td></tr>
<tr><td>客户送车签名：
_月_日_时</td><td>客户接车签名：
_月_日_时</td><td>材料费合计：</td></tr>
<tr><td>接待员接车签名：
_月_日_时</td><td>接待员交车签名：
_月_日_时</td><td>其他收费：</td></tr>
<tr><td>车间接车签名：
_月_日_时</td><td>车间交车签名：
_月_日_时</td><td>总计：</td></tr>
</table>

学习活动 2　驱动桥的认知

学习目标

1. 能描述驱动桥的结构、类型、组成、零部件功能及其工作原理。

2. 能查阅维修手册，说明实训车辆或实训台的驱动桥的结构、类型和构造。

建议学时：12 学时

学习过程

一、驱动桥的结构和类型

通过查阅书籍或互联网资源，填写出驱动桥的结构和类型。

类型：________________，与__________悬架相配，应用车型____________________。

类型：________________，与__________悬架相配，应用车型____________________。

类型：________________，与__________悬架相配，应用车型____________________。

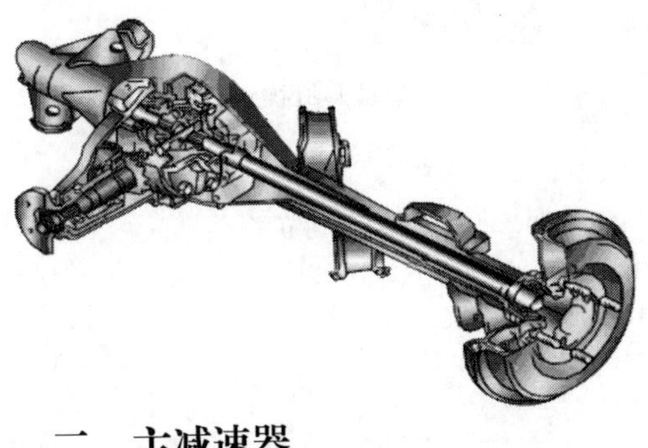

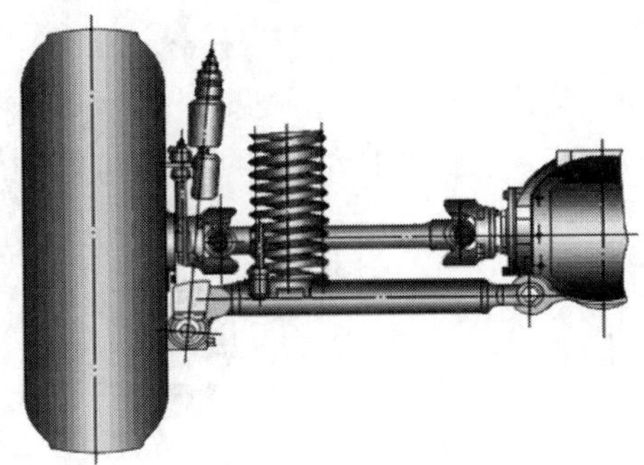

二、主减速器

1. 主减速器的作用是____

2. 通过查阅资料，填写出主减速器的类型。

（1）按减速级数分为________主减速器，如下图________，以及________主减速器，如下图________。

（2）按齿轮轮廓分为________齿轮传动和________齿轮传动，如下图________。

（3）按齿轮齿形分为准双曲线齿轮和__________齿轮，如下图__________。

（4）按主、从动齿轮的轴线位置分为轴线等高传动和__________传动。

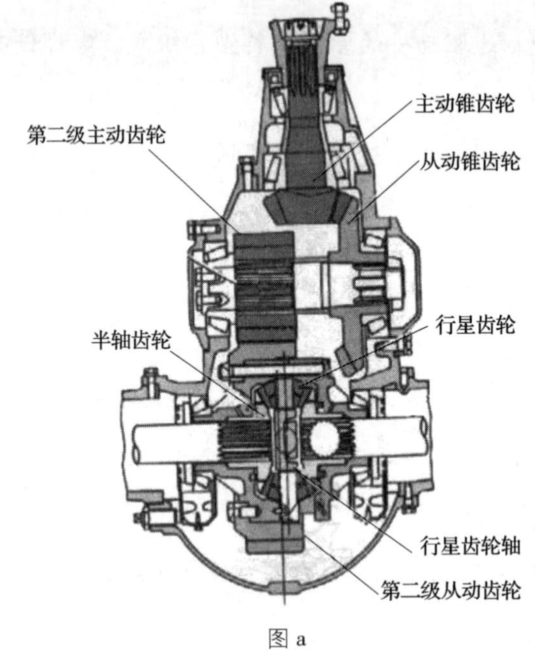

图 a

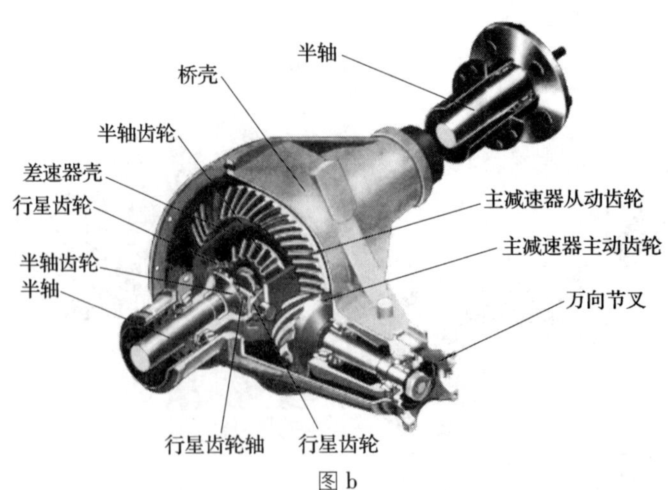

图 b

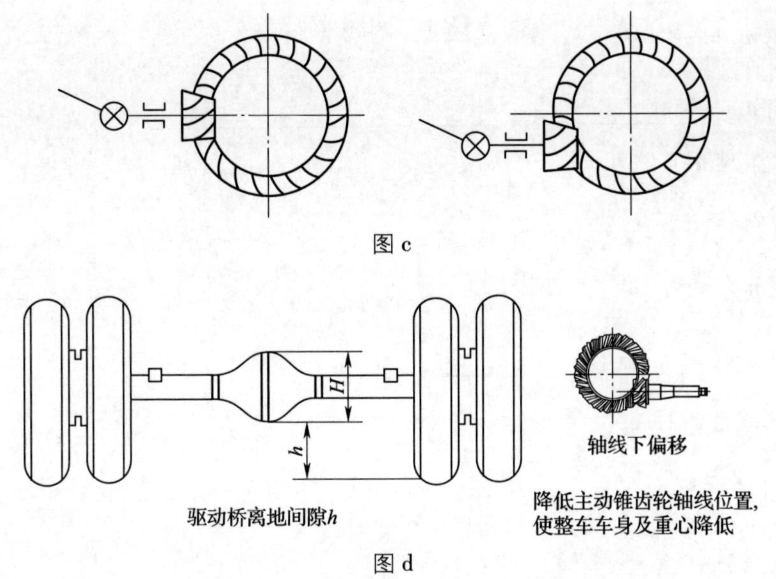

图 c

图 d

3. 主减速器的传动比 $i_g=$ ________________

三、差速器

1. 汽车两侧车轮的转速相等，汽车能否转向？为什么？

2. 转向时车轮作纯滚动的条件

设转向中心至车桥中心的距离为转向半径 R，内外车轮轮距为 $2L$，车轮半径为 r。

（1）计算汽车作圆周运动一周的相关转数。

内侧车轮转动的转数 $x_{内}=\dfrac{2\pi\ (R-L)}{2\pi r}=\dfrac{R-L}{r}$

从动齿轮转动的转数 $x_{从}=\dfrac{2\pi R}{2\pi r}=\dfrac{R}{r}$

外侧车轮转动的转数 $x_{外}=$ ________________

（2）设从动齿轮转速 $n_{从}$已知，计算汽车作圆周运动一周的相关转速。

内侧车轮 $n_{内}=\dfrac{R-L}{r\cdot t}=$ ________________

从动齿轮 $n_{从}=\frac{n_{主}}{i_g}=\frac{R}{r\cdot t}$　　$r\cdot t=\frac{R}{n_{从}}$

外侧车轮 $n_{外}$ = ____________________ = ____________________

（3）讨论：当 $R=L$ 时

内侧车轮 $n_{内}$ = ____________________

从动齿轮 $n_{从}=\frac{n_{主}}{i_g}$

外侧车轮：$n_{外}$ = ____________________

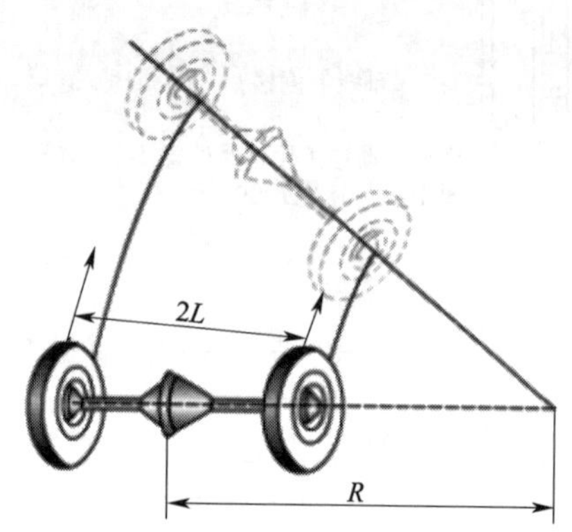

3．差速器的作用是什么?

4．通过查阅资料，填写出差速器的类型。

按齿轮形式可分为______齿轮式和______齿轮式。

按工作特性可分为______差速器和______差速器。

按装设的位置可分为______差速器和______差速器。

5．根据差速器模型或实物，验证转向时车轮作纯滚动的条件，并做相应记录。

6. 对照实车或实训台完成下表，并描述差速器的扭矩特性。

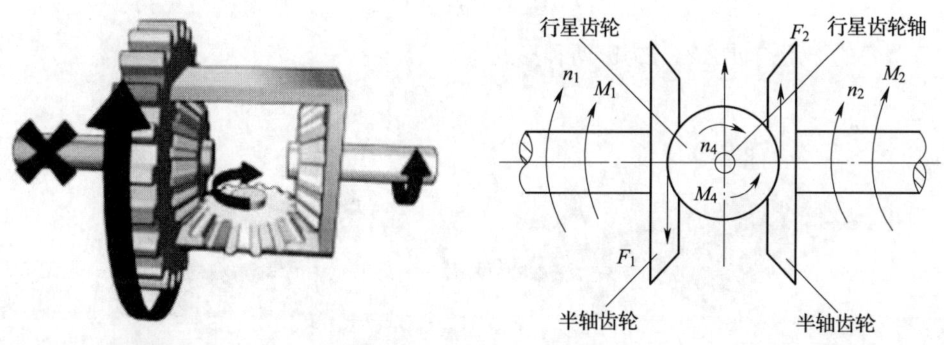

输　入		输　出		
条件	从动齿轮	行星轮差转	左半轴齿轮	右半轴齿轮
汽车良好路面直线行驶	$n_{从}$ =	$n_{差}$ =	$n_{左}$ =	$n_{右}$ =
汽车左转向行驶	$n_{从}$ =	$n_{差}$ =	$n_{左}$ =	$n_{右}$ =
汽车右轮悬空	$n_{从}$ =	$n_{差}$ =	$n_{左}$ =	$n_{右}$ =
汽车驱动桥悬空	$n_{从}$ =0	$n_{差}$ =	$n_{左}$ =	$n_{右}$ =
差速器运动规律：　(　　) $n_{从} = n_{左}$ (　　) $n_{右}$				

左侧车轮在良好路面，右侧车轮在滑溜路面，$n_{左}=0$，从动锥齿轮转速为 n，$n_{右}$ = ________，由于差速器扭矩均分特性，汽车不能前进。

四、驱动桥壳及半轴

1. 半轴是在______ 与______ 之间传递动力的______ 轴。其内端与______ 的半轴齿轮连接，外端与______ 的轮毂相连接。半轴与驱动轮的轮毂在桥壳上的支承形式决定了半轴的受力状况。

2. 常见的半轴支承形式有______ 浮式，如下图____，以及______ 浮式，如下图____。

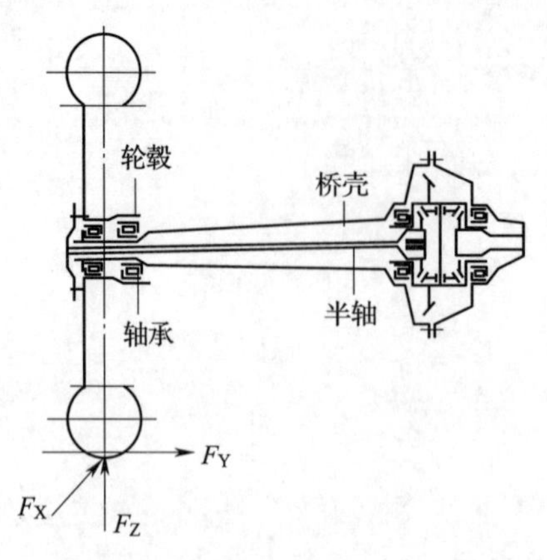

图 a

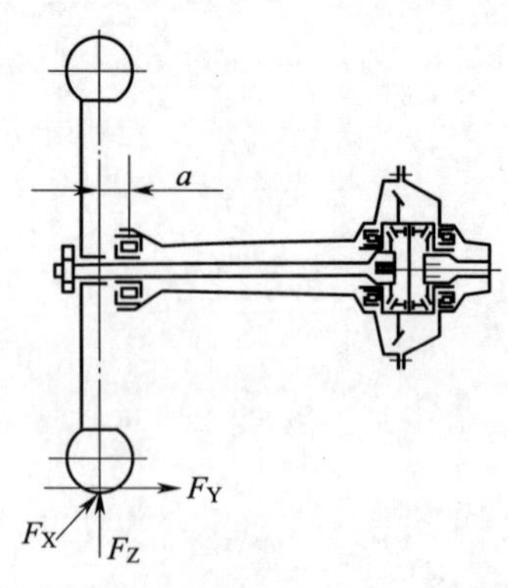

图 b

3. 桥壳的作用是什么？分为哪两种形式？

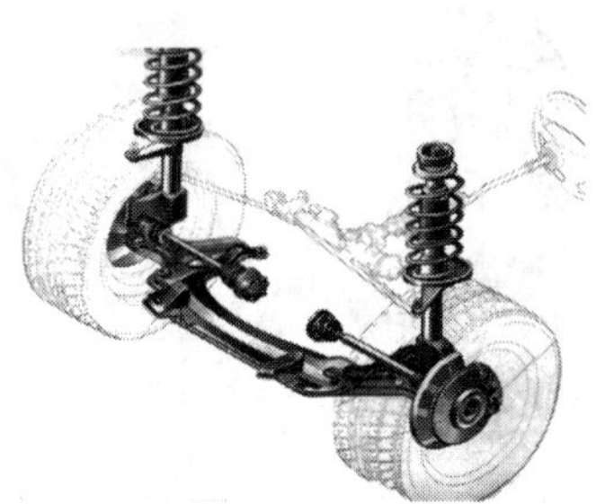

4. 结合下图认识半轴和桥壳的组成。

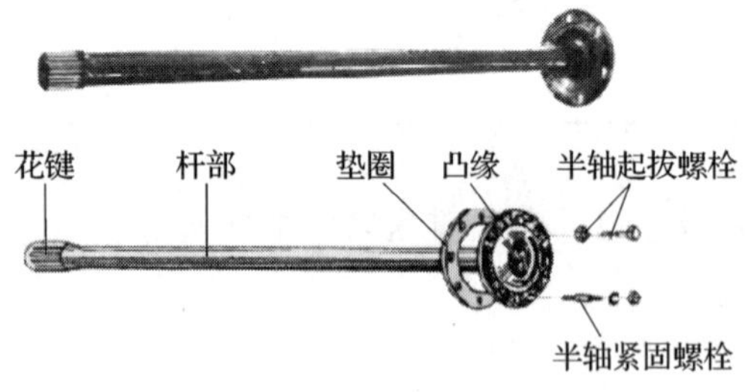

半轴实物与结构图

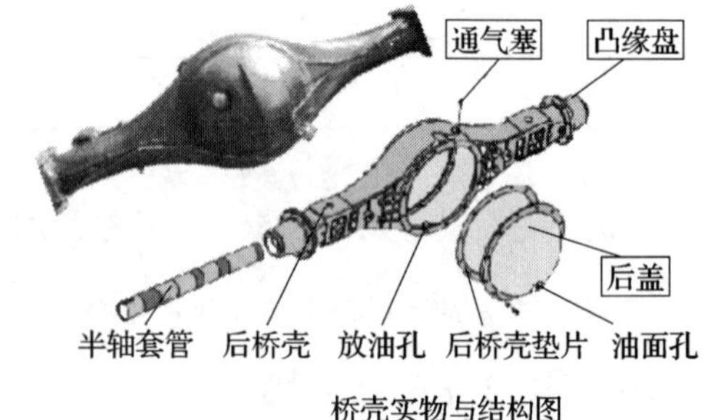

桥壳实物与结构图

五、总结与思考

1. 两个小组的同学对 FF 式轿车进行驱动桥异响的检查，都用举升机支承将车辆悬空，一辆车一边车轮正转时，另一边车轮反转，而另一辆车一边车轮正转时，另一边车轮却不转动，分别说明是什么原因造成的?

2. 举例说明全浮式半轴车辆和 3/4 浮式半轴车辆各自的特点。

学习活动3　分析故障原因并制订维修方案

学习目标

1. 能查阅维修手册或资料，列举出造成驱动桥异响的原因。

2. 能用鱼骨图分析故障的方法进行故障分析。

3. 能完成驱动桥异响故障维修方案的制订。

建议学时：4 学时

学习过程

一、绘制鱼骨图

查阅维修手册或资料，列举出造成驱动桥异响的原因，完成鱼骨图的绘制。分小组向全班同学展示说明。

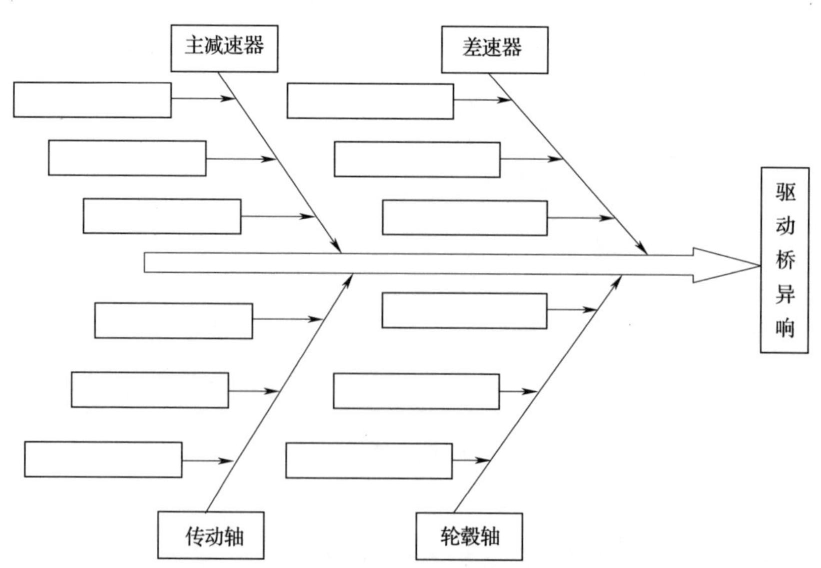

二、主减速器总成拆装前的安全准备工作

提示：主减速器是一个质量较重的总成，拆装操作容易发生安全事故，必须做好拆装前的安全准备工作和认真执行安全操作规程，防止事故发生。安全准备工作的中心主要是"四防"：一防车辆移动，二防车辆垮塌，三防总成摔坏，四防人体受伤。

1. 通过查阅维修手册或书籍，填写以下内容。

（1）实训车辆的车型是________________________。

（2）主减速器总成拆卸前，列出实训需要准备的安全用具及设备名称。

序号	安全用具及设备名称	用途和作用
1	车轮挡块	
2		举升车辆
3	支承凳	
4		防止万一垮塌时起保险作用
5	手动或电动葫芦	
6	拆装托架	
7		储存废齿轮油
8	储件盘	
9		

2. 查阅资料，画出千斤顶的工作原理简图，展示说明其举升重物的工作原理。

三、制订维修方案

查阅维修手册或资料，观察实车，制订驱动桥异响故障的维修方案。写出维修操作的步骤，分小组向全班同学展示说明。

步骤 1：________________

步骤 2：________________

步骤 3：________________

步骤 4：________________

步骤 5：________________

步骤 6：________________

步骤 7：________________

步骤 8：________________

步骤 9：________________

步骤 10：________________

四、总结与思考

1．传动轴松旷异响与传动轴动平衡破坏异响有什么区别?

2．通过操作离合器及变速器，你能分清异响是出现在变速器还是出现在驱动桥上吗?

学习活动 4　传动轴及半轴的拆检

学习目标

1. 能描述传动轴的结构、类型、组成和工作原理。

2. 能描述半轴、轮毂、轮边减速器、半轴套管的结构特点。

3. 能正确、规范、快速地完成十字节式万向节传动轴的拆装及检验，以及半轴、球笼式万向节半轴的拆装及检验。

4. 能正确使用工具并遵守 5S 现场管理的规定。

建议学时：16 学时

学习过程

一、传动轴的拆装

1. 传动轴的结构和类型

（1）传动轴上为什么要安装万向节？

（2）根据下图完成连线。

图 a　　　　转向驱动车桥的差速器与车轮之间

图 b　　　　动力输出装置和转向操纵机构中

图 c　　　　多轴驱动的汽车的分动器与驱动桥之间或驱动桥与驱动桥之间

图 d　　　　后轮驱动汽车的变速器与驱动桥之间

图 e　　　　发动机与变速器之间

图 f　　　　采用独立悬架的汽车的驱动轮与差速器之间

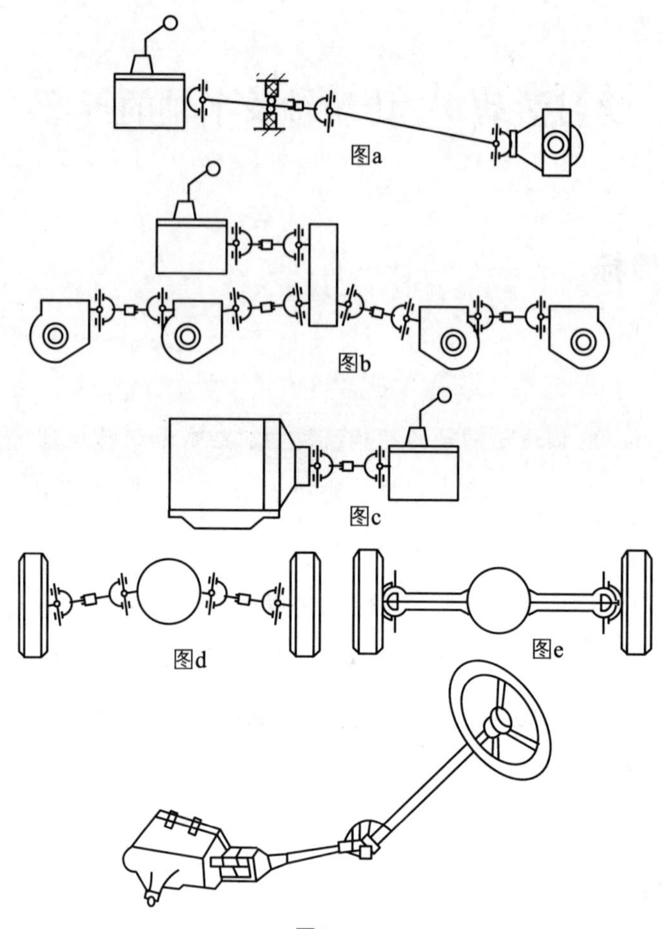

图f

（3）汽车传动轴上安装的万向节是______性万向节，它分为____________式________万向节和____________式______ 万向节两种。

（4）根据下图完成连线。

十字轴式万向节　　球笼式万向节　　挠性万向节

（5）FR 式或 RR 式汽车传动轴一般采用__________式______ 万向节。

（6）根据下图填写名称。

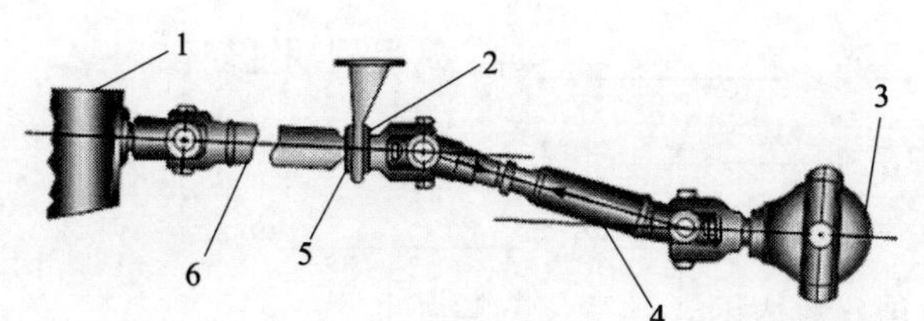

1—变速器　2—中间支承　3—________　4—________　5—过桥轴承　6—前传动轴

（7）FF 式汽车半轴一般采用__________式____ 万向节。

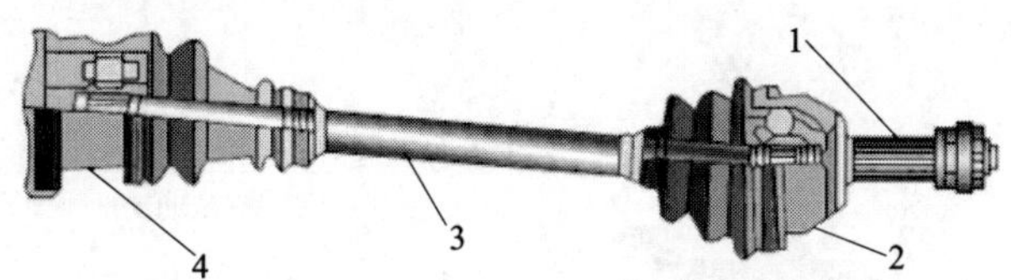

1—短轴　2—外侧等速万向节　3—驱动轴　4—内侧等速万向节

2．十字轴式万向节

（1）根据下图在表中写出十字轴式万向节的零件名称。

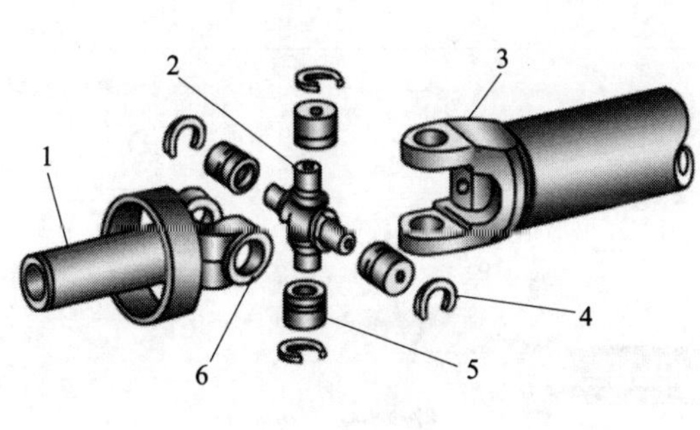

序号	名称
1	主动节
2	
3	
4	
5	
6	主动节叉

（2）根据下图，当输入轴 1 转速 ω_1 为一定值时，输出轴 2 转速为 ω_2，填写以下内容。

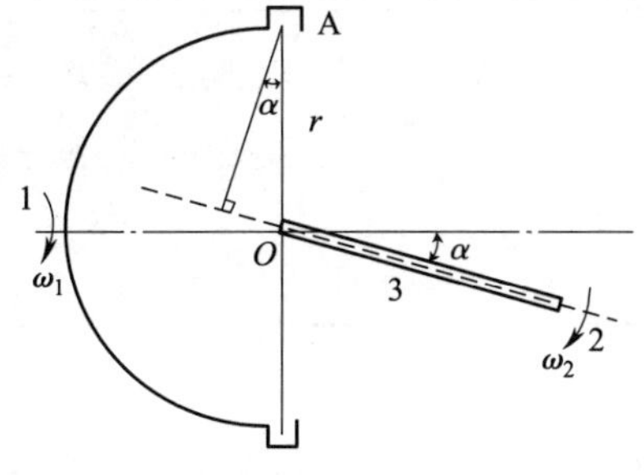

$v_A = \omega_1 r = \omega_2 \cdot r\cos\alpha$

$\omega_2 > \omega_1$

从动轴的转速大于主动轴的转速

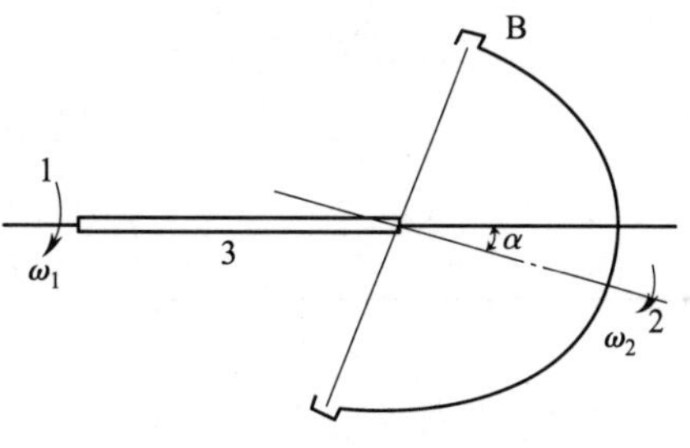

$v_B = \omega_1 r\cos\alpha = \omega_2 r$

$\omega_2 < \omega_1$

从动轴的转速小于主动轴的转速

ω_2 = ____________ω_1 ~ ____________ω_1，ω_2呈周期性变化。

当 $\alpha=30°$时，ω_2 = ____________ω_1 ~ ____________ω_1。

当 $\alpha=45°$时，ω_2 = ____________ω_1 ~ ____________ω_1。

因此，当两轴夹角 α 越大时，ω_2变化的幅度也 __________ 。

只有当____ 时，$\omega_2=\omega_1$。

（3）根据下图说明双十字轴万向节实现等速传动的条件。

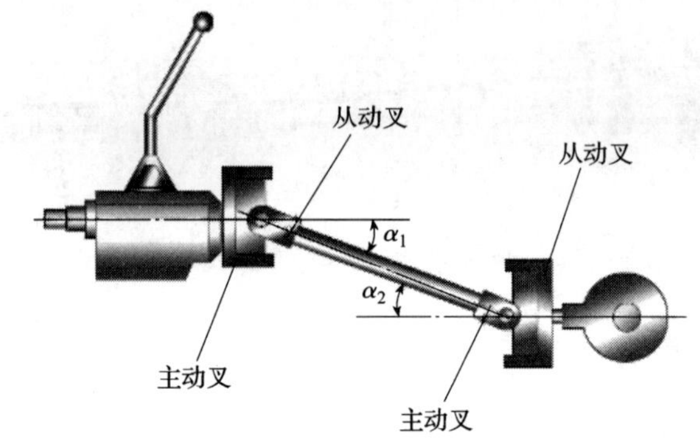

条件一：____

条件二：____

（4）根据下图在表中填写零件名称。

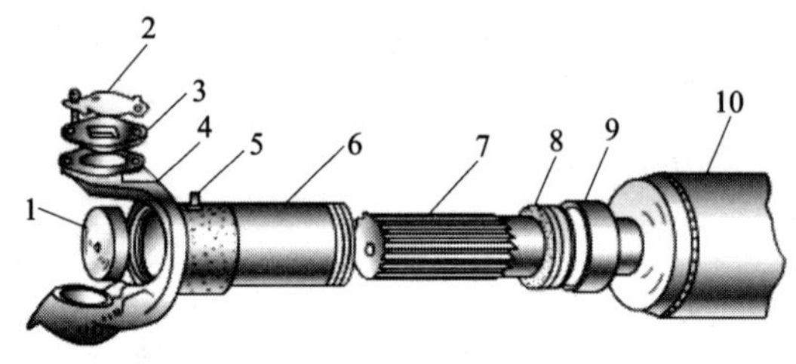

序号	零件名称	序号	零件名称
1		6	
2		7	
3		8	
4		9	
5		10	

（5）传动轴为什么要有伸缩齿？

(6) 根据下图在右端填上零件名称。

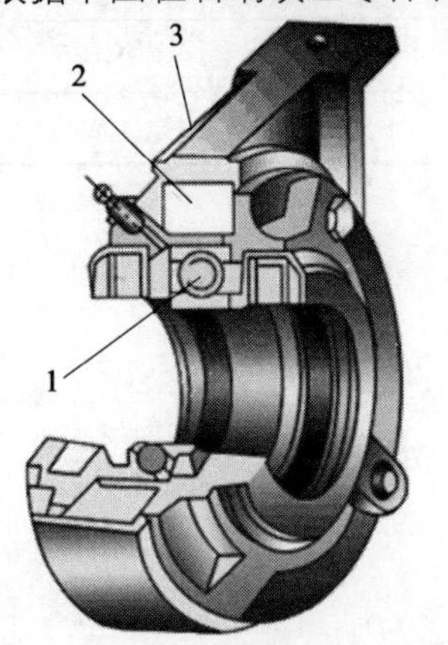

1—________________

2—________________

3—________________

(7) 说明传动轴安装中间支承的两个原因。

(8) 查找资料回答问题：什么是动平衡？传动轴为什么要进行动平衡？

3. 球笼式万向节

(1) 根据下图填写以下内容。

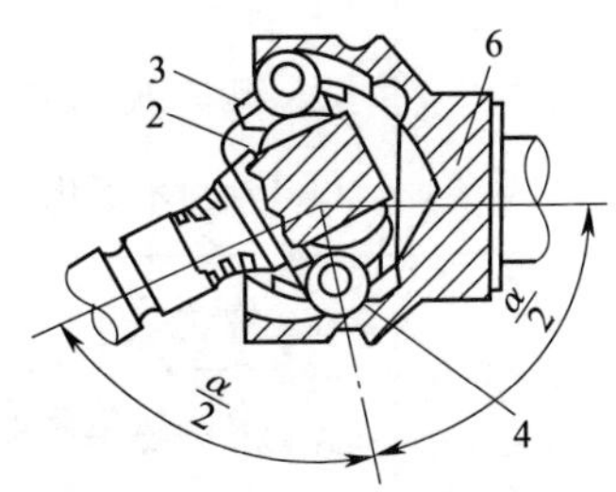

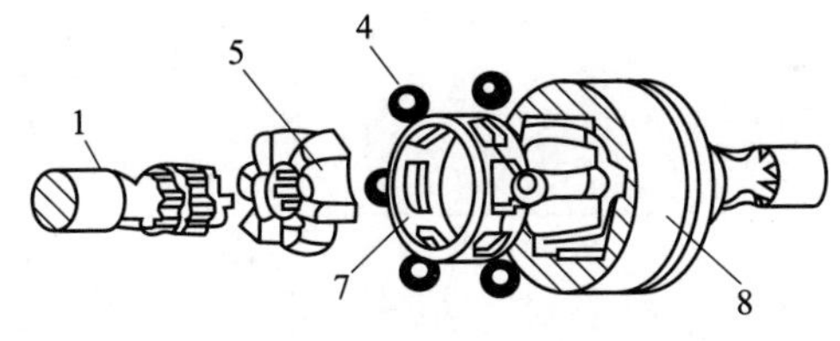

序号	零件名称	序号	零件名称
1		5	
2		6	
3		7	
4		8	

（2）根据上图，展示说明球笼式万向节为什么能实现等速传动。

4．传动轴的拆装及检查

（1）分小组完成实训车辆传动轴的拆装及零部件的检查。

（2）成果展示：查阅书籍或维修手册，列出传动轴零部件拆装要点及检查结果，并向其他同学展示与说明。

传动轴零部件拆装及检查记录表

零部件名称	拆装要点及工具	实际检查结果	技术要求
变速器输出节叉			1．锁紧螺母无松动，开口销完好 2．节叉轴齿完好，无松旷
十字节			1．无松旷 2．轴承完好 3．锁止可靠
中间支承			1．轴承不旷响 2．减振垫完好 3．油封不老化
传动轴螺栓			1．螺纹完好 2．有防松垫圈或定位措施

续表

零部件名称	拆装要点及工具	实际检查结果	技术要求
伸缩花键齿			1. 不松旷 2. 防尘罩完好
黄油嘴 平衡块			完好
后传动轴			1. 无变形，无弯曲 2. 锁紧螺母无松动，开口销完好

二、半轴的拆装

1. 半轴

（1）半轴的作用是将__________半轴齿轮的输出转矩传到____________________上，使驱动轮转动。

（2）仔细观察半轴实物，总结半轴的构造特点。

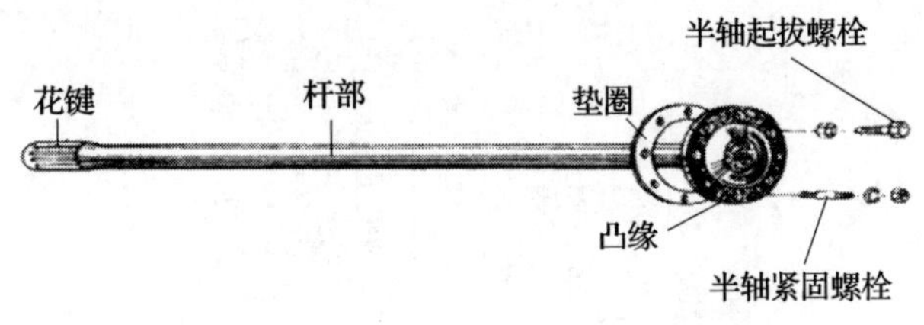

1）半轴的材料为____________________，半轴的形状为____________________，半轴（□是　□否）实心。

2）半轴齿一端与____________相连，半轴齿另一端倒角是为了______________。

3）半轴凸缘一端与____________相连，半轴凸缘的螺栓孔是______________型，是为了安装____。

4）半轴凸缘与杆部是靠_________过渡，是为了防止_______________________。

5）有的半轴杆部在凸缘附近加工成光滑表面，是为了_______________________。

（3）仔细观察半轴实物，为什么半轴中心两端有小圆孔？

（4）根据下图说明6根半轴分别装在什么车上？（提示：参考教材或上网查寻）

2．车轮轮毂

（1）观察下图，并注明各零件的名称。

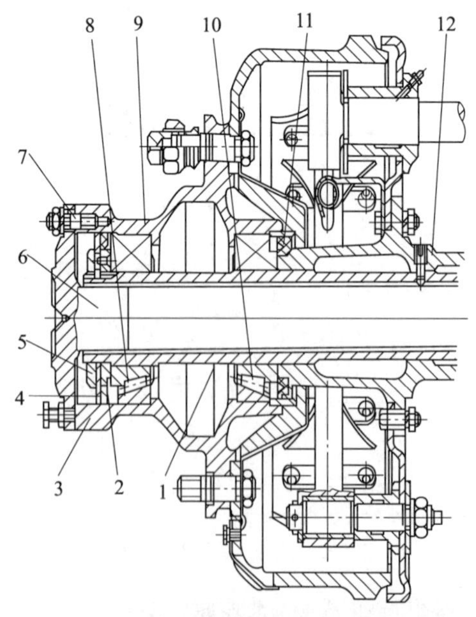

序号	名称	序号	名称
1		7	
2		8	
3		9	
4		10	
5		11	
6		12	

（2）观察实车或实训台，掌握车轮、制动鼓、轮毂的相互装配位置关系，填写以下内容。

1）车轮与制动鼓的连接，靠轮胎螺栓的______螺母紧固。

2）制动鼓与轮毂的连接，靠轮胎螺栓的______螺母紧固。

3）轮胎螺栓的内螺母如果松掉，会有什么后果?

4）轮胎螺栓内螺母的防松措施有哪些?

A ____

B ____

（3）观察实车或实训台，总结轮毂的构造特点，填写以下内容。

1）轮毂两端安装有________________轴承，______大______小，内轴承型号是________________，外轴承型号是______________。

2）轮毂轴承外圈与轮毂是________配合，如果轴承外圈在轮毂内转动，产生的后果是____。

3）轮毂中的空腔用来装________________，当车轮转动时，在______________力作用下，会自动补偿____________________，使轴承不致缺油而烧蚀。

4）为了防止润滑油流出，轮毂两端都安装有____________________。如果内油封损坏，产生的后果是____。

（4）观察实车或实训台，掌握半轴、半轴套管、轮毂的相互装配位置关系，填写以下内容。

1）轮毂轴承内圈安装在半轴套管上，与半轴套管是________________配合，紧固螺母安装在__________________上，紧固螺母如果松掉，会产生的后果是__________________

____

2）轮毂轴承紧固螺母的防松措施是____

____

3）半轴与轮毂之间安装有________________，靠________________相连接。

（5）查阅维修手册，填写以下内容。

1）轮胎螺栓内螺母的拧紧力矩是______________，外螺母的拧紧力矩是______________，半轴螺母的拧紧力矩是______________。

2）半轴螺栓是____头螺栓，拧紧半轴螺栓的方法是__________________________。拧松半轴螺栓的方法是____。

3）轮毂轴承过紧有什么后果？过松有什么后果？

4）调整轮毂轴承预紧度的方法是什么？

3. 后桥壳

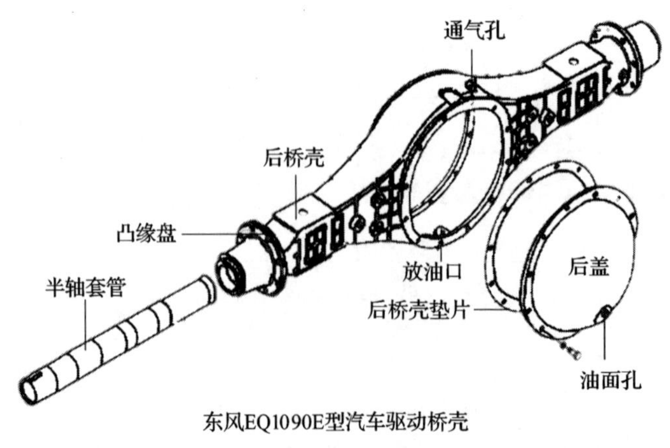

东风EQ1090E型汽车驱动桥壳

（1）观察上图，总结后桥壳的结构特点，填写以下内容。

1）半轴套管与后桥壳是______________配合，为了防止半轴套管松脱，在后桥壳上有____________进行锁止。

2）后桥壳上有两个平台，用来安装________________。中间的小圆孔是安装________________，是为了防止____________发生位移。

3）后桥壳上有凸缘盘，用来安装____________________。

4）通气孔的作用是____。

5）放油螺栓带有磁铁，作用是____。

6）油面孔的作用有两个：

A ____。

B ____。

（2）查阅资料填写以下内容。

1）后桥壳是安装主减速器、钢板等零部件的安装基础件，要求强度高，所以用________________________________材料制成。

2）半轴套管的拆装需要使用的专用设备是____。

3）齿轮油过多和过少的后果是____。

（3）车辆维护时，要对半轴和半轴套管进行探伤检查。查阅资料简述探伤检查的方法。

4．轮边减速器

在现代重型汽车上，为了增大驱动力，有的车辆安装了轮边减速器以增大________，达到________的作用，满足车辆重载行驶需要。

轮边减速器采用行星齿轮机构，内齿圈固定不转，半轴连接太阳轮，行星架连接车轮。

传动比为：$i=\frac{z_{圈}+z_{太}}{z_{太}}=1+\frac{z_{圈}}{z_{太}}$

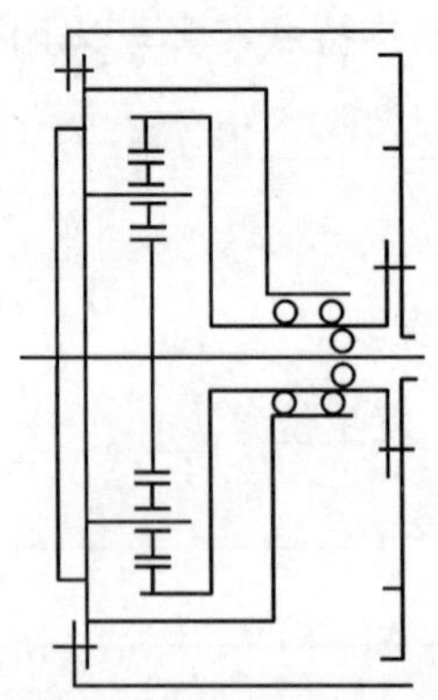

斯太尔汽车后驱动桥的轮边减速器传动简图

5. 半轴及车轮零部件的拆装和检查

（1）分小组完成实训车辆半轴及车轮的拆装及零部件的检查。

（2）成果展示：查阅书籍或维修手册，用图表列出实训车辆半轴及车轮零部件的检查方法、步骤和要点，并向其他同学展示与说明。

半轴及车轮零部件检查展示表

零部件	检查方法和步骤	实际检查结果	技术要求及要点
半轴			1. 半轴齿完好 2. 半轴过渡圆弧无裂纹 3. 弯曲度
制动鼓			1. 标准直径______ 2. 磨损极限______ 3. 圆度______ 4. 无裂纹
轮毂			1. 内轴承孔直径______ 2. 外轴承孔直径______ 3. 无裂纹

续表

零部件	检查方法和步骤	实际检查结果	技术要求及要点
轮胎螺栓			1. 内外螺纹完好 2. 内螺母有防松止口或防松措施
轮毂轴承			1. 滚珠无脱碳 2. 无断裂
半轴套管			1. 无裂纹 2. 半轴螺纹完好
半轴螺母防松锁止装置			锁止可靠

三、球笼式万向节半轴的拆装与解体

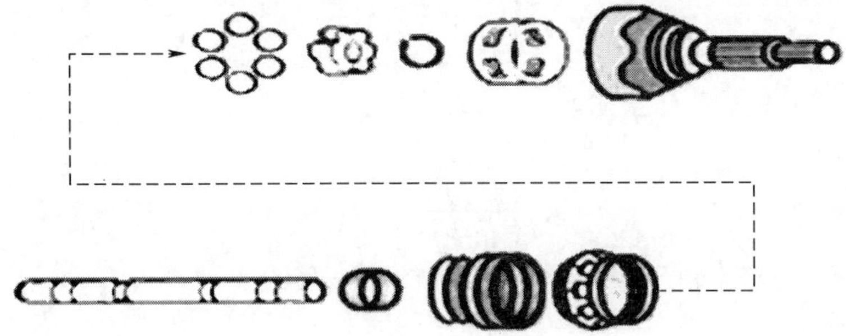

1. 分组完成实训车辆球笼式万向节半轴的拆装及解体。

2. 成果展示：用图表列出实训车辆的球笼式万向节半轴的拆装及解体的步骤和要点，并向其他同学展示与说明。

球笼式万向节半轴拆装及零部件检查展示表

序号	工作步骤	使用工量具	注意事项或要点
1			
2			
3			
4			

续表

序号	工作步骤	使用工量具	注意事项或要点
5			
6			
7			
8			
9			
10			
11			
12			
13			

四、总结与思考

1. 传动轴上焊接了一些铁块，一些维修人员认为是制造工人误认为传动轴破损而焊上的，不美观，安装时就把它敲掉，你认为对吗？说明理由。

2. 球笼式万向节半轴无伸缩齿，它是怎样调节长度的?

3. 拆装时应如何保证传动轴的动平衡不被破坏?

4. 传动轴螺栓与普通螺栓有何不同？车辆运行中如果传动轴螺栓折断有何后果？装配传动轴螺栓时怎样防松?

5. 后轮驱动汽车车轮轮毂轴承的预紧度是怎样调整的？轮毂轴承是怎样防松的?

6. 以实训车辆为例，说明半轴螺母的防松锁止方法。

学习活动5　主减速器总成的拆解及装配

学习目标

1. 能查阅维修手册，掌握主减速器总成的拆装顺序和安全操作。

2. 能安全、规范、快速地完成主减速器总成的拆装、解体、零件检验和装配。

3. 能认知主减速器差速器零部件，描述零部件的构造、装配要求和检查调整要点。

4. 能正确使用工具和设备并遵守5S现场管理的规定。

建议学时：20学时

学习过程

一、主减速器总成拆装

完成实训车辆主减速器总成的拆装，并填写下表。提示：注明变速器挡位，驻车制动器的松紧。

序号	工作步骤	操作步骤及工具、设备	注意事项及要点 （四防工作）
1	固定车辆		
2	放齿轮油		
3			
4	拆传动轴		

续表

序号	工作步骤	操作步骤及工具、设备	注意事项及要点（四防工作）
5			
6	吊装		

二、主减速器总成解体

1. 认知主减速器和差速器零部件，填写下表。

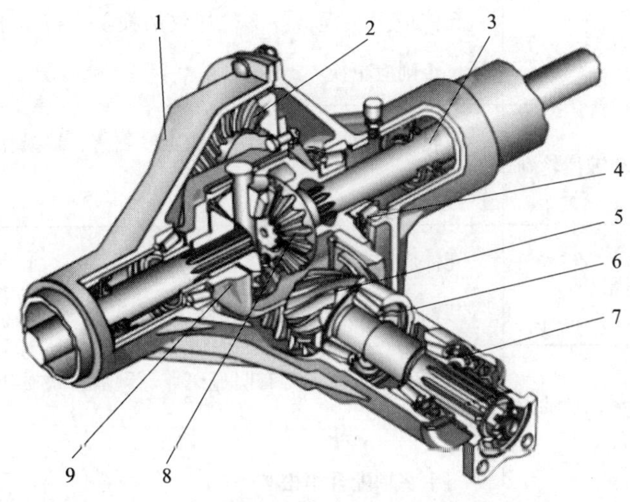

序号	名称	序号	名称
1		6	
2		7	
3		8	
4		9	
5			

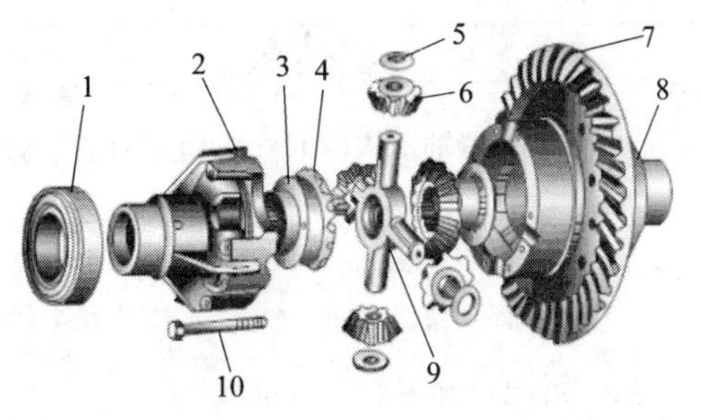

序号	名称	序号	名称
1		6	
2		7	
3		8	
4		9	
5		10	

2. 检查零部件，填写下表。

序号	零部件名称	检查项目和要求	检查结果
1	主减速器壳	壳体应无裂损，各部位螺纹的损伤不得多于2牙，否则应更换	
2	主、从动锥齿轮副	齿轮工作表面不得有明显斑点、剥落、缺损和阶梯形磨损	
3	差速器壳	壳体应无裂损 与铜垫片的接触面应光滑，无沟槽	
4	行星齿轮、半轴齿轮	齿轮工作表面不得有明显斑点、剥落、缺损和阶梯形磨损 与十字轴配合不松旷	
5	滚动轴承	轴承的钢球（或柱）和滚道上不得有伤痕、剥落、严重黑斑或烧损变色等缺陷，无裂纹，否则应更换	

三、差速器的装配

1. 装配差速器，填写下表。

序号	安装顺序	技术要求	安装情况
1	装差速器轴承	安装差速器轴承内圈时，应用压力机平稳地压入，不得用手锤敲击	
2	装十字轴及齿轮	工作表面上涂以机油，先装入垫片和半轴齿轮，再装十字轴和行星齿轮及垫片	

续表

序号	安装顺序	技术要求	安装情况
3	合上差速器壳	两侧壳体上的位置标记应对正（无标记应在拆卸时打上）	记号：
4	安装从动齿轮和装合差速器	用规定力矩交替拧紧螺母，锁死防松锁片	力矩： 锁止：

2. 简述调整主减速器轴承预紧度应注意的问题。

四、主动锥齿轮的装配和轴承预紧度的调整

1. 主动锥齿轮按照结构不同，装配顺序略有差异，在装配过程中，都要进行轴承预紧度的调整。方法有两种：

（1）通过____________进行调整（图 a、图 b、图 c）。

（2）用一个____________进行调整（图 d、图 e）。应调整到能以 $M_1 = 0.8 \sim 1.3$ N·m 左右的力矩使主动锥齿轮单独转动。

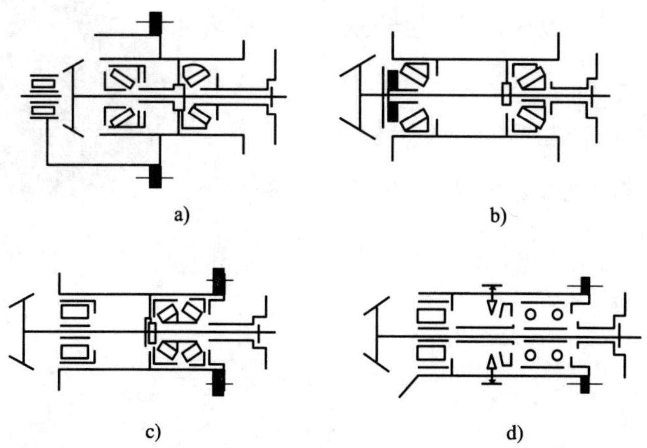

a)　b)　c)　d)

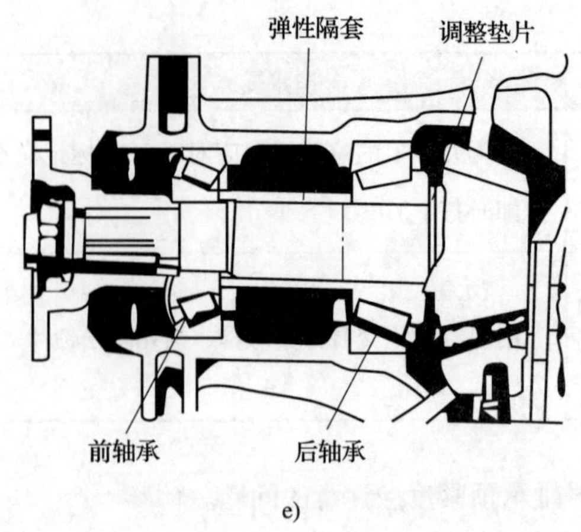

e)

2. 画出实训车辆的主动锥齿轮的结构原理图，检查预紧度的力矩是多少?

五、差速器的安装和轴承预紧度的调整

1. 将差速器安装在主减速器壳内，使主、从动锥齿轮啮合，再装上差速器轴承盖，调整轴承预紧度——调整两边的调节螺母或通过改变轴承与差速器壳之间的垫片厚度来调整。主、从动锥齿轮组装后，应能以 $M_2 = M_1 + 0.2 \sim 0.4$ N·m 的力矩转动主动锥齿轮，最后紧固轴承盖螺栓，并用锁片锁死。

2. 差速器轴承盖的装配记号是什么？是否对齐?

3. 实训车辆调整差速器轴承预紧度的方式是哪一种？检查预紧度的力矩为多少？

六、主、从动锥齿轮啮合印痕与啮合间隙的调整

1. 先在主动锥齿轮上涂以红色颜料（红丹粉与机油的混合物），然后使主动锥齿轮往复转动，于是从动锥齿轮的两工作面上便出现红色印迹。通过调整主动锥齿轮的前后位置和从动锥齿轮的左右位置，可以调节啮合印痕。应使从动齿轮轮齿正转，逆转工作面上的印迹均位于齿高的中间，并偏于小端，占齿面宽度的60%以上，如下图所示。

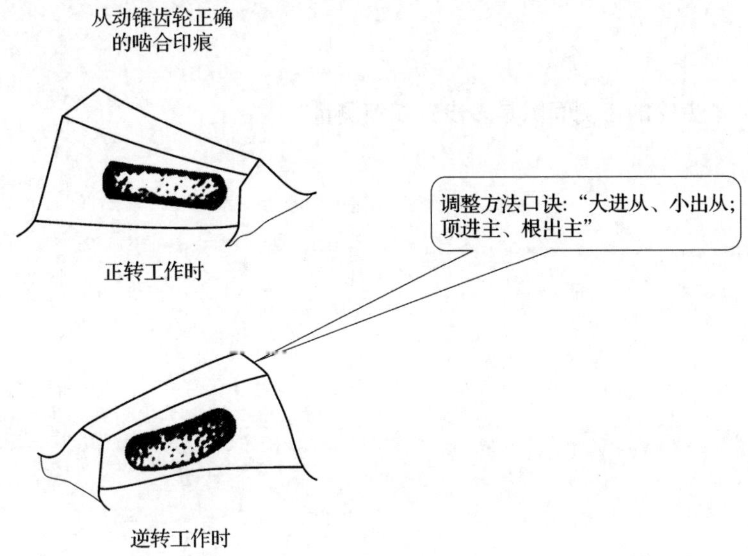

2. 画出第一次装合时主、从动齿轮的啮合印痕图。

3. 你是怎样调整啮合印痕的?

4. 主、从动齿轮的齿侧间隙是多少? 如何测量?

5. 完成主减速器吊装后，简述收尾工作。

七、总结与思考

1. 主动锥齿轮的紧固螺母不容易拆松，你是怎样拆松的？怎样最容易拆松？

2. 在主减速器轴承预紧度的调整中，转矩不容易测量，你能根据调整轮毂轴承预紧度的方法，总结一套主减速器轴承预紧度的判断方法吗？

3. 主动锥齿轮的紧固螺母被半轴凸缘盖住，如果松了会有何后果？二级维护时是否应该检查紧固？你拆装的主减速器是如何防松的？

4. 差速器的行星齿和半轴齿轮后面都有铜垫片，它们的作用是什么？

5. 为什么要检查逆转时的啮合印痕？逆转时的啮合印痕差有何影响？

学习活动6 评 价 反 馈

学习目标

1. 能通过试车，检验驱动桥异响故障的排除。

2. 能向用户说明驱动桥异响故障的原因、更换的主要零部件，介绍使用和维护的注意事项，且口头表达清楚正确。

建议学时：4学时

学习过程

一、试车

1. 试车属于__________检验。

2. 查阅互联网资源，完成下表。

名称	分类	作用
汽车检验	______检验	
	过程检验分为三种： 1. 作业者____检 2. 上下工序____检 3. 检验员专检	
	______检验	

3. 试车后说明维修效果。

二、成果展示

1. 如果你需要向客户进行说明，你会向客户说明哪些内容?

2. 以小组为单位，分角色扮演客户和维修人员，进行维修后的模拟对话。

三、总结与思考

1. 正转的啮合印痕和逆转的啮合印痕，齿侧间隙不能同时满足要求怎么办?

2. 后轮驱动汽车车轮的轮毂轴承是怎样防止润滑脂飞出的?

3. 以某后驱车辆为例，画出传动系统动力传动路线图，并展示说明。

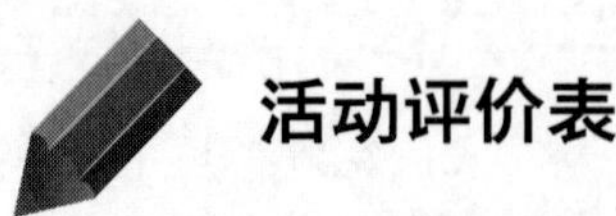

活动评价表

学习任务三评价表

班级：________　　　　姓名：________　　　　学号：________

项目	自我评价			小组评价			教师评价		
	10～9	8～6	5～1	10～9	8～6	5～1	10～9	8～6	5～1
	占总评 10%			占总评 30%			占总评 60%		
学习活动 1									
学习活动 2									
学习活动 3									
学习活动 4									
学习活动 5									
学习活动 6									
协作精神									
纪律观念									
表达能力									
工作态度									
安全意识									
任务总体表现									
小计									
总评									

任课教师：________　　年　　月　　日

学习任务四　减振器漏油的拆检

学习目标

1. 能描述减振器的作用和工作原理，以及车轮定位的作用。

2. 能确定减振器的使用状态，并能制订故障维修方案。

3. 能根据维修手册要求，在规定时间内规范地对悬挂系统进行拆卸、解体、检查、装配，并完成拆装步骤的记录。

4. 能记录工作过程，对过程进行总结。

建议学时

40 学时

工作情境描述

客户驾驶一辆桑塔纳轿车在路面上行驶时，发现车身强烈振动并连续跳动，无衰减迹象，有时在一定范围内会发生“摆头”现象。

经检查，发现减振器漏油。进一步检查后，除发现减振器漏油外，还发现车轮胎侧面有偏磨，定位摇臂有轻微变形现象，连接球销松旷。综合以上检查，发现这辆车存在减振器漏油、转向节耗损、上下控制臂有轻度变形或接头橡胶破损等故障。

你作为维修人员需对相关部件进行拆检，根据维修手册相关要求，在规定时间内完成行车系统的检查与零部件的更换，完成后交付班组长验收。

教学流程与活动

1. 明确学习任务

2. 悬架的认知

3. 车轮定位的认知

4. 分析故障原因并制订维修方案

5. 减振器的拆检

6. 评价反馈

学习活动1　明确学习任务

学习目标

1．能明确故障现象及相关原因。

2．能做好现场原始记录，并能进行检查和测试。

3．能在作业过程中遵守安全操作规范及5S管理要求。

4．能对相关资料进行检索，认知基本悬架系统的类型、特点及作用，并学会初步的故障诊断流程及分析方法。

5．能完成工单和工作页的填写，并进行反思。

建议学时：4学时

学习过程

一、认知汽车行驶系

1．查阅资料，根据下图填写汽车行驶系的组成。

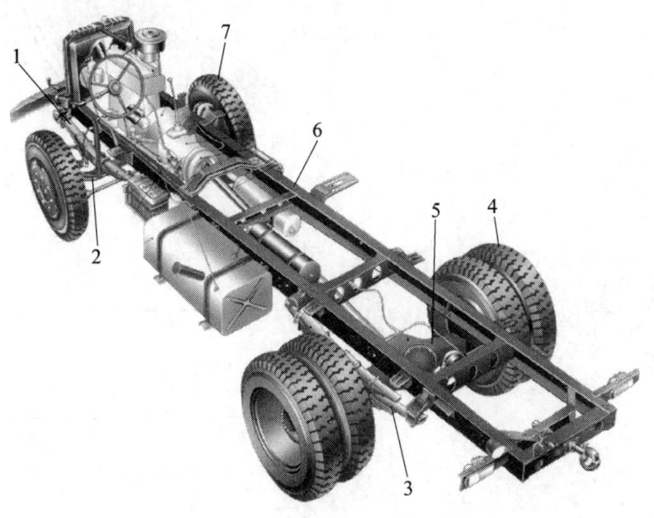

1— ______ 2— ______ 3— ______ 4— ______

5— ______ 6— ______ 7— ______

2. 汽车行驶系的主要作用是什么?

二、认知悬架

1. 悬架一般由______、______和______三部分组成，它们分别起着缓冲、减振、导向及传递力和力矩的作用。

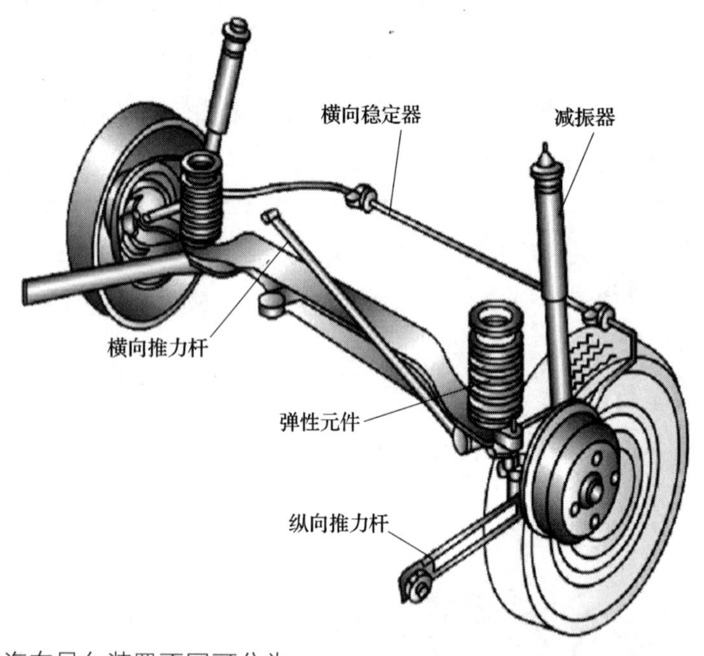

2. 悬架按汽车导向装置不同可分为:

特点: ______

______

______

______

______

______

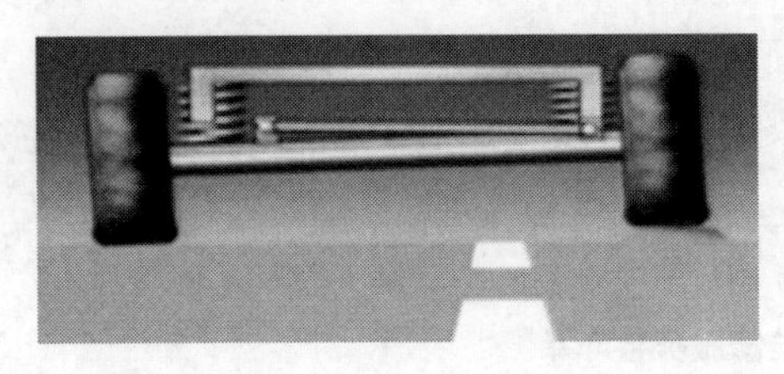

____

特点：______________________________

____

____

____

____

3．非独立悬架按照采用弹性元件的不同，分为______________和______________
______________。

4．独立悬架两侧车轮分别独立地与车架（或车身）弹性相连，配用断开式车桥，两侧车轮的运动是相对独立、互不影响的。一般可按车轮的运动方式分为三类：______________悬架、______________悬架和______________悬架。

a)

b)

c)

d)

独立悬架的类型

5．如下图所示汽车在行驶中会产生颠簸，其振动状态是何种振动？

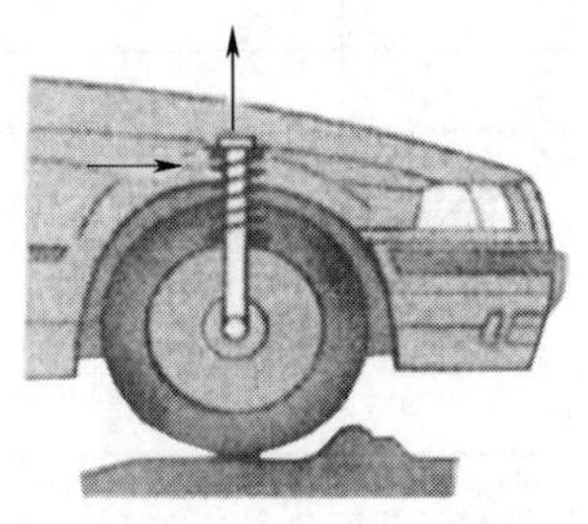

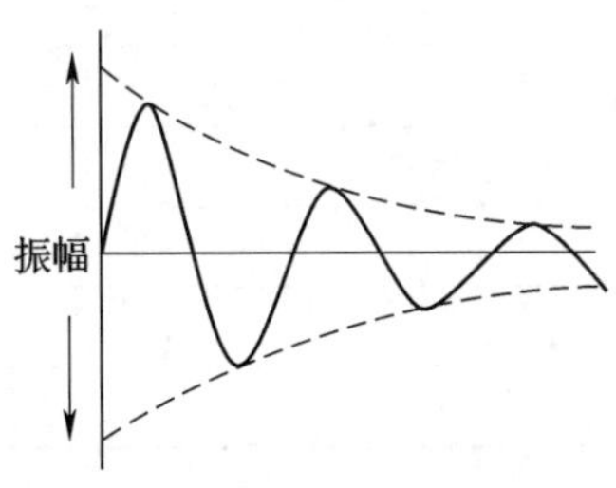

6．悬架系统中的弹簧、减振器的作用是什么？

三、故障诊断分析流程认知

1. 以下是某修理厂维修服务接车单，依据实习状况及实训条件，试用角色扮演法，填写一份接车单，核实车主对车况的描述，必要时与车主进行沟通确认。

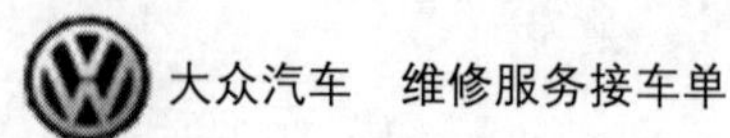

客户姓名________车牌号________车型________行程里程________

联系电话________地址________________________________燃油量　E　1/2　F

放厂时间________预约交车时间________

	□车匙 □备胎 □轮盖 □行驶证 □随车工具 □故障灯 有√ 无×	
车辆外观检查	×划痕 ⊙凹陷 √破损	
客户描述		

	序号	维修项目名称	维修配件	数量
维修项目	1			
	2			
	3			
	4			
	5			
	6			
	7			
	8			
	9			

说明：1. 车内贵重物品由客户自行带走，否则如有遗失，本厂恕不负责；

2. 车主同意以上维修项目并授权本厂对无法修复零件予以更换；

3. 客户自带配件与客户要求更换非原厂件的，本厂恕不负责质量保修。

地址：××××××××× 联系电话：×××－××××××× 传真：×××－×××××××

接车员签字：　　　　　　　　　　客户签字：　　　　日期：

2. 汽车故障诊断的基本流程如下图所示，说明熟练掌握悬架基本结构、类型及工作原理对故障诊断的意义。

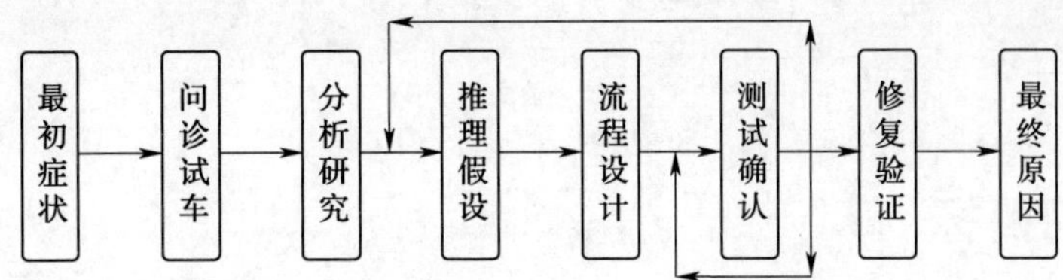

3. 按故障诊断的一般基本流程，你能给出汽车“强烈振动并连续跳动”故障原因的初步推理吗?

四、总结与思考

1. 你能准确判断实训车型的悬架类型吗? 若其中某一零件发生故障，试写出其诊断分析流程。

2. 汽车维修前的接车工作很重要。分析接车、问诊、试车检查与诊断的关系。

学习活动2　悬架的认知

学习目标

1. 能进一步认知悬架的结构、类型及应用，为分析汽车悬架系统故障做准备。

2. 能对相关资料进行检索，初步学会分析、理解悬架系统的类型。

3. 能描述悬架的类型，并能正确地进行故障车辆悬架的检查操作。

建议学时：6 学时

学习过程

一、悬架结构认知

1. 下图所示为麦弗逊式独立悬架的两种结构，填写零件的名称或编号。

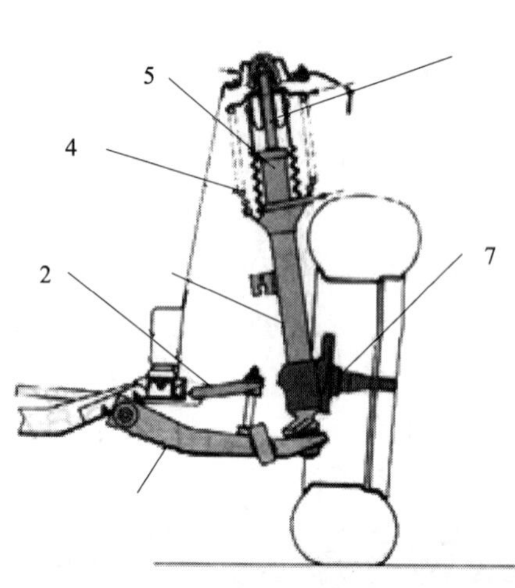

序号	名称	序号	名称
1	横摆臂	9	转向节
2		10	
3	滑柱	11	减振器弹簧
4		12	
5		13	防倾杆（连接杆）
6	减振器活塞杆	14	
7		15	横向稳定杆
8	转向节球头铰链	16	

2. 下图所示为双叉式独立悬架，在下表中填写零件的名称。

序号	名称
1	
2	
3	
4	
5	
6	
7	
8	
9	

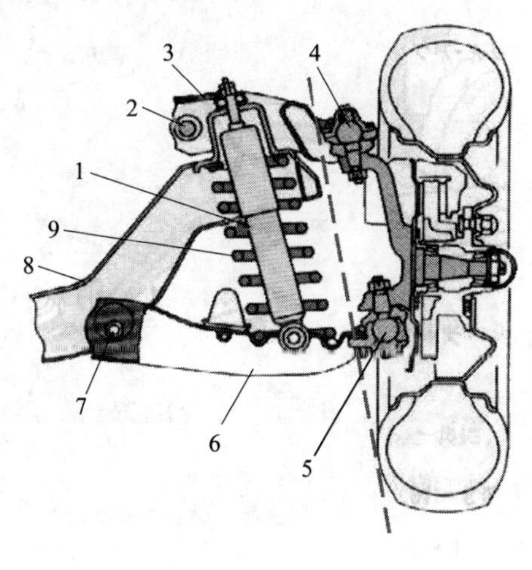

双叉式独立悬架

3. 独立悬架有几种常见类型？分别是什么？

4. 根据多连杆独立悬架的结构图，填写零件的名称或编号。

序号	名称	序号	名称
1	下控制臂	8	
2		9	上控制臂
3		10	
4		11	
5		12	
6	上控制臂定位杆	13	弹簧
7		14	下控制臂

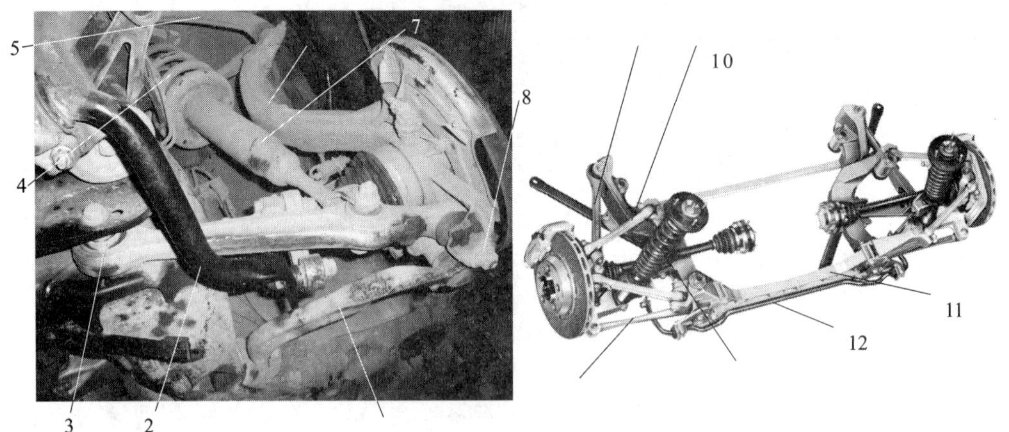

5. 下图为奔驰轿车多连杆独立悬架，填写零件的名称。

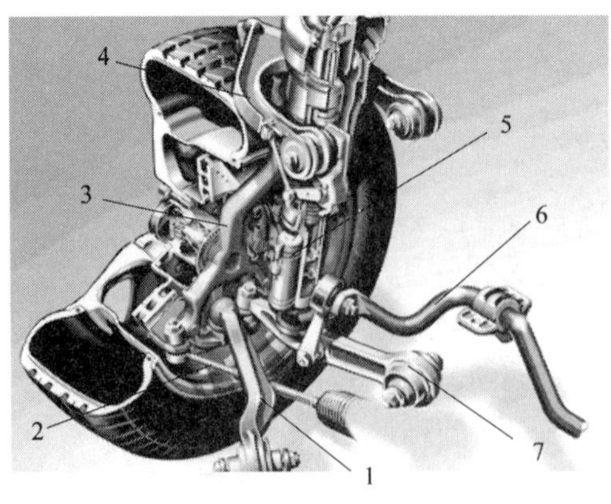

序号	名称
1	
2	
3	
4	
5	
6	
7	

6. 非独立悬架

（1）下图是钢板弹簧非独立悬架，填写零件的名称或编号。

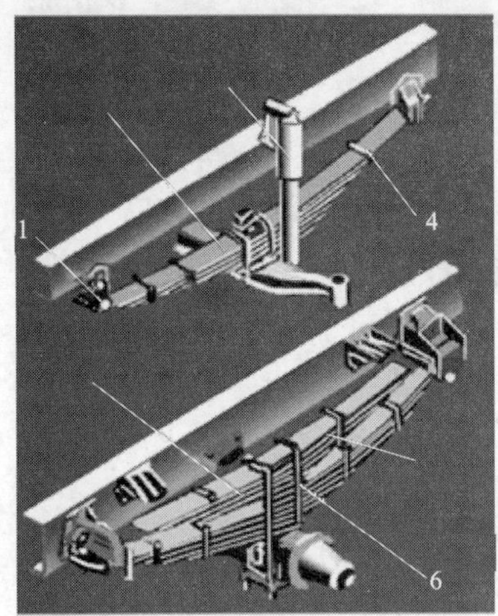

序号	名称
1	
2	钢板弹簧
3	减振器总成
4	
5	副簧
6	
7	主、副钢板弹簧总成

（2）下图是螺旋弹簧非独立悬架，填写零件的名称或编号。

序号	名称	序号	名称
1	纵向摆臂	4	
2		5	与弹簧方向不同设置的减振器
3		6	扭力梁

7. 悬架主要零部件认知（弹簧和减振器）

（1）下图是钢板弹簧，在下表中填写零件的名称。

序号	名称	序号	名称
1	卷耳	4	
2		5	螺母
3	螺栓	6	

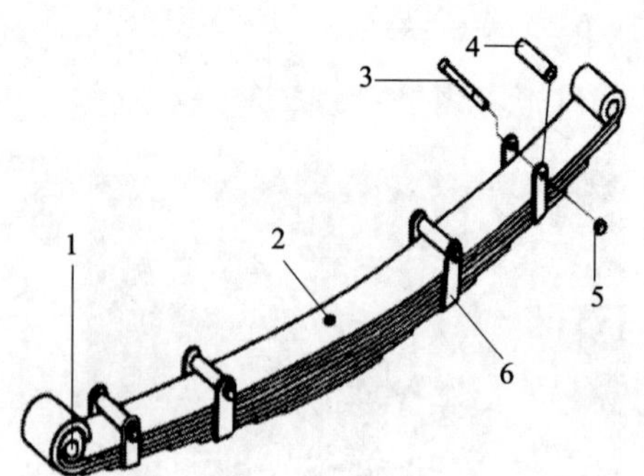

（2）下图所示为各种弹簧，填写零件的名称。

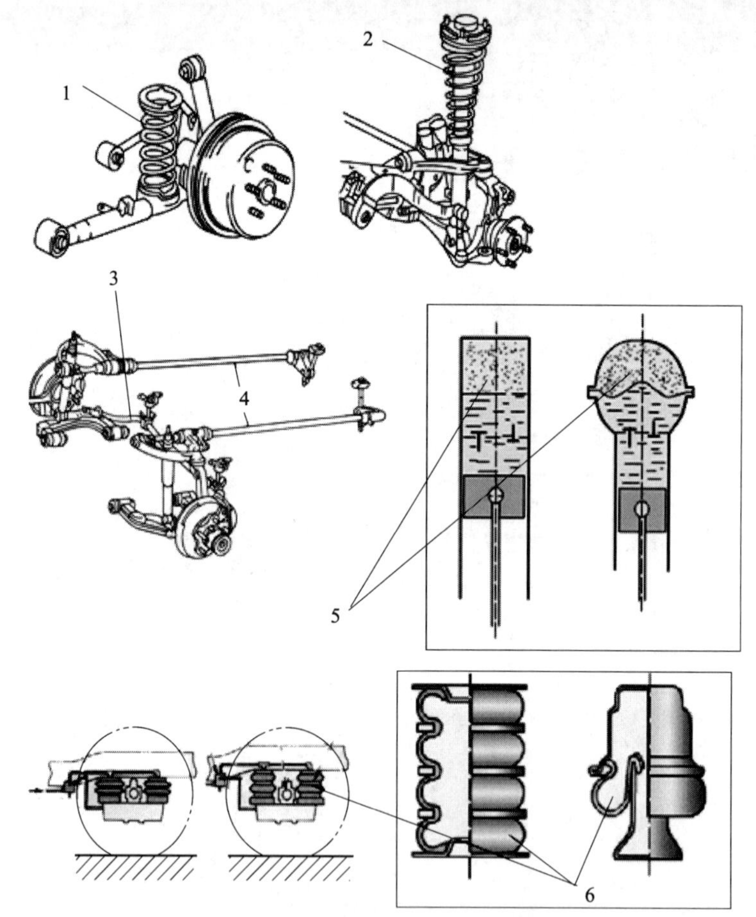

序号	名称	序号	名称
1		4	
2		5	
3		6	

（3）在悬架系统中，钢板弹簧和螺旋弹簧各起什么作用？

（4）下图所示为液压气体弹簧，填写零件的名称。

序号	名称	序号	名称
1		6	
2		7	
3		8	
4		9	
5		10	

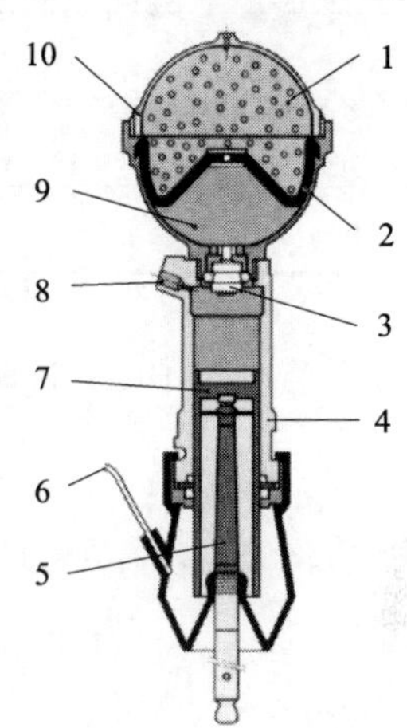

（5）与气体弹簧相比，液压气体弹簧的刚度变化范围有何不同？它对悬架系统的影响是什么？

（6）下图所示为双向作用筒式减振器，填写零件的名称。

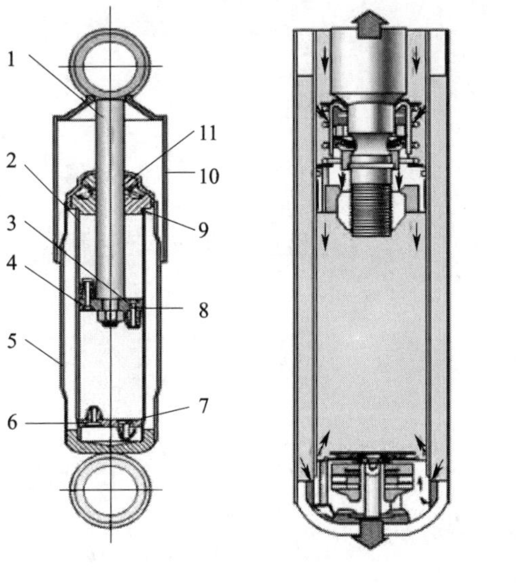

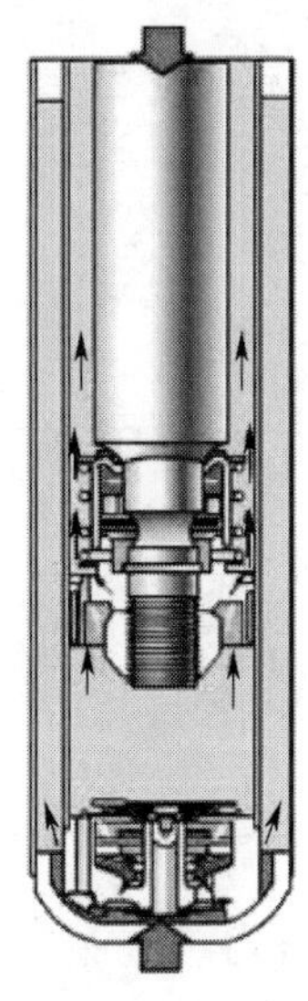

序号	名称	序号	名称
1		7	
2		8	
3		9	
4		10	
5		11	
6			

（7）对照上图，说明双向作用筒式减振器的工作过程和原理。

二、悬架检查诊断

1．对照实训车辆的悬架系统，判断它属于什么系统？根据接车问诊写出“你的检查和试车”方法。

2．悬架有一零件为铰接头连接松旷，试写出检查手段及工艺过程。

三、总结与思考

1. 在本活动中你认为最大的收获是什么？还有什么地方需要改进，记录下来。

2. 如果一辆汽车悬架下摆臂铰接损耗严重，此时，司机能不能进行长距离的行驶？为什么？

学习活动3　车轮定位的认知

学习目标

1. 能进行车轮定位，认真做好现场检查、测试及原始记录。

2. 能对相关资料进行检索，理解悬架系统与车轮定位的关系。

3. 能进行车轮定位检测。

建议学时：4学时

学习过程

一、车轮定位

1. 如图右前轮外肩磨损严重，说出可能的原因。

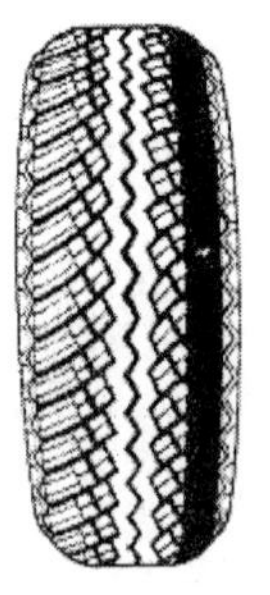

2. 转向轮、转向节和前轴三者与车架的安装应保持一定的相对位置关系，这种安装位置关系称为__________定位，也称前轮定位。前轮定位和后轮定位统称为__________。转向轮定位包括__________、__________、__________及__________四个参数。

3．下图所示为标定车轮定位参数，根据实训车辆测量和计算车轮定位值。

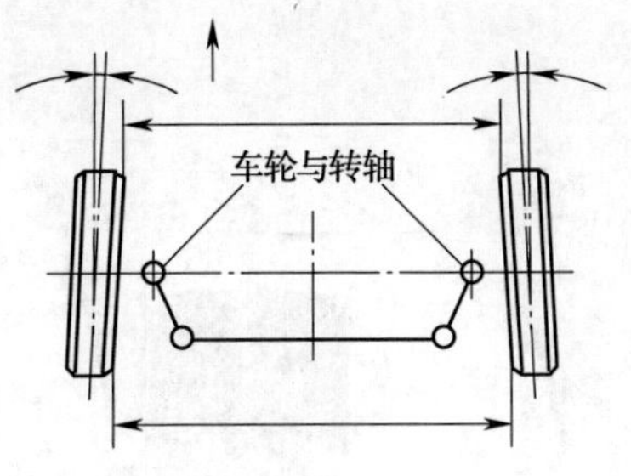

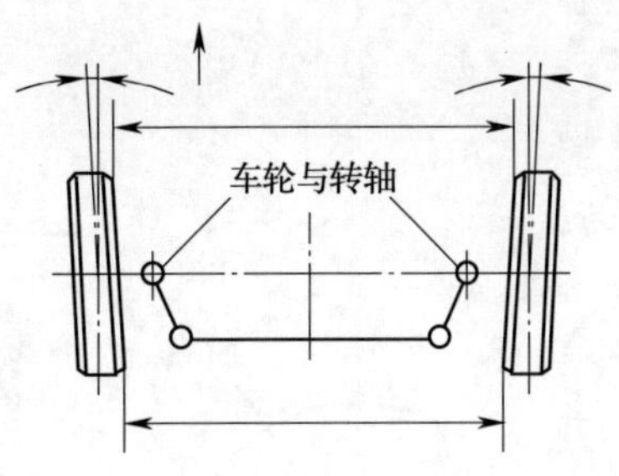

项目	情况 1	情况 2
A		
B		
前轮外倾角		
实测前束值		
在行驶时的前轮状态		

4．在下图填上相应的参数，并解释汽车曲线行驶时，车轮良好滚动应满足什么条件?

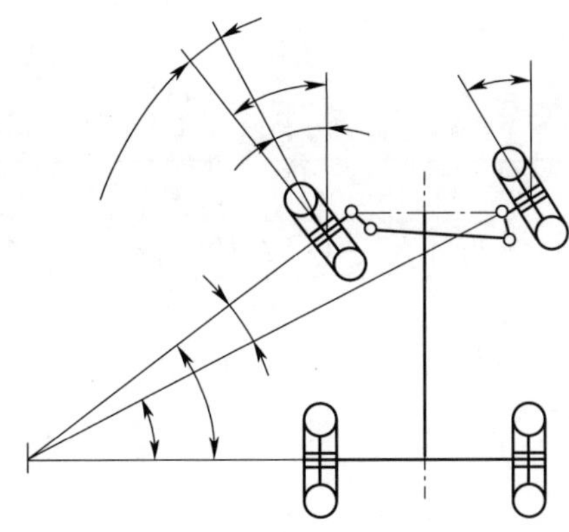

5. 下图所示为车轮外倾角、主销后倾角和主销内倾角，对照实训车辆填写下表（可制卡）。

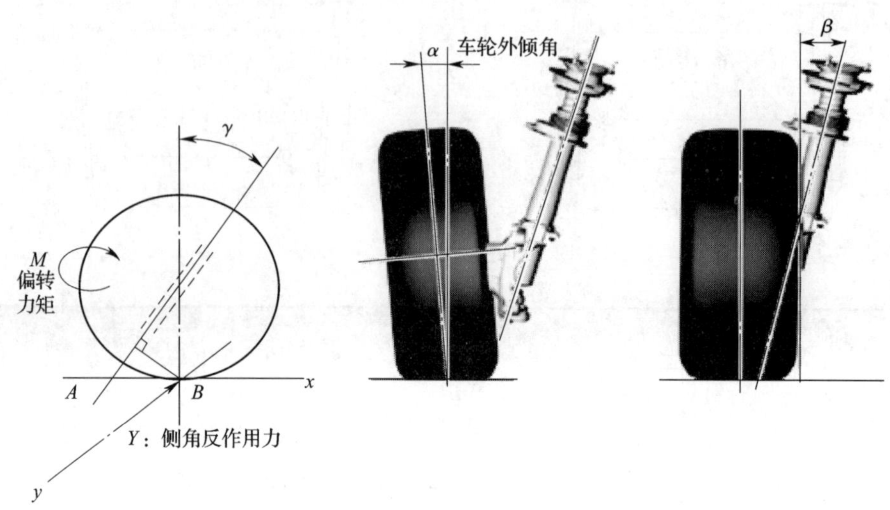

项目	车轮外倾角	主销内倾角	主销后倾角
符号	α		
实测值			
定义及作用			
超过规定值时易产生的故障			

6. 车轮悬架的作用是什么？为什么一般轿车的车轮外倾角多数为负值或零呢（－1°～0）？

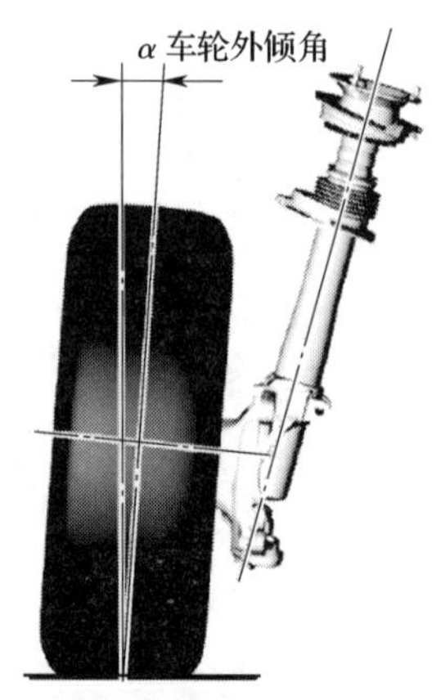

二、总结与思考

1. 某车主的车况是：行驶过程中前轮来回摆动，你认为要重新检测车轮定位吗?

2. 如果一辆汽车悬架下摆臂铰接损耗严重，以实训车为例，分析车轮定位的变化。

学习活动4 分析故障原因并制订维修方案

学习目标

1. 能描述前后悬挂系统的工作原理和结构，正确测试并确认故障原因。

2. 能根据前后悬挂系统的故障原因，制订前后悬挂系统的拆除工作方案。

3. 能在作业过程中遵守安全操作规范及5S管理要求。

4. 能在作业过程中自我检查任务的实施情况，做好过程记录。

5. 能对相关资料进行检索，完成工单、工作页的填写。

建议学时：8学时

学习过程

一、设计实际故障诊断的测试分析图

1. 以小组为单位，用头脑风暴法，查阅维修手册和相关资料，补充完成故障树图。

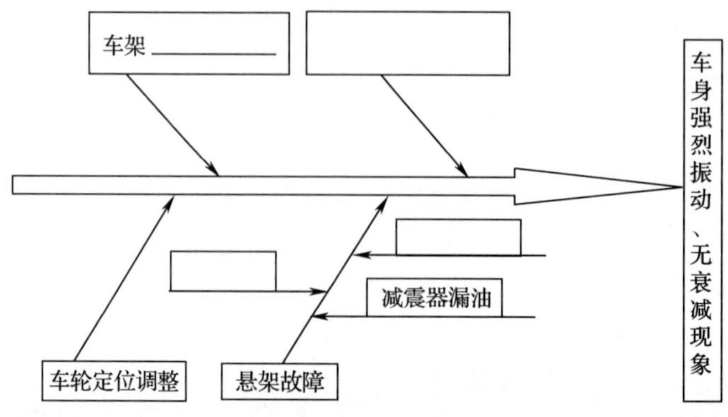

2. 以小组为单位，用角色扮演法，查阅维修手册和相关资料，补充完整该故障的测试分析图，给出主要检查项目。

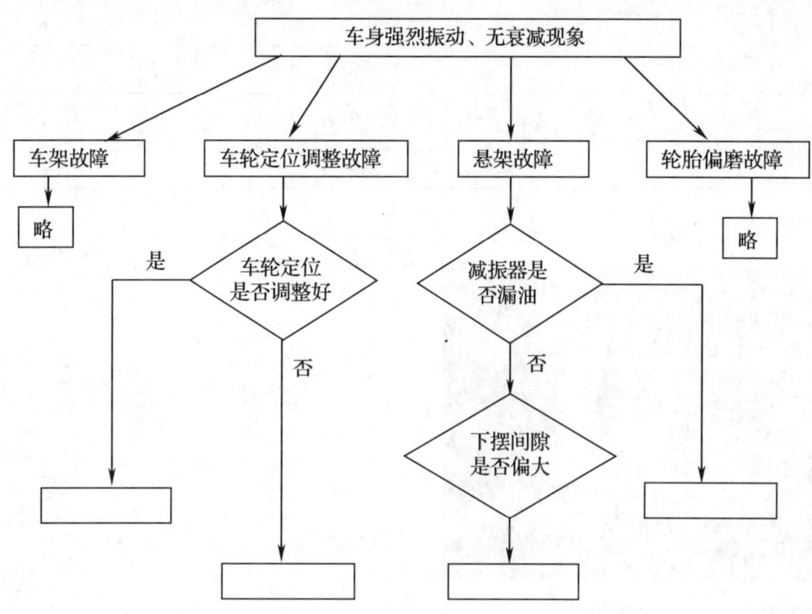

项目 1 ____

项目 2 ____

项目 3 ____

项目 4 ____

二、麦弗逊式独立悬架分解工艺的制订

下图所示为麦弗逊式独立悬架，查阅有关资料回答问题。

1. 根据上图填写下表。

序号	名称	序号	名称
1		6	
2		7	
3		8	
4		9	
5		10	

2. 根据下面图例提示，写出悬挂拆卸的工艺流程。

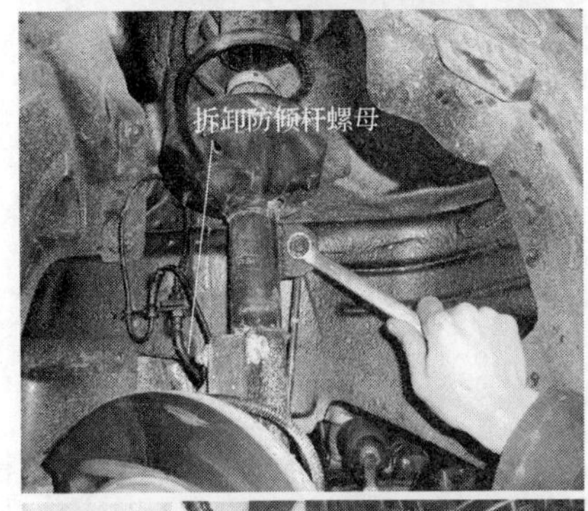

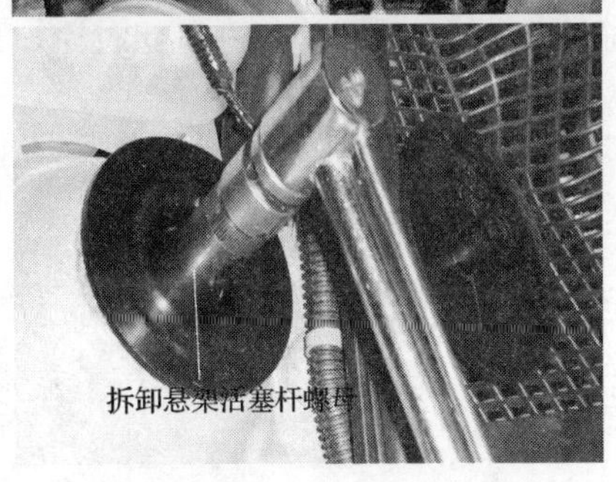

三、实训车辆前悬架分解工艺的制订

针对实训车及相关维修资料分组讨论，写出（或制卡片）前悬挂拆卸的工艺流程。

四、减振器拆装工艺的制订

1. 根据下面图片提示，以一种减振器为例，写出其拆卸工艺流程。

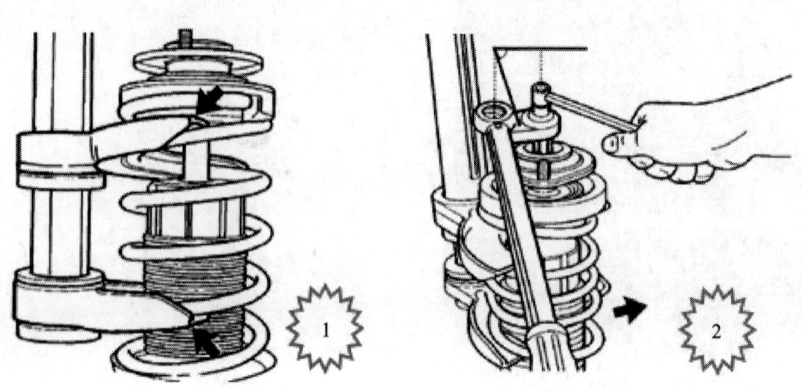

2. 用下图所示专用工具或类似设备，针对实训车查询相关维修资料并分组讨论，写出减振器组件的拆卸工艺流程。

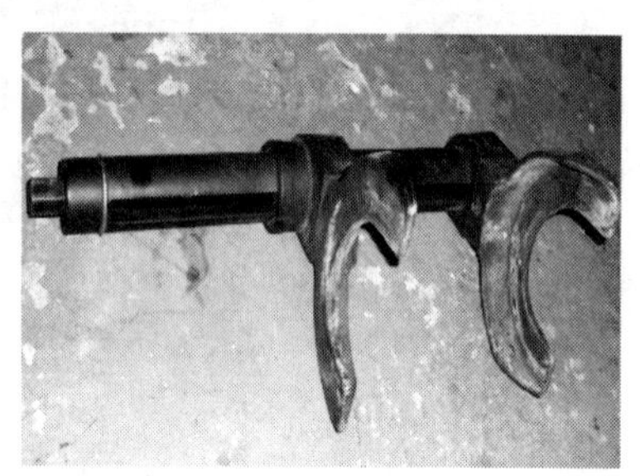

五、上海桑塔纳轿车的后桥和后悬架分解工艺的制订

1. 查阅维修资料或网络资源，简述后悬架螺旋弹簧的连接方式和受力状况。

2. 查阅相关资料，对照下图填写零件的名称。

序号	名称	序号	名称	序号	名称	序号	名称
1		7		13		19	
2		8		14		20	
3		9		15		21	
4		10		16		22	
5		11		17		23	
6		12		18		24	

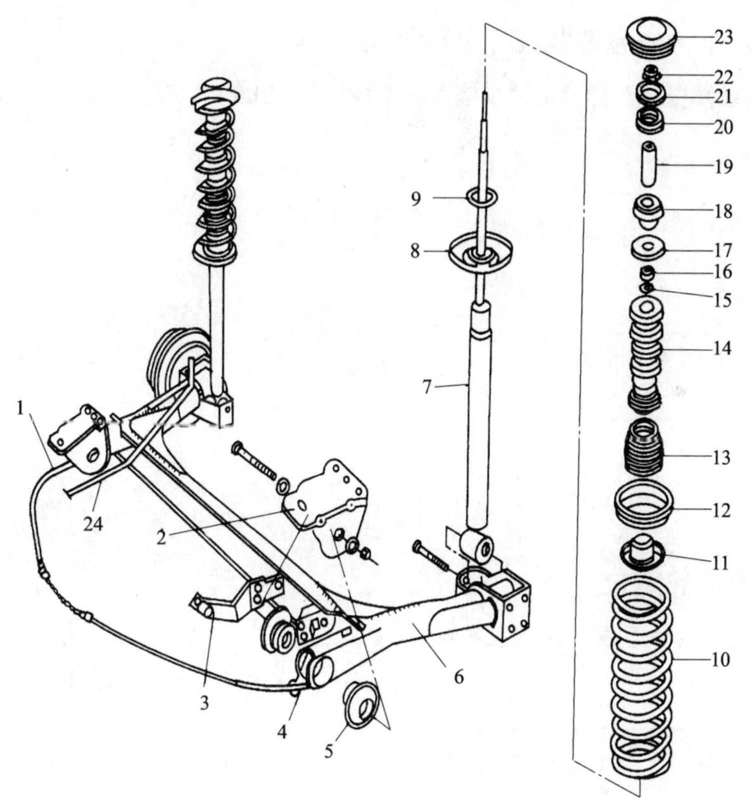

3. 根据上图查找相关维修资料，各组讨论后写出其拆卸工艺（可另附页）。

工序	内容和工艺技术要求	工具和设备	消耗材料	备注
1				
2				
3				
4				

续表

工序	内容和工艺技术要求	工具和设备	消耗材料	备注
5				
6				
7				
8				
9				
…				
编制： 日期： 校对： 日期： 指导教师： 日期：				

六、实训车辆后悬架装配工艺的制订

查找相关维修资料，针对实训车辆取一个后悬架，编制其装配工艺（或工艺卡）。

1. 方案制订

2. 装配工艺审定和实施

七、调整车轮定位

1. 根据右图填写下表，并写出影响车轮定位的主要因素。

序号	名称
1	
2	
3	
4	

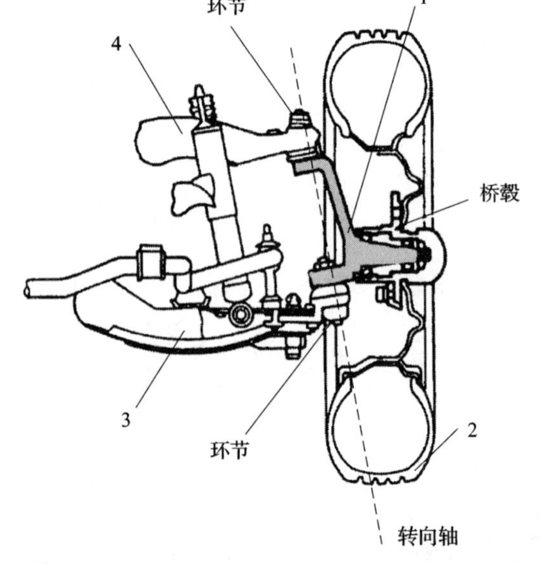

2. 查找相关资料，说明车轮定位前的基本检测项目。

（1）________________________________

（2）________________________________

（3）检查前、后悬挂连接球头和胶套情况。

（4）________________________________

____

____

3. 后轮定位检测与调整。

根据下述内容查找相关资料，找出正确答案后连线。

工序1　　将车轮定位仪装在车轮上（按设备说明书）

工序2　　汽车准备（包括车辆左右高度测量、车轴状态、车轮轴承、转向和主销间隙以及轮胎气压等均达到要求）

工序3　　后轮前束

工序4　　后轮外倾角

4. 前轮定位检测与调整。

（1）后倾角的作用是什么?

（2）如何调整外倾角?

正常情况下独立悬架和车轮转向节装配后不必调整外倾角，如果发现车轮外倾角因其他原因偏离公差范围，可用独立悬架与转向节的连接螺栓来校正。

1）校正前先检查（目测）__________有无损坏，并对损坏的零件进行________。

2）若发现前轮外倾角________，松开前减振器与转向节的____________，搬动车轮加以矫正。

3）如果需进一步矫正，可采用更换________的连接螺栓来进行车轮外倾角的调整。

（3）查看下面独立悬架的图片并结合实训车辆，若车轮外倾角不合格，应如何进行调整?

（4）阅读以下短文，查找相关资料，并在小组讨论后检查并指出下文中的工艺错误。

前束的调整可用光学测试仪或机械式前束调整仪来进行调整。

1）根据测试仪的需要，调整前将车轮定位做好。

2）前轮前束调整好后，检查方向盘是否水平。否则松开方向盘锁紧螺母，调整方向盘至水平位置，拧紧方向盘锁紧螺母至力矩要求。

3）松开右转向横拉杆的锁紧螺母及弹性护套卡环，根据需要拧动前束调整杆调整长度，直到规定数值。

4）紧固锁紧螺母，重新安装好护套弹性卡环，并检查锁紧螺母是否拧紧，护套位置是否正确。

5．查找相关资料并进行小组讨论，车轮定位调整中应遵循什么法则（或工艺路线）？

八、总结与思考

1. 如果一辆汽车前轮定位超差，减振器漏油偏大，对驾车行驶有何影响？为什么？

2. 汽车减振器更换过程中应注意什么？

学习活动5　减振器的拆检

学习目标

1. 能正确、规范地使用工具，按照规定的工艺拆卸悬架系统各零部件。

2. 能在作业过程中遵守安全操作规范及5S管理要求。

3. 能在作业过程中自我检查工作的完成情况，做好过程记录。

4. 能对相关资料进行检索，完成工单、工作页的填写。

建议学时：14学时

学习过程

一、独立悬架检修

1. 桑塔纳2000轿车前悬架检修（POLO轿车等类似的独立悬架也可以参考）

（1）阅读下述短文，查阅相关资料和维修手册，写出减振器的检查、鉴定过程。

在车辆行驶过程中，如减振器发出异常响声，则说明该减振器已损坏，必须更换。一般减振器不必进行修理，如有很小的渗油现象不必调换，如渗油较多可通过拉伸和压缩减振器来检查渗油情况。漏出的减振器油不能再加入减振器内重新使用，漏油的减振器不能继续使用。

1）手压车身法。在所检查减振器侧的车身上用手上下晃动几次，________________

____

2）观察法。从外观上看减振器不应漏油，________________________

____

____

3）感觉法。汽车经过长时间行驶后，用手触摸减振器外壁是否发热，______________

____

4）拉压法。将减振器活塞杆朝上，用手均匀拉压数次，检查：____________________

____

____

____

____

（2）前悬架支柱总成的检修。

参照下图，查阅相关资料和维修手册，写出前悬架支柱总成的拆装、检查和修理工艺。

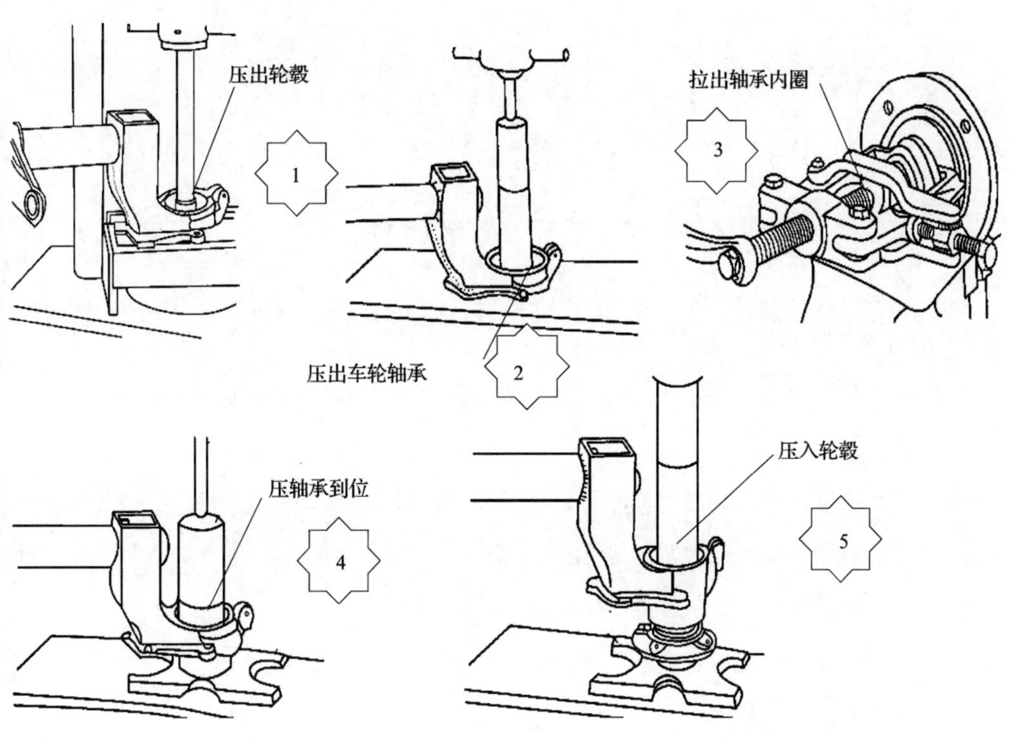

2. 某些车型的前悬架有上下控制臂，其球头、胶套有松旷及磨损时应更换，参考下图查阅相关资料和维修手册，写出其拆装工艺。

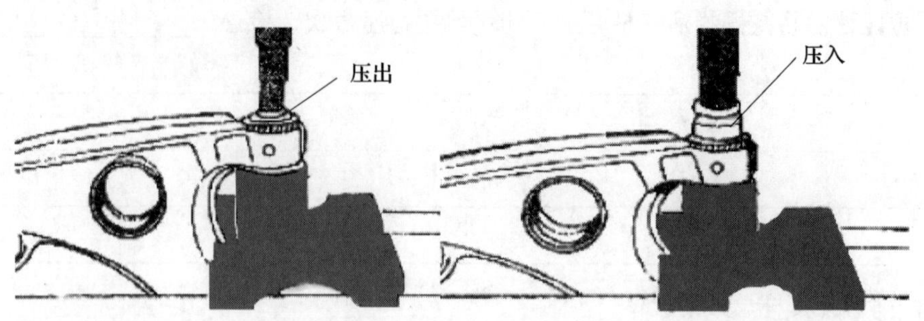

3. 前悬架的检修注意事项

（1）在对前悬架进行检修时，________对前悬架支承装置和导向装置部件________或整形处理。

（2）拆卸连接螺栓或螺母，应尽可能使用专用工具；拧紧时，力矩应________。

（3）对于有副车架等宽大零件结构的，其安装在车身上时，应注意________的拧紧次序，一般为：后左螺栓、后右螺栓、前左螺栓、前右螺栓。

（4）重新装配后，应检查方向盘的位置并检测________数值。

二、非独立悬架检修

1. 桑塔纳 2000 轿车后悬架检修（POLO 轿车等类似独立悬架也可以参考）

（1）结合下图，查阅相关资料和维修手册，写出悬架臂支承的拆装、检修工艺或制作工艺卡。

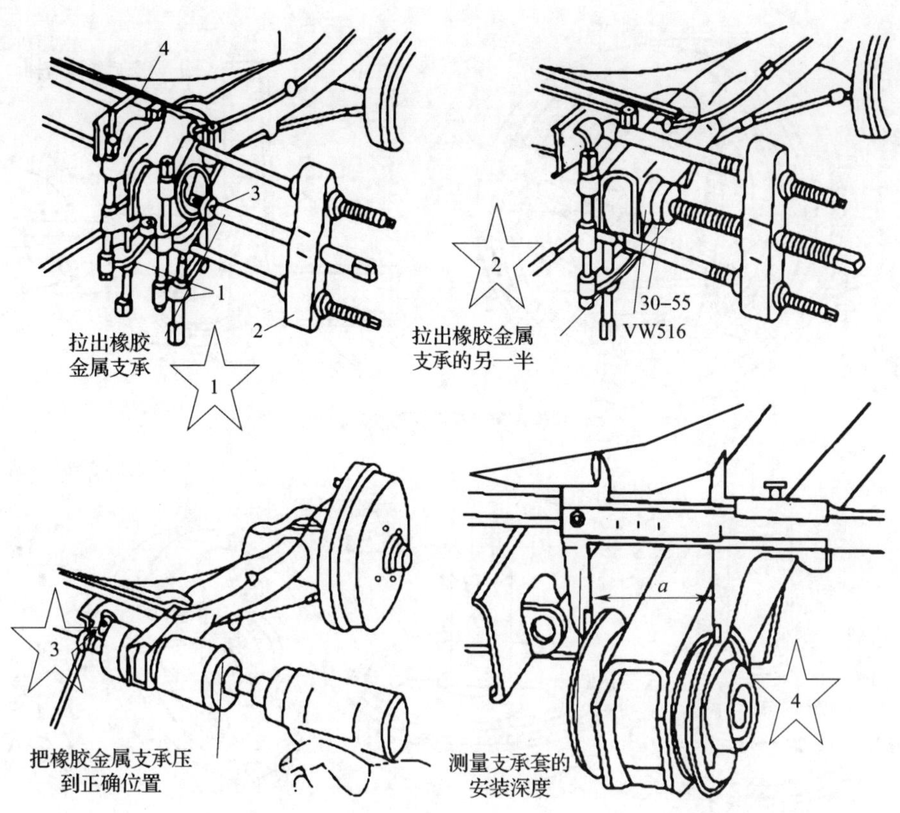

（2）结合下图，查阅相关资料和维修手册，写出后桥轮毂轴承的拆装、检修工艺或制作工艺卡。

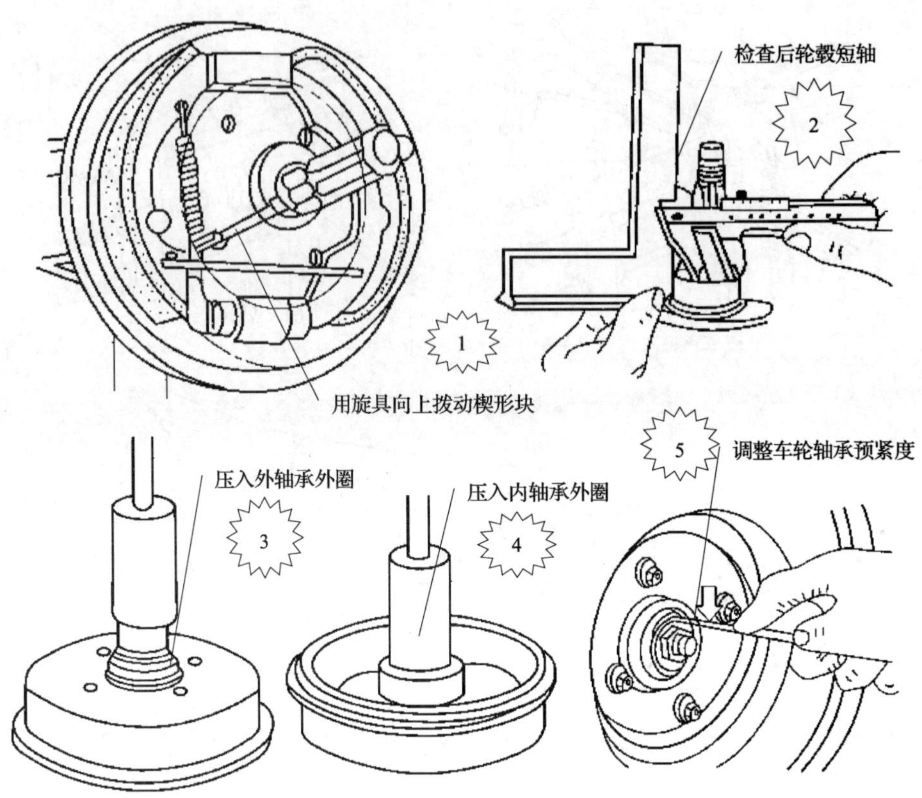

提示：①轴承间隙为0.01～0.05 mm。②直尺和轴颈的距离，三点、三次测量值误差应小于0.25 mm，端面圆跳动应小于0.2 mm。

2. 前轴检修

下图是前轴的五种检查手段，查阅相关资料和维修手册后，分组写出其工艺和技术要求（或制作工艺卡）。

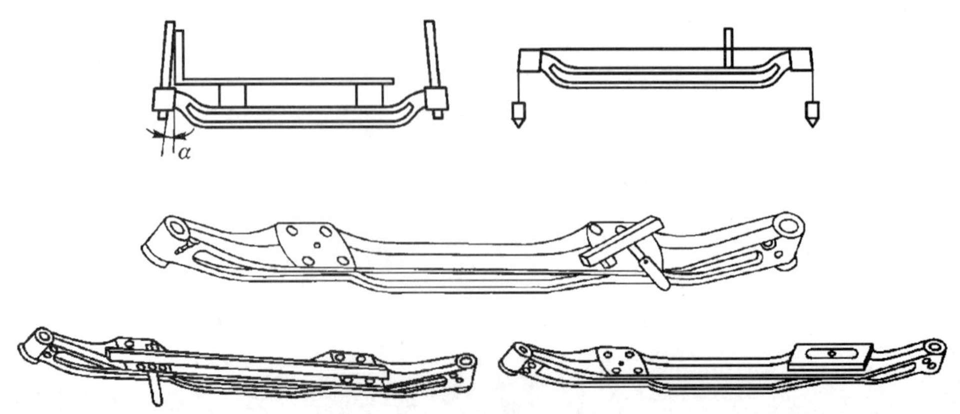

提示：

（1）钢板弹簧座平面度误差应不大于0.4 mm，否则应进行修磨；但钢板弹簧座的厚度减少量应不大于2 mm，否则应进行堆焊修复或换用新件。

（2）钢板弹簧座上U形螺栓孔及定位销孔的磨损量应不大于1 mm，否则应进行堆焊修复。

（3）两钢板弹簧座应在同一平面内，其平面度误差应不大于0.80 mm。

（4）拉线偏离钢板弹簧座中心（偏离程度应不大于4 mm），表明前轴两端存在水平方向的弯曲或扭曲变形。

3. 填写转向节可能产生耗损的部位名称，查阅相关资料和维修手册后，各组给出检修的工艺规范或工艺卡。

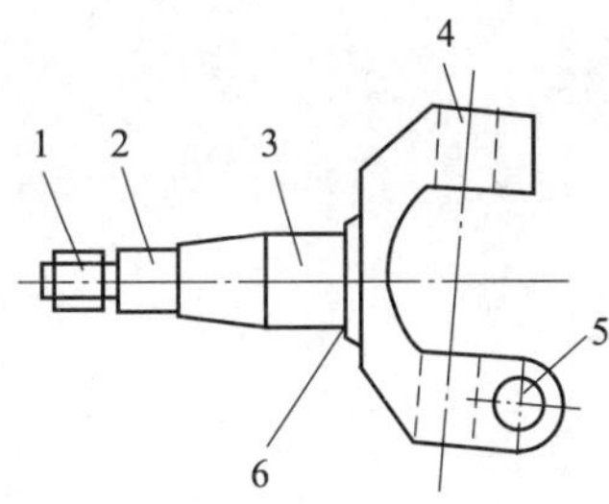

三、总结与思考

1. 对实训车悬架、减振器修复后，通过什么方法验证修复的正确性？以小组为单位，画出故障修复后的验证流程图。

2. 查阅资料，写出其他一种车型的悬架和减振器的检修工艺，在条件允许的情况下以小组为单位进行实施。

学习活动6　评 价 反 馈

学习目标

1. 能通过试车，检验减振器漏油故障的排除。

2. 能向用户说明减振器漏油故障的原因、更换的主要零部件，介绍使用维修注意事项，口头表达清楚正确。

3. 能总结减振器漏油故障排除的收获，并评价修理质量。

建议学时：4 学时

学习过程

一、试车与维修质量评价

1. 汽车质量总检验员的职责是什么？减振器漏油故障排除后，需要进行试车检查吗？

2. 减振器漏油故障排除后，试车检验的主要工艺内容有哪些？列表说明。

二、成果展示

1. 如果客户有需要，你能向客户说明修理过程中修理、更换的主要配件及消耗的材料吗？修理过程介绍完成后，你能向客户提出合理使用、维护及保养的建议吗？

2. 以小组为单位，进行整个项目的学习成果交流与汇报展示。

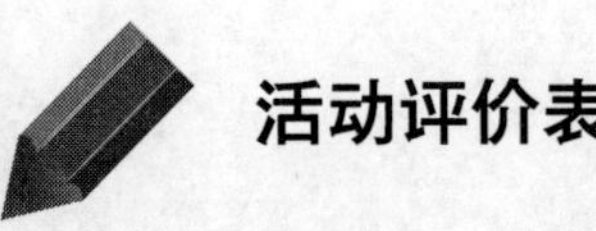

活动评价表

学习任务四评价表

班级：__________　姓名：__________　学号：__________

项目	自我评价			小组评价			教师评价		
	10 ~ 9	8 ~ 6	5 ~ 1	10 ~ 9	8 ~ 6	5 ~ 1	10 ~ 9	8 ~ 6	5 ~ 1
	占总评 10%			占总评 30%			占总评 60%		
学习活动 1									
学习活动 2									
学习活动 3									
学习活动 4									
学习活动 5									
学习活动 6									
协作精神									
纪律观念									
表达能力									
工作态度									
安全意识									
任务总体表现									
小计									
总评									

任课教师：________　年　月　日

学习任务五　转向沉重的拆检

1. 能对照转向系实物描述转向系的基本构造、部件功能及使用注意事项。

2. 能描述转向系的特点、应用及工作原理。

3. 能描述转向器的类型及组成。

4. 能根据维修手册要求及安全操作规程，在规定时间内对转向系进行拆装和检验。

5. 能对相关资料进行检索，完成工单、工作页的填写。

60 学时

顾客驾驶一辆两年前出厂的海马海福星轿车来到4S店，向维修业务接待员反映其车辆在行驶中转向盘突然沉重起来。经初步检查发现该车配置的是液压助力式转向器，其转向助力泵储液灌内液面很低，询问中得知该车辆因为频换驾驶员，重使用疏管理，使用至今一直没有到维修店检修过。你作为维修人员，现需根据维修手册相关要求，在规定时间内完成转向系统各部件的拆检与零部件的更换，完成后交付验收。

教学流程与活动

1. 明确学习任务
2. 机械转向系的认知
3. 动力转向系的认知
4. 液压动力转向系的认知
5. 分析故障原因并制订维修方案
6. 机械转向系的拆检
7. 液压动力转向系的检修
8. 评价反馈

学习活动1　明确学习任务

学习目标

1．能识读汽车维修作业单。

2．能查阅维修手册，列举汽车转向系统的组成、类型及各部分功用。

3．能列举转向沉重的故障现象及原因。

4．能收集车辆相关信息。

建议学时：6学时

学习过程

一、故障现象确认与分析

1．查阅相关资料，汽车转向沉重的故障现象是什么？

2．造成汽车转向沉重的故障原因有哪些？通过信息收集完成鱼骨图的绘制。

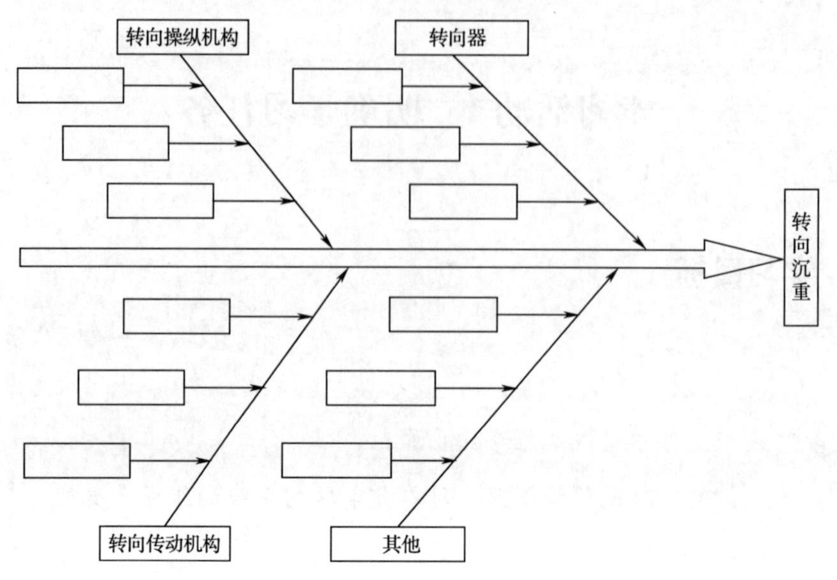

二、查阅资料完成下列问题

1. 转向系的功用是什么?

2. 转向系的类型

汽车转向系按转向能源的不同，可分为____________和________________两大类型。

（1）机械转向系以________________作为转向能源，其中_________________都是机械的，一般由____三部分组成。

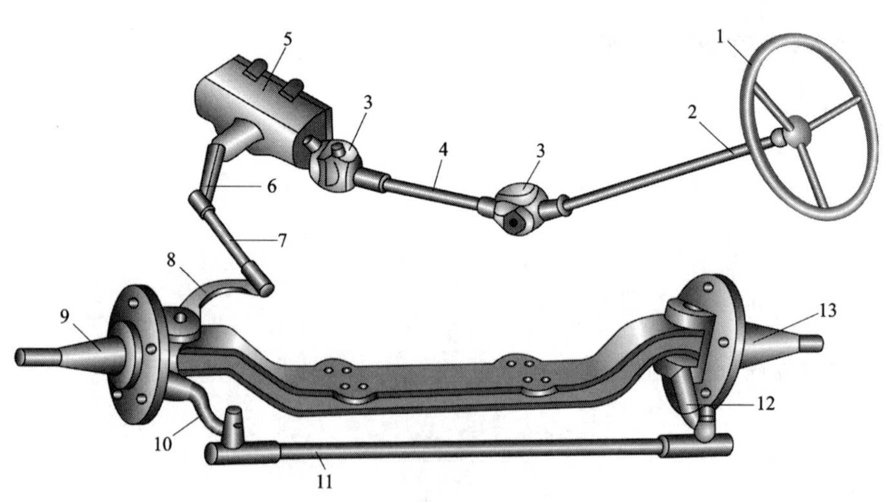

机械转向系示意图

1—转向盘　2—转向轴　3—转向万向节　4—转向传动轴　5—转向器　6—转向摇臂　7—转向主拉杆　8—转向节臂　9—左转向节　10—左梯形臂　11—转向横拉杆　12—右梯形臂　13—右转向节

1）转向操纵机构由______________________________________组成。其功用是____。

2）转向器是__________机构，其功用是增大由转向盘传到转向节的力，并改变力的传动方向。目前常用的有__________________。

3）转向传动机构由____等组成。其功用是将转向器输出的_________传递到转向桥两侧的转向节，使两侧转向轮偏转，以实现汽车转向。

（2）动力转向系是____的转向系，是在__________基础上加设一套转向加力装置而成的。转向助力装置包括转向油罐、转向油泵、转向控制阀和转向动力缸等。

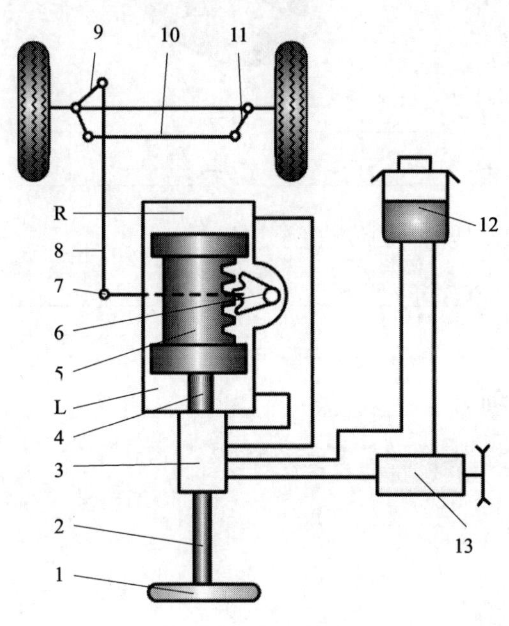

动力转向系示意图

1—转向盘　2—转向轴　3—转向控制阀　4—转向螺杆　5—齿条螺母　6—扇齿
7—摇臂　8—转向主拉杆　9—转向节　10—转向横拉杆　11—转向梯形臂
12—转向油罐　13—转向油泵　R—右转向动力腔　L—左转向动力腔

（3）在实训车上找到转向系的相关零部件，对照实车或者结构图向组员介绍转向系统的基本构造。

3. 查阅资料并结合实车观察，指出下图中的零件名称。

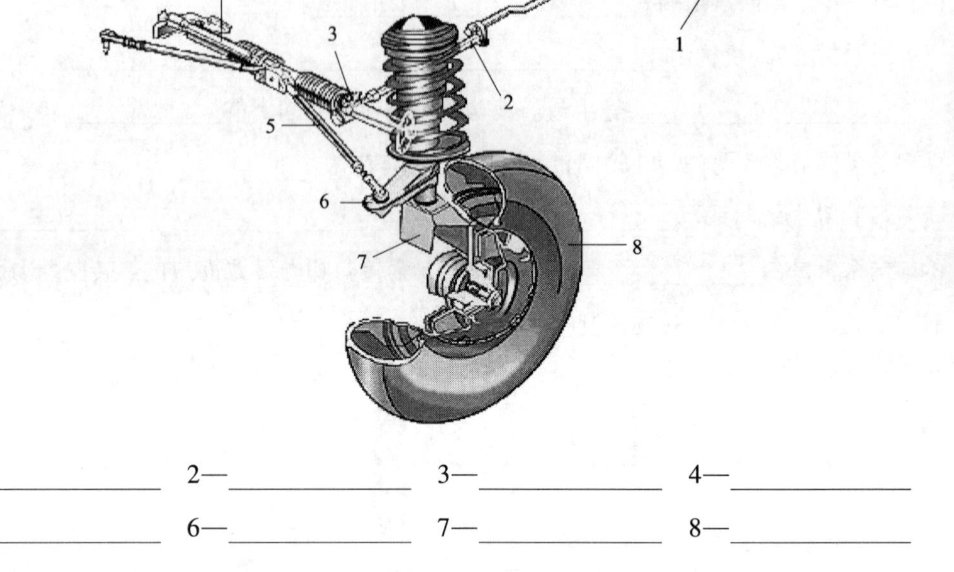

1—＿＿＿＿＿＿＿＿ 2—＿＿＿＿＿＿＿＿ 3—＿＿＿＿＿＿＿＿ 4—＿＿＿＿＿＿＿＿

5—＿＿＿＿＿＿＿＿ 6—＿＿＿＿＿＿＿＿ 7—＿＿＿＿＿＿＿＿ 8—＿＿＿＿＿＿＿＿

4. 根据上图指出汽车转向系的传动路线。

转向盘→＿＿＿＿＿＿→＿＿＿＿＿＿＿＿→＿＿＿＿＿＿＿→＿＿＿＿＿＿→＿＿＿＿＿＿＿→车轮

三、维修注意事项

查阅资料，维修的安全操作注意事项有哪些?

学习活动2　机械转向系的认知

学习目标

1. 能识读汽车维修作业单。

2. 能查阅维修手册，描述转向器的结构和工作原理，以及转向操纵与传动机构的结构、功用和组成。

3. 能收集车辆相关信息。

建议学时：10学时

学习过程

一、转向器的结构及工作原理

1. 转向器是转向系的______________装置，一般有________级减速传动副。其功用是________转向盘传到转向轮上的转向转矩，并改变________________。

2. 查阅资料，分清转向器的分类，并填写下表。

类型	示意图	特点
循环球式		

续表

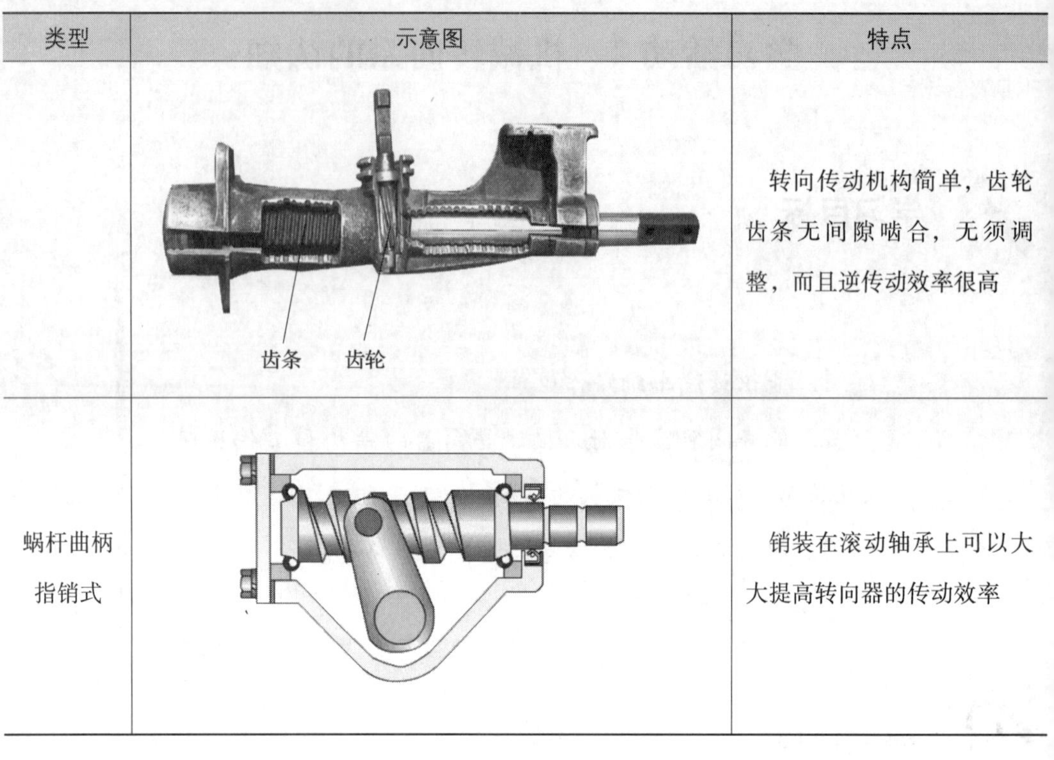

类型	示意图	特点
	齿条　齿轮	转向传动机构简单，齿轮齿条无间隙啮合，无须调整，而且逆传动效率很高
蜗杆曲柄指销式		销装在滚动轴承上可以大大提高转向器的传动效率

3. 循环球式转向器

（1）循环球式转向器一般由两套传动副组成，一套是____________传动副，另一套是____________________传动副，螺杆、螺母之间有循环钢球。

（2）转向螺杆用两个____________支承在壳体内，轴承预紧度可用调整垫片调整。转向螺母的下平面加工成齿条，与转向摇臂轴内端的齿扇部分啮合。可见转向螺母既是第一级传动副的__________件，也是第二级______________的主动件。

转向螺母的下平面切有倾斜的等齿厚________，与之相啮合的是________，齿扇与齿扇轴制成一体，用滚针轴承支承。

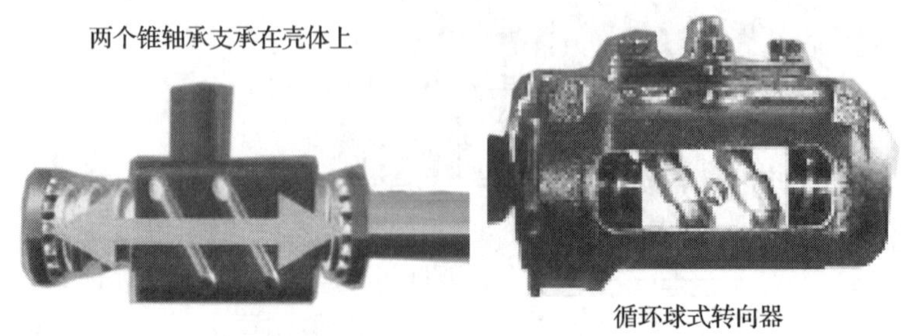

循环球式转向器

（3）查询循环球式转向器的工作情况，根据所查资料填空。

当转动________时，转向螺杆也随之转动，通过钢球将运动传给转向螺母，转向螺母即产生轴向移动。由于摩擦力的作用，所有钢球便在________与________之间的通道内滚动，形成“________”。钢球在螺母内绕行两圈后，流出螺母而进入导管，再由导管流回螺母通道内，如此循环。

随着转向螺母沿转向螺杆轴向移动，其下面的齿条便带动齿扇绕齿扇轴________，并带动转向摇臂________，再通过转向传动机构使车轮______，实现汽车______。

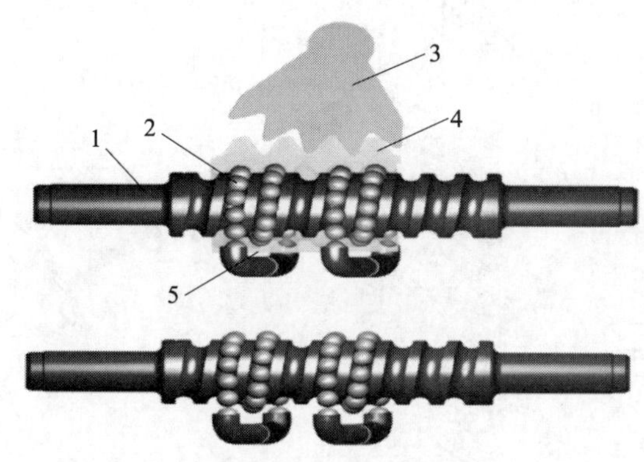

循环球转向器基本组成

1—螺杆　2—钢球　3—扇齿　4—齿条 - 螺母　5—导管

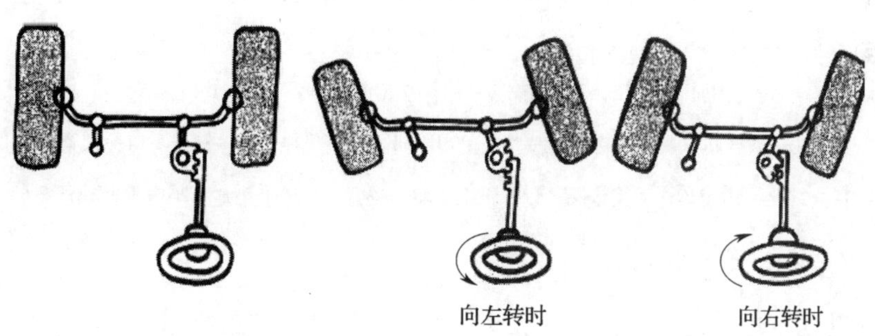

调整传动副______与______之间的啮合间隙是通过__________来调整的。啮合间隙调整螺钉（下图所示件 9）的圆柱形端头嵌在齿扇轴内端的切槽内，其螺纹部分在侧盖外，并用锁紧螺母锁紧。将螺钉旋入，则啮合间隙______；反之则啮合间隙增大。

循环球式转向器传动效率较高，可达____________，且转向操纵轻便，零件使用寿命长，故在汽车上广泛应用。

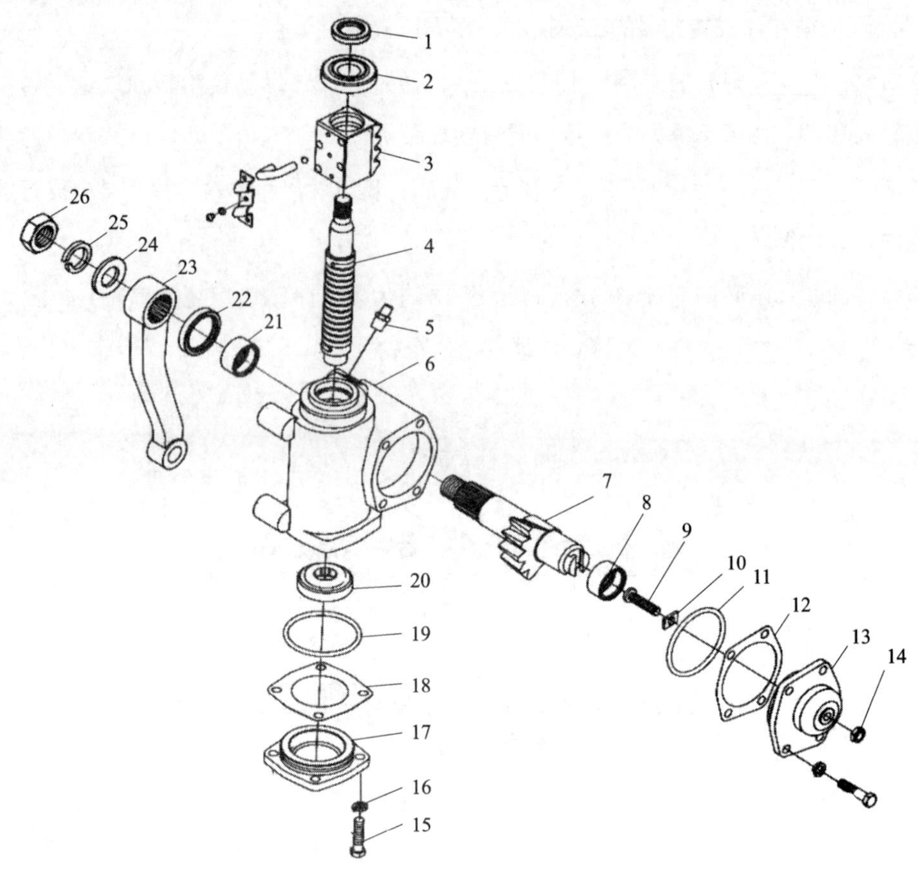

循环球式转向器

1、11、19、22—密封圈　2、20—锥轴承　（　）—螺母 - 齿条　（　）—螺杆

5—加油口螺塞　6—壳体　7—扇齿（垂臂轴）　8、21—衬套

（　）—啮合间隙调整螺钉　10—垫块　12、18—调整垫片　13—侧盖　14—锁紧螺母

15—螺栓　16、25—弹簧垫圈　17—下盖　23—垂臂　24—平垫片　26—垂臂锁紧螺母

4．齿轮齿条式转向器

(1) 齿轮齿条传动是一种简单的机械转动，______旋转就可带动______轴向移动，如下图所示。

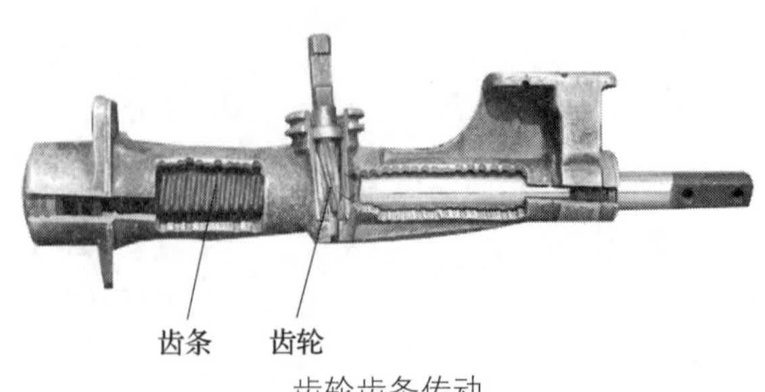

齿轮齿条传动

（2）齿轮齿条转向器传动副为＿＿＿＿＿，转向齿轮连接转向轴的安全联轴节，＿＿＿水平布置，齿条被弹簧和压块压在齿轮上，保证无间隙啮合，弹簧弹力可调。

（3）一般情况下，齿轮齿条式转向器中齿轮和齿条的＿＿＿＿＿会自动调整，这是因为在齿条的背腹面上装有压块 9，推力弹簧 8 一端压在压块上，另一端支承在弹簧座 7 上，弹簧座可通过调整螺钉 4 改变轴向位置，即可调整弹簧预紧力。由于齿条后端有弹簧弹力的作用，因此齿轮齿条转向器在传动过程中可实现无间隙啮合传动。

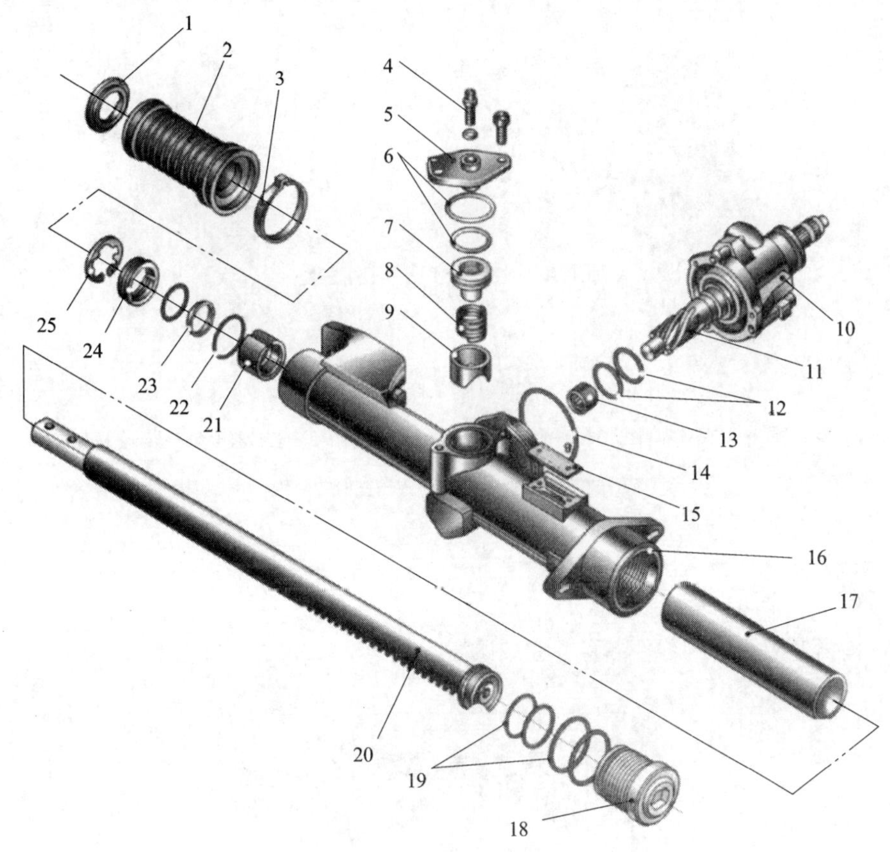

齿轮齿条式转向器示意图

1—防尘罩挡圈　2—波纹防尘罩　3—卡箍　（　）—调整螺钉　5 - 盖板　6、12、14、19、22—密封圈
7—弹簧座　8—推力弹簧　（　）—压块　10—端盖　（　）—齿轮　15—铭牌　16—壳体　17—缸筒
18—端盖　（　）—齿条　21—衬套　23—卡环　24—油封座　25—挡圈

(4) 结合下图说明齿轮齿条式转向器是如何工作的?

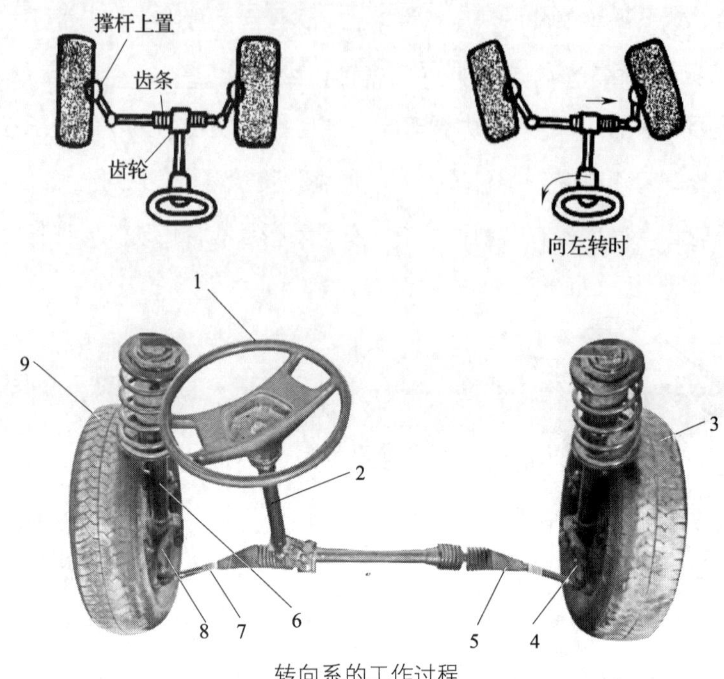

转向系的工作过程

1—转向盘　2—转向轴　3—右前转向轮　4—转向拉臂　5—右拉杆　6—悬架立柱

7—左拉杆　8—左拉臂　9—左前转向轮

5. 蜗杆曲柄指销式转向器

(1) 指出对应图标的零件名称并完成填空。

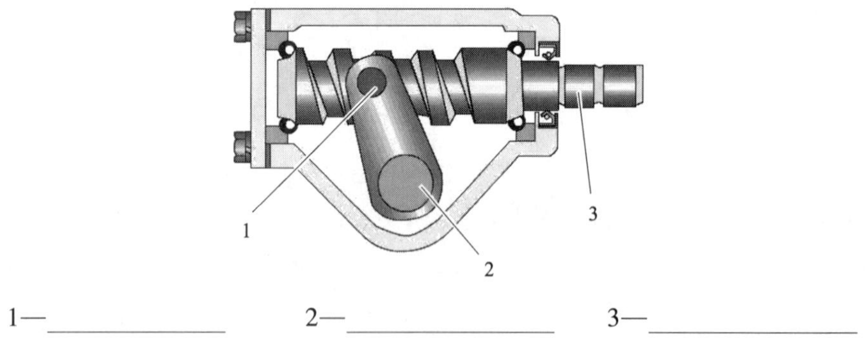

1—______________　　2—________________　　3—________________

(2) 蜗杆曲柄指销式转向器传动副的主动件是____________，从动件是装在摇臂轴曲柄端部的_____________。采用这种转向器的车型是：__________。

二、转向操纵与传动机构

1. 下图中，从件1至件4属于__________机构，从件6至件13属于____________机构。

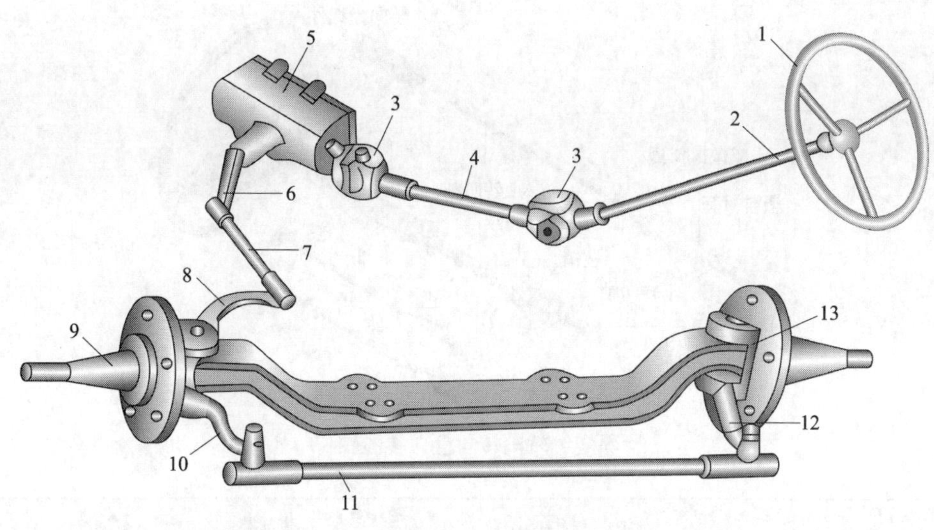

机械转向系示意图

1—转向盘 2—转向轴 3—转向万向节 4—转向传动轴 5—转向器 6—转向摇臂 7—转向主拉杆 8—转向节臂 9—左转向节 10—左梯形臂 11—转向横拉杆 12—右梯形臂 13—右转向节

2. 转向操纵机构

（1）转向盘到转向器之间的所有零部件总称为转向操纵机构。其功用是____。转向操纵机构主要由____________________________等组成。

（2）写出转向盘各零件的名称。

三辐转向盘

四辐转向盘

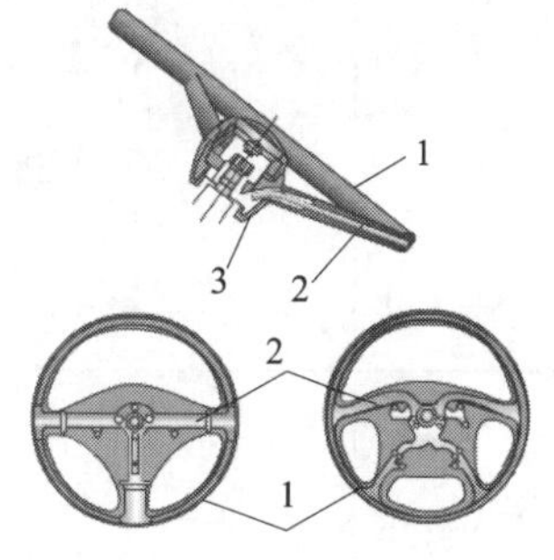

1 __________ 2 __________ 3 __________

（3）转向轴是连接________和________的传动件，并传递它们之间的转矩。转向轴从转向柱管中穿过，支承在柱管内的轴承和衬套上。转向柱管安装在________，支承着__________。

（4）根据图示完成下表。

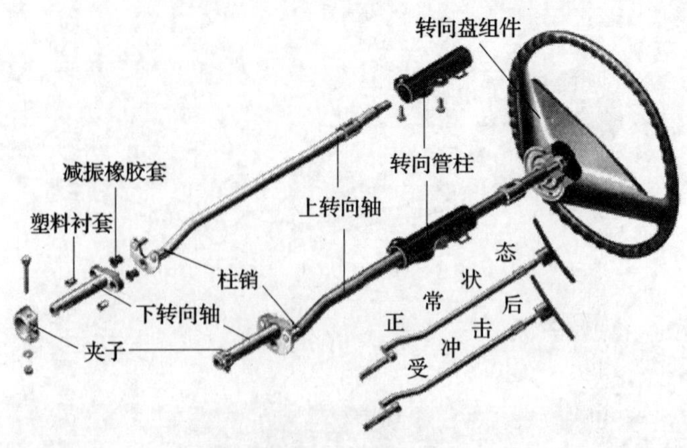

桑塔纳轿车转向盘与转向轴

形式	图示	特点
可分离式	a) b)	
	A	

续表

形式	图示	特点
钢球滚压变形式	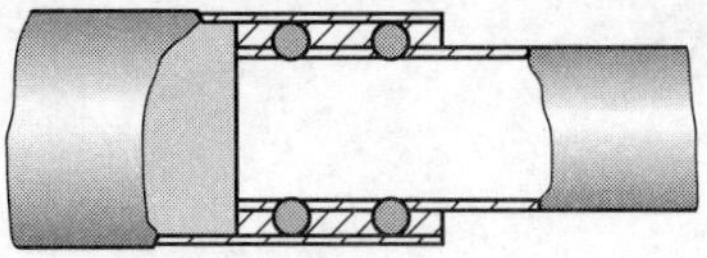	
	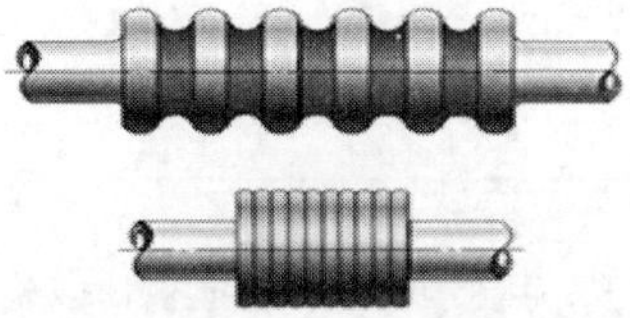	

（5）转向传动机构的功用是____

____

____

（6）转向传动机构按照悬架的分类可分为__________________________

____

（7）与非独立悬架配用的转向传动机构一般由______________________

________________________。两个梯形臂和转向横拉杆组成转向梯形。各杆件之间都采用球形铰链连接，并设有防止松动、缓冲吸振、自动消除磨损后的间隙等结构。

1）写出转向梯形的布置形式。

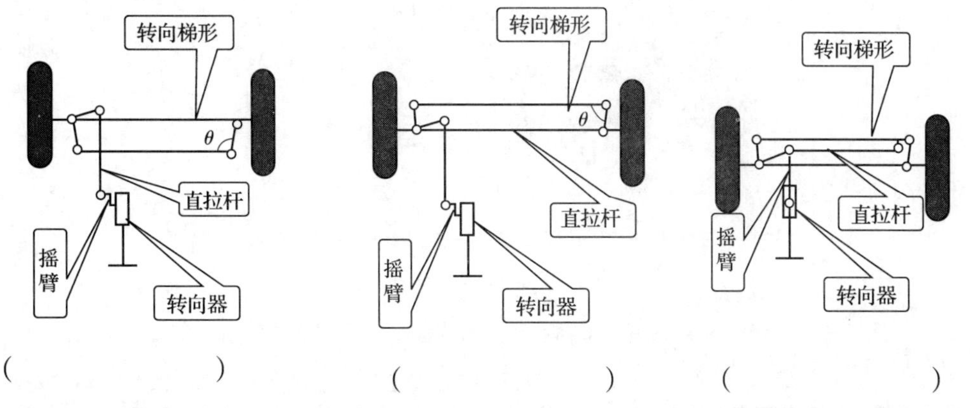

（　　　　　　）　（　　　　　　）　（　　　　　　）

2）补全下表。

名称	图示	功用
转向摇臂	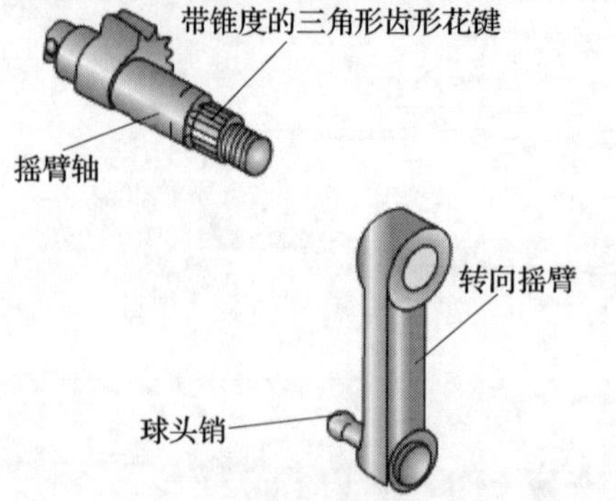 转向摇臂	
	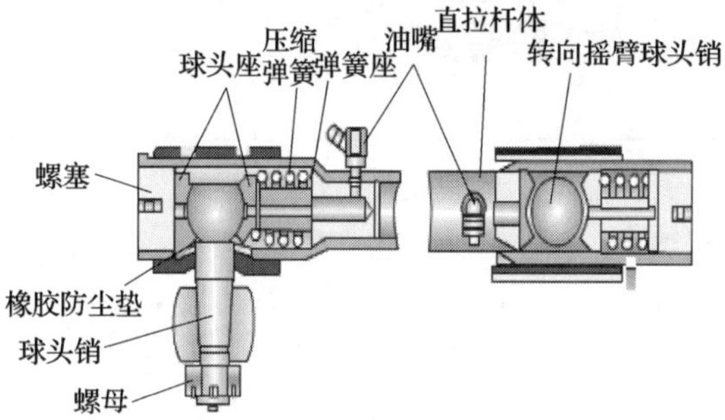 转向直拉杆	
	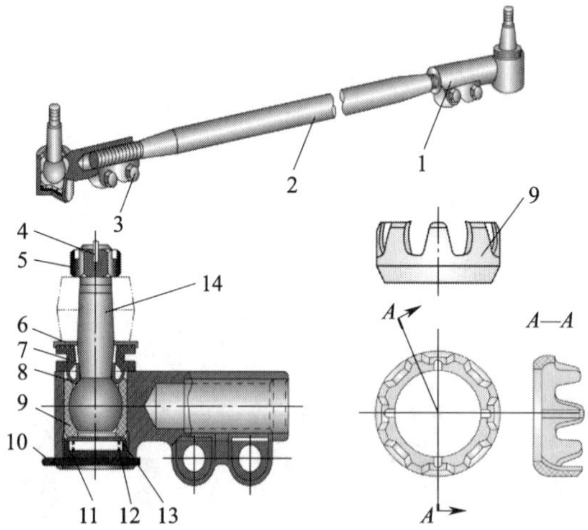 1—横拉杆接头 2—横拉杆体 3—夹紧螺栓 4—开口销 5—槽形螺母 6—防尘垫座 7—防尘垫 8—防尘罩 9—球头座 10—限位销 11—螺塞 12—弹簧 13—弹簧座 14—球头销	联系左、右梯形臂并使其协调工作

（8）与独立悬架配用的转向传动机构

当转向轮采用__________时，由于每个转向轮都需要相对于车架（或车身）作独立运动，所以转向桥必须是__________的。与此同时，转向传动机构中的转向梯形也必须分成两段或三段。

1）根据下图写出对应零件的名称。

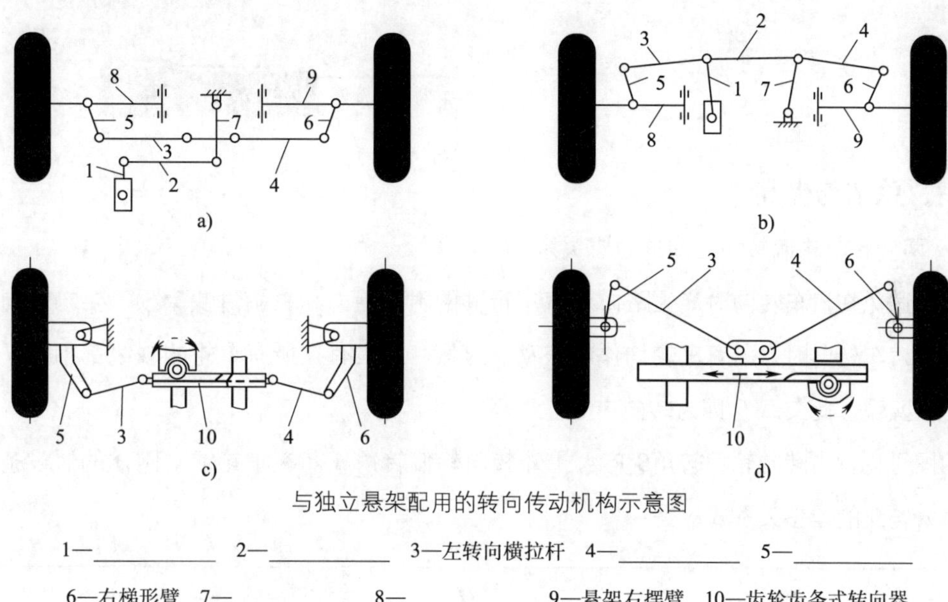

与独立悬架配用的转向传动机构示意图

1—__________　2—__________　3—左转向横拉杆　4—__________　5—__________

6—右梯形臂　7—__________　8—__________　9—悬架右摆臂　10—齿轮齿条式转向器

2）根据图示进行连线。

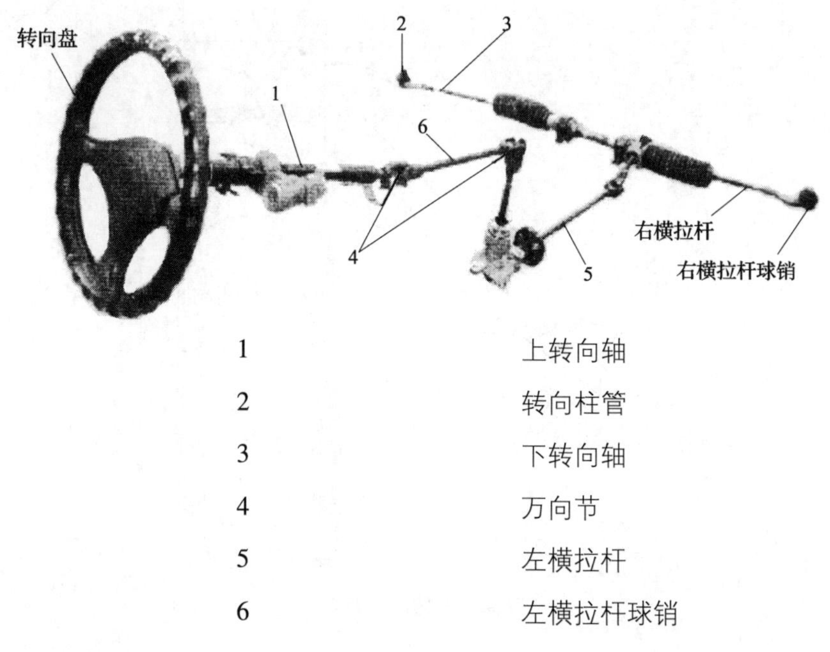

1	上转向轴
2	转向柱管
3	下转向轴
4	万向节
5	左横拉杆
6	左横拉杆球销

3）写出下图零件的名称。为什么高速汽车转向传动机构中安装了此零件?

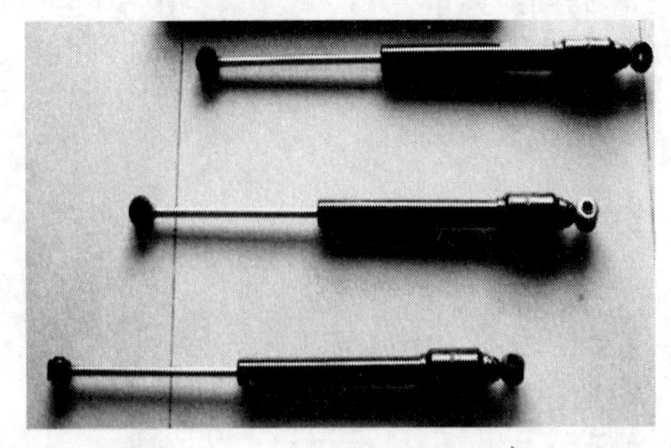

三、总结与提高

1．两侧转向轮偏转角之间的理想关系

为了避免在汽车转向时产生路面对汽车行驶的附加阻力和轮胎过快磨损，要求转向系能保证在汽车转向时，所有车轮均作纯滚动。显然，这只有在所有车轮的轴线都相交于一点时才能实现。此交点 O 即为转向中心。

由图可见，内转向轮偏转角β 应大于外转向轮偏转角 α 。在车轮绝对刚体的假设条件下，角 α 与β 的理想关系式应是：

式中 B——两轮主销轴线与地面交点之间的距离；

L——汽车轴距。

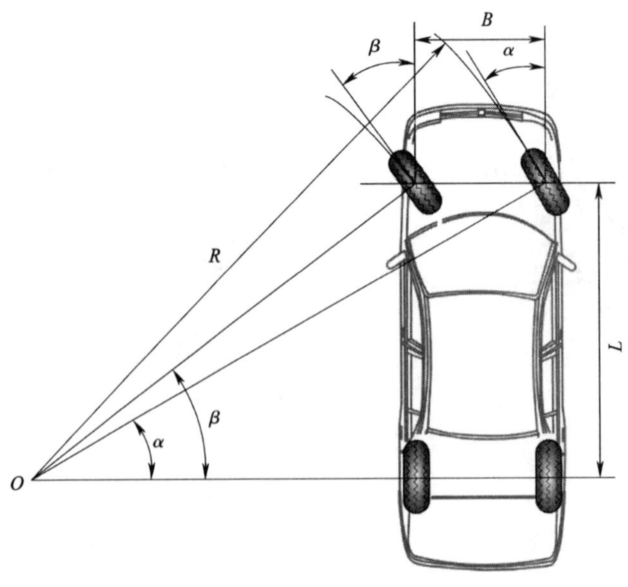

双轴汽车转向示意图

2. 查询资料，解释下列概念。

（1）转向器角传动比

（2）转向传动机构角传动比

（3）转向系角传动比

（4）转向盘自由行程

学习活动3　动力转向系的认知

学习目标

1. 能查阅资料，列举动力转向系的类型和各自的特点。

2. 能查阅维修手册，判断实训车辆动力转向系的类型。

3. 能掌握液压传动的基本知识。

4. 能收集车辆相关信息。

5. 能对相关资料进行检索，完成工单、工作页的填写。

建议学时：8 学时

学习过程

一、动力转向系概述

1. 为什么要设置动力转向系？

2. 查阅资料，完成下表中各类动力转向装置特点及供能装置的填写。

动力转向装置的类型	助力源	供能装置	能量转换	特点
气压式	发动机		机械能→气压能	适用于前轴最大轴载质量为3~7 t，并采用气压制动系统的货车和客车；因气压较低，不适合重型汽车
液压式	发动机		机械能→液压能	工作压力可高达10 MPa以上，其部件结构紧凑、尺寸很小。液压系统工作时无噪声，工作滞后时间短，而且能吸收来自不平路面的冲击。因此，液压式动力转向系已在各类汽车上获得广泛应用。缺点：转向助力系统的油泵不转向时也工作，加大了能量消耗
电控液压式	蓄电池或发电机		电能→液压能	
电动式	蓄电池或发电机		电能→机械能	只在转向时电动机才提供助力，因而能减少能量消耗，并能在各种行驶工况下提供最佳的转向助力。系统的安装简便，自由度大，而且成本低，无漏油故障发生，通用性好

3. 查阅资料并结合上表填空。

采用动力转向系的汽车转向所需动力，在正常情况下，只有小部分是驾驶员提供的，而大部分是发动机（电动机）驱动的______（或空气压缩机）所提供的液压能（或气压能）或者是电源（________和________）驱动电动机提供的机械能，用以将发动机输出的部分机械能转化为______（液压能或气压能），或者是电源的部分电能转化为机械能并在驾驶员控制下，对转向传动装置或转向器中某一传动件施加不同方向的液压或气压作用力以及直接驱动力，以减轻驾驶员的转向操纵力，这一系统称为动力转向系。

轿车常用的动力转向系有____________、____________两种。

液压动力转向系分为发动机驱动油泵的液压动力转向系和电动机驱动油泵的液压动力转向系，前者一般简称为液压动力转向系，后者称为电控______动力转向系。

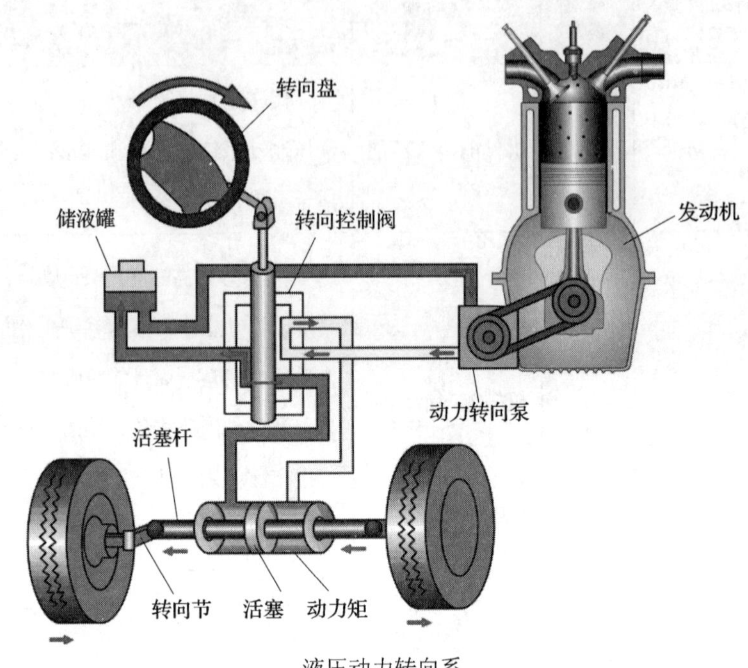

液压动力转向系

4. 实训车辆是哪种类型的转向系?

5. 查阅资料举例说明每种形式的转向系都在哪些汽车上应用?

液压动力转向系：____

电控液压动力转向系：____

二、液压传动基本知识

1. 液压传动是以________作为工作介质，利用________来传递动力和进行控制的一种传动方式。它通过液压泵，将发动机的机械能转换为液体的压力能，然后通过管路、控制阀等元件，经液压缸（或液压马达）将液体的________能转换成________能，驱动负载和实现执行机构的运动。

2. 下图所示为液压千斤顶的工作原理图。液压千斤顶主要由手动柱塞液压泵（杠杆1、泵体2、活塞3）和液压缸（活塞11、缸体12）两大部分构成。大、小活塞与缸体、泵体的接触面之间，具有良好的配合，既能保证活塞移动顺利，又能形成可靠的密封。

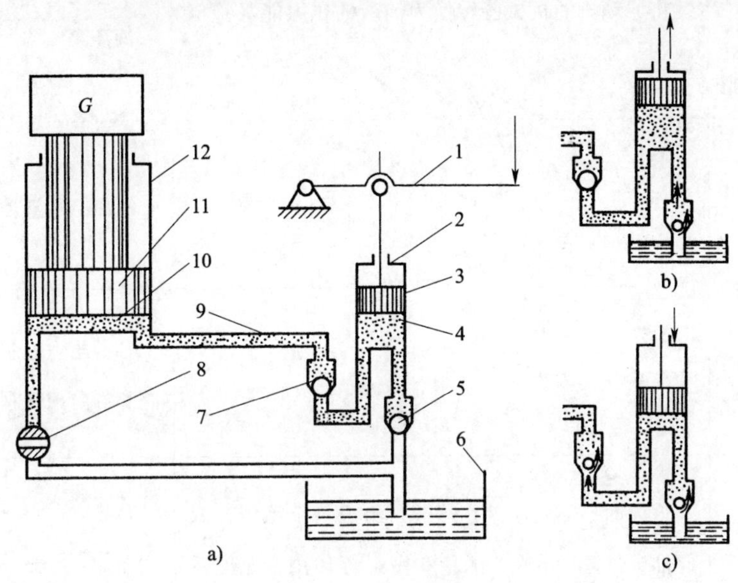

液压千斤顶的工作原理

a）工作原理　b）泵的吸油过程　c）泵的压油过程

1—杠杆　2—泵体　3、11—活塞　4、10—油腔　5、7—单向阀

6—油箱　8—放油阀　9—油管　12—缸体

查阅资料，简述液压千斤顶的工作过程。

3. 根据液压传动系统的组成填写下表。

名称	功用	组成元件
	将原动机的机械能转换为油液的压力能（液压能）	液压泵
执行装置		液压缸和液压马达
控制调节装置		各种压力控制阀、流量控制阀和方向控制阀等
辅助装置	将前面三部分连接在一起，组成一个系统，起储油、过滤、蓄能、测量和密封等作用，保证系统正常稳定地工作	

4. 油液的压力是由______________________________。在液压传动中，与油液受到的外力相比，油液的自重一般很小，可忽略不计。

5. 写出图中元件的名称。

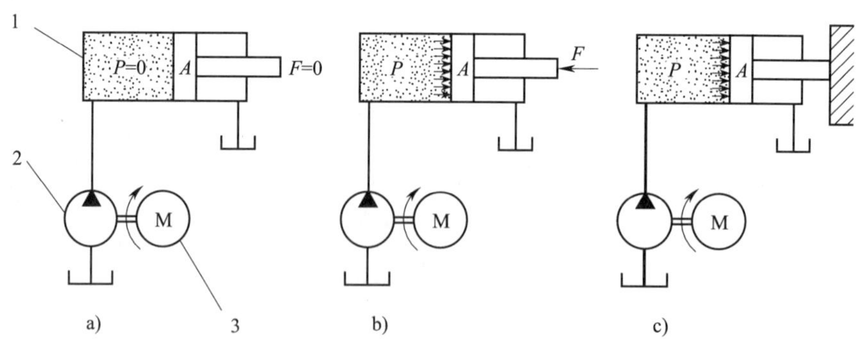

液压传动系统中压力的形成

1—__________ 2—__________ 3—__________

6. 查阅资料填写下表。

泵的类型	图示	优点
	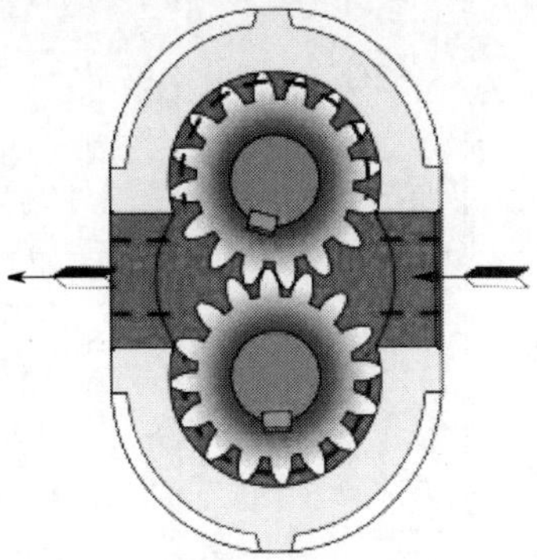	
	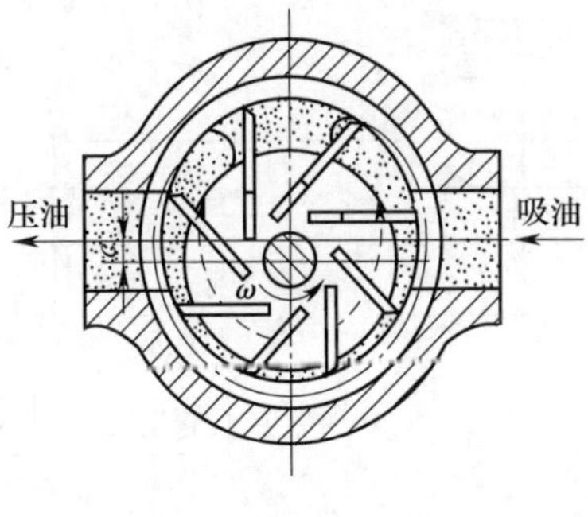 压油 吸油 ω	输油量均匀，压力脉动小，容积效率高
柱塞泵	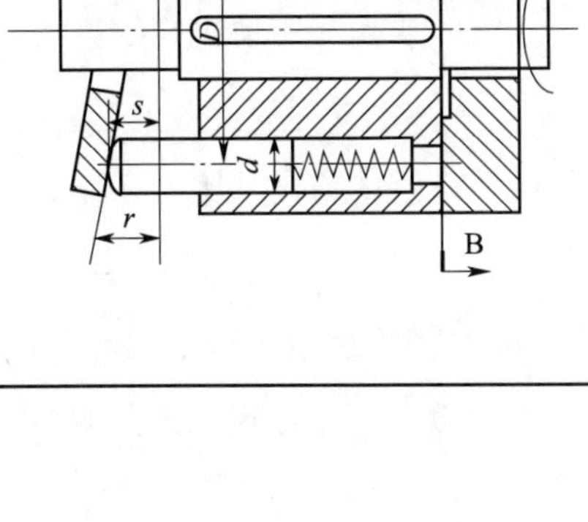 B B s r d	

7. 查阅资料完成下表。

类型	图形符号	类型	图形符号
单向定量泵			

8. 填写下图中的空白。

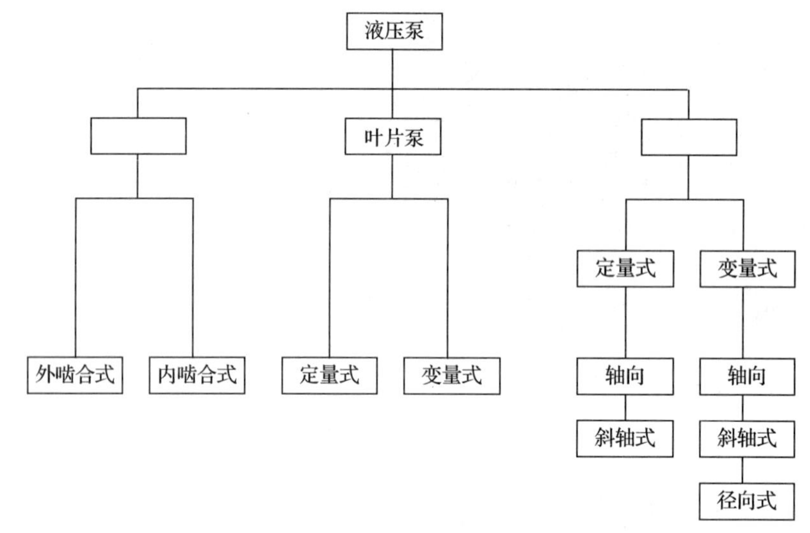

9. 液压缸又称为油缸，是液压系统中的一种执行元件，其功用是____。它主要用于实现机构的直线往复运动，也可实现摆动。液压缸的类型：____________、__________、_______________、____________。

10. 在液压传动系统中，为了控制和调节液流的方向、压力和流量，以满足工作机械的各种要求，就要用到控制阀。

（1）方向控制阀是用于控制液压系统中油路的接通、切断或改变液流方向的液压阀（简称方向阀），主要用以实现对执行元件的启动、停止或运动方向的控制。常用的方向控制阀有________和__________。

（2）单向阀的作用是____，一般由____构成。

（3）画出单向阀与液控单向阀的图形符号。

（4）换向阀通过改变________和____间的相对位置，控制____流动方向，接通或关闭油路，从而改变液压系统的工作状态的方向。

（5）压力控制阀的作用是____，简称压力阀。压力阀按功用不同，可分为______________________________等。它们的共同特点是：利用油液的液压作用力与弹簧力相平衡的原理来进行工作，通过改变调节阀的开口量的大小，实现控制系统压力的目的。

（6）画出流量控制阀的图形符号。

流量控制阀的图形符号

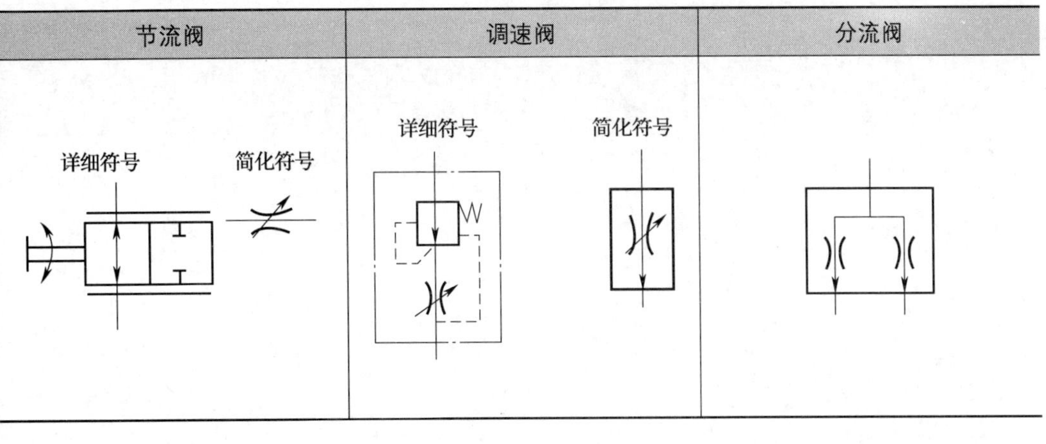

（7）油液流经小孔、狭缝或毛细管时，会产生较大的液阻，通流面积越小，油液受到的液阻________，通过阀口的流量就越小。因此，改变节流口的____________，使液阻发生变化，就可以调节流量的大小，这就是流量控制的工作原理。

（8）调速阀由一个定差减压阀和一个可调节流阀串联组合而成。用定差减压阀来保证可调节流阀前后的压力差 Δp 不受负载变化的影响，从而使通过节流阀的流量保持稳定。

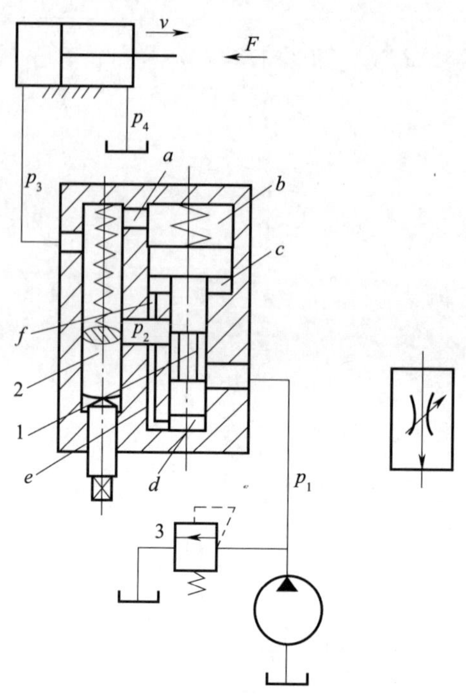

调速阀的工作原理图

1—减压阀阀芯　2—节流阀阀芯　3—溢流阀

根据上图简述调速阀的工作原理。

学习活动 4　液压动力转向系的认知

学习目标

1. 能对照转向系实物向客户介绍液压动力转向系的基本构造、部件功能及使用注意事项。

2. 能描述液压动力转向系的工作原理。

3. 能使用万用表对电控转向器的电机及传感器进行测量。

4. 能对相关资料进行检索，完成工单、工作页的填写。

建议学时：16 学时

学习过程

一、（发动机驱动）液压动力转向系

1.（发动机驱动）液压动力转向系的组成、类型和结构

（1）查阅资料，对照实训车辆，找出液压动力转向系的部件组成并填空。

液压动力转向系主要由机械转向器、________、转向动力缸、______、转向油罐等组成。动力转向泵由______驱动。

（2）根据下面液压动力转向装置图填表。

编号	零件名称	作用
	转向盘	
	转向轴	

续表

编号	零件名称	作用
	转向中间轴	
	整体式转向器	
	转向摇臂	
	转向直拉杆	
	转向节臂	
	转向横拉杆	
	转向减振器	
	转向油泵	
	转向油罐	
	转向油管	

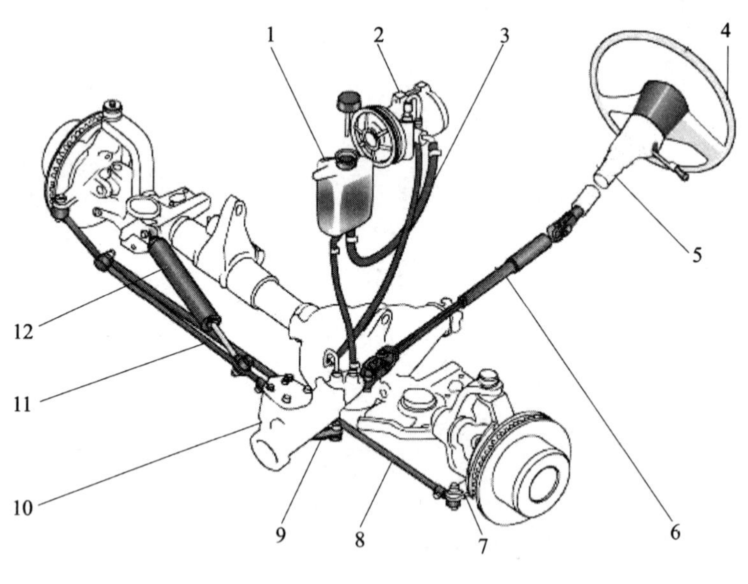

液压动力转向装置图

（3）液压动力转向系按系统内部压力状态分为________和________两种。

（4）看图标注零部件的编号和作用。

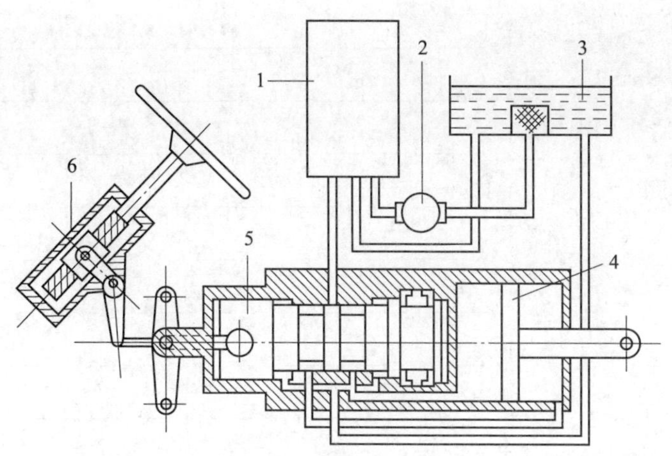

常压式液压动力转向系示意图

零件名称	编号	作用
转向液压泵	(　　)	______
转向油罐	(　　)	______
转向动力缸	(　　)	______
转向控制阀	(　　)	______
机械转向器	(　　)	______
储能器	(　　)	______

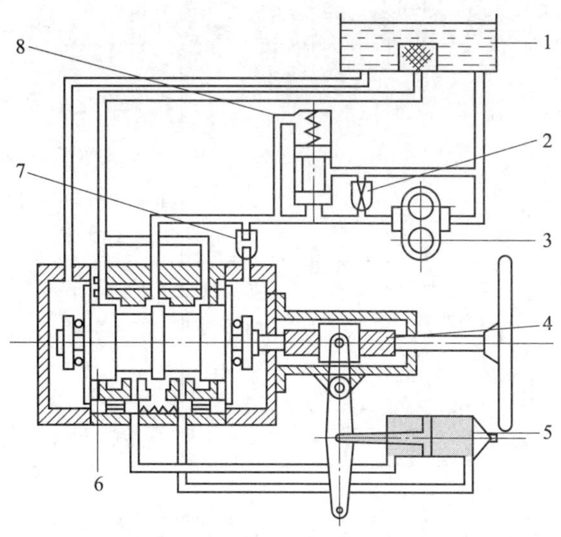

常流式液压动力转向系示意图

零件名称　　编号　　作用

转向液压泵　（　）________________

转向动力缸　（　）________________

转向控制阀　（　）________________

转向油罐　（　）________________

机械转向器　（　）________________

安全阀　（　）________________

单向阀　（　）________________

流量控制阀　（　）________________

（5）比较常流式和常压式两种动力转向系的特点。

（6）你知道转向装置中机械转向器、转向动力缸和转向控制阀三者是如何布置和连接的吗？你实习的车辆是哪种结构形式？填写下表。

类型	机械转向器、转向动力缸和转向控制阀三者布置和连接关系	特点
整体式液压动力转向系		汽车上容易布置，拆下修理较为困难；要求结构强度大、密封性能高；在现代轿车上应用较为广泛
组合式液压动力转向系	三者中的两者组合制成一个整体	
	三者均单独设置	

（7）液压式动力转向装置按其转向控制阀阀芯的运动方式，还可分为____________和____________两种形式。

2. 液压动力转向系的工作原理

（1）根据常流式液压动力转向器的工作示意图填空。

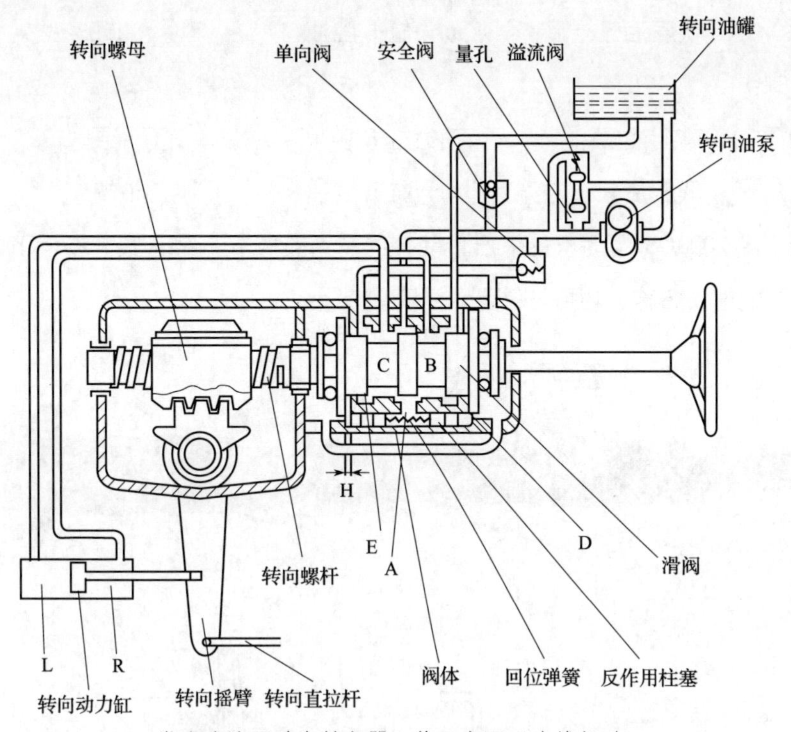

常流式液压动力转向器工作示意图（直线行驶）

汽车直线行驶时，如上图所示，滑阀在复位弹簧的作用下保持在中间位置。转向控制阀内各环槽______，自油泵输送出来的油液进入阀体环槽____之后，经环槽____和______分别流入动力缸的______腔和______腔，同时又经环槽______和______进入回油管道流回油罐。这时，滑阀与阀体各环槽槽肩之间的间隙大小相等，油路畅通，动力缸因左右腔油压______而不起加力作用。

（2）根据下图进行连线。

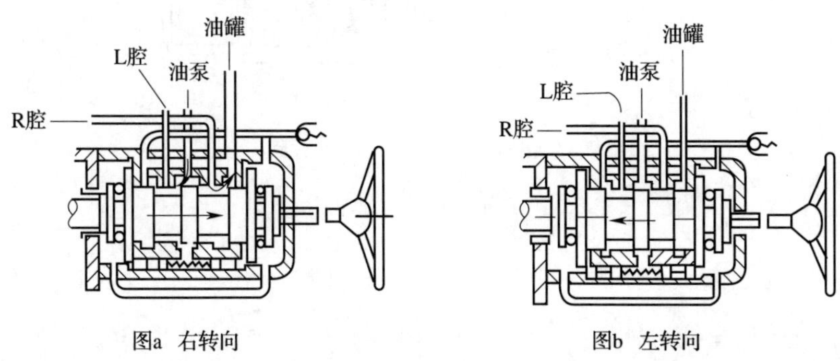

常流式液压动力转向器工作示意图

右转向时:

高压油区	动力缸 R 腔	油泵
低压油区	动力缸 L 腔油	油罐

左转向时:

高压油区	动力缸 R 腔	油泵
低压油区	动力缸 L 腔油	油罐

(3) 桑塔纳 2000GSi 型轿车的液压传动转向系为转阀式，结合实车参考下图，就车介绍动力转向系的部件名称、功用与位置，并填空。

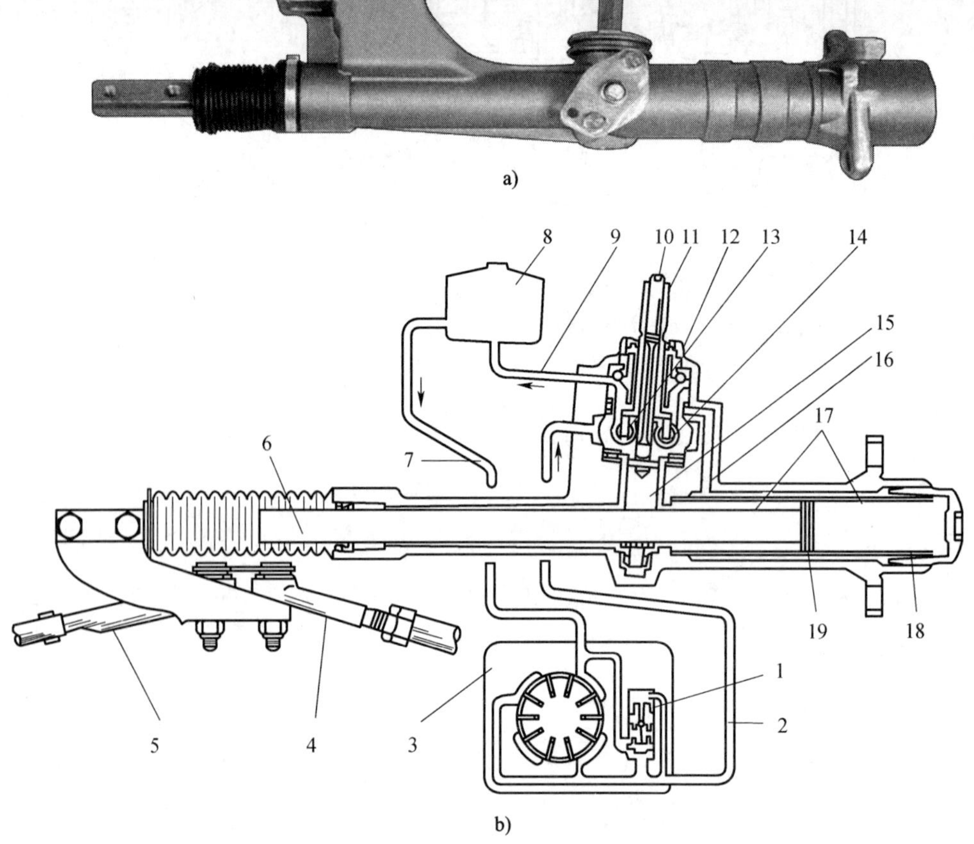

桑塔纳 2000GSi 型轿车液压动力转向系统图

a）外形图 b）原理图

(　　) —储油罐	(　　) —高压油管	(　　) —左转向横拉杆
(　　) —右转向横拉杆	(　　) —齿条	(　　) —进油管
(　　) —限压阀和溢流阀	(　　) —压力腔	(　　) —活塞右腔进油管

(　　)—活塞　(3)—叶轮泵　(9)—回油管

(10)—转向齿轮　(11)—扭力杆　(12)—分配阀

(13)—右阀芯　(14)—左阀芯　(16)—活塞左腔进油管

(18)—动力缸

桑塔纳2000GSi型轿车所采用的液压动力转向系统，转向器与助力装置为______式，即工作缸、分配阀和齿轮齿条装配在一起。在齿条与小齿轮啮合位置的背面装有由弹簧压紧的压力块，通过调节螺栓来改变弹簧的______，可消除齿轮齿条啮合的间隙。

(4) 查阅桑塔纳2000GSi型轿车的液压传动转向系有关资料，完成液压动力转向系工作原理的填空。

工作时，液压泵（叶片泵）在发动机传动带驱动下从________中吸进液压油（ATF润滑油），并将具有________的液压油输入到动力转向器的__________________处。控制阀与小齿轮装在一起，并受到小齿轮操控，从控制阀出来的压力油控制齿条总成的运动，动力缸和活塞总成与____安装在一起，如下图所示。分配阀控制液压油的流向，根据转向盘输出的转向力的大小和方向，分配阀控制液压油返回储液罐，并使适当的液压油进入________。在油压的助力下，推动转向器齿条。工作缸另一边的液压油在转向器活塞和油压作用下，通过分配阀流回储油罐。转向器中活塞两边的________，使转向盘转动轻便。

动力转向器的阀孔同时也具有______的作用，不需要像机械转向器那样另外加装转向减振器，在转向回正时，通过阀的阻尼力来防止______速度过快，增加转向回正的舒适性，或者通过阻尼作用减小汽车直线行驶时由于路面的不平对前轮的冲击引起转向盘的抖动和____，提高其保持直线行驶的能力。

当转向盘停在某一位置不再继续转动时，阀芯与阀套相对位移______，左右动力腔油压差减小，但仍有一定的助力作用。此时的助力转矩与车轮的________相平衡，使车轮维持在某一转向位置上。

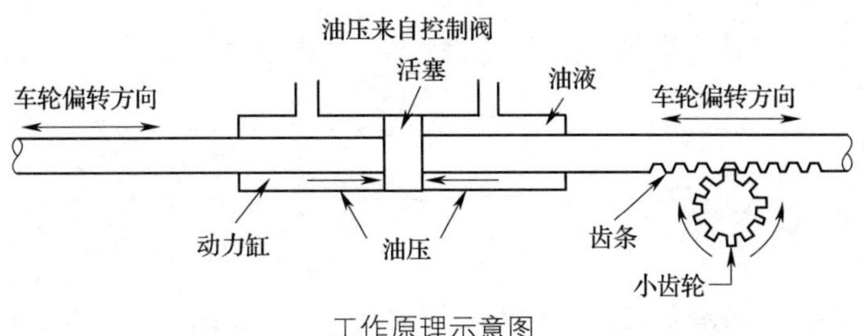

工作原理示意图

(5) 查阅有关资料，完成液压动力转向系液压油泵相关问题的填空。

目前采用较多的是双作用式叶片泵，写出图中各编号的含义。

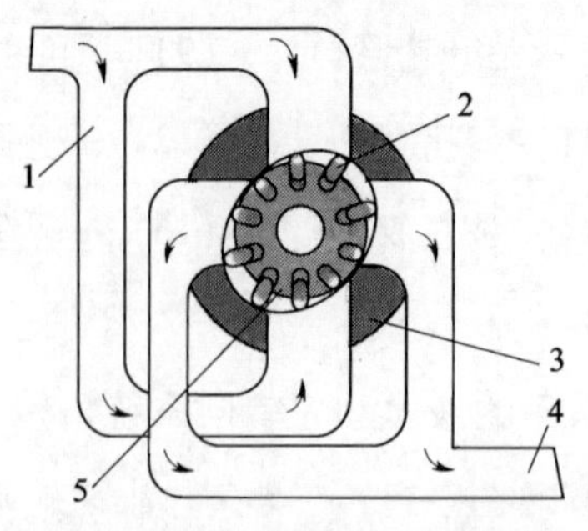

叶片式动力转向泵工作原理图

1—________ 2—________ 3—________

4—________ 5—________

（6）你还知道其他形式的转向油泵吗？结合下面两图各组讨论它们的工作原理。

图 a

1—进油腔 2—出油腔 3—卸压槽

图 b

1—主动轴 2—内转子 3—外转子

4—油泵壳体 5—进油口 6—出油口

图 a 是________泵，工作原理________________________________

____

图 b 是________泵，工作原理________________________________

____

____

3. 控制阀

查阅相关资料，完成有关转阀式控制阀的结构、控制油路流向的填空。

（1）转阀式控制阀主要由________、________和________等组成，如下图所示。

(2) 扭杆的下端同阀体一起连接在________上，另一端（上端）通过________与输入轴（或阀芯）相连。

(3) 阀体外圆柱面上有七道环槽，其中四道较窄且浅的是________环槽，另外三道较宽且深的是________环槽。三道较宽且深的槽内各有4个均布的通孔，中间槽的孔较另外两槽的孔直径较大，是______，和______相通，两边槽内孔通________。阀体内面有________条纵槽，作用是__________。

阀芯外圆柱面上有________条纵槽，作用是________________________________，槽内有____孔，作用是____。

(4) 转向控制阀控制压力油方向时，是通过控制阀中的阀芯与阀体围绕轴线________转动来实现的，故称为转阀式控制阀。目前包括桑塔纳轿车在内的很多轿车和部分货车的液压动力转向均采用转阀式控制阀。

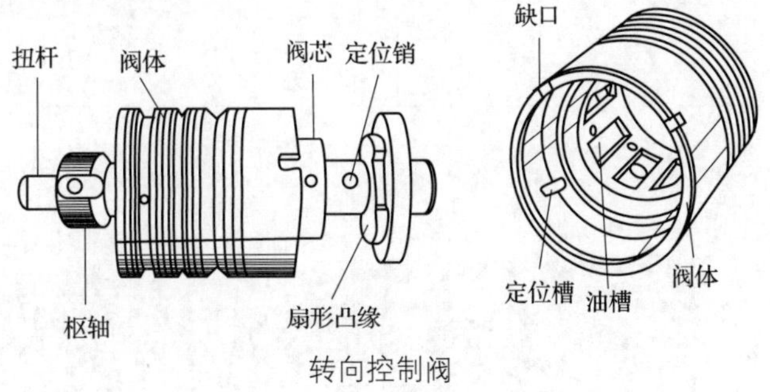

转向控制阀

当转动转向盘时，通过扭杆产生的扭转力使阀体转动角度________阀芯。这样，不同孔道被打开或者关闭，以便让压力油流到活塞总成需要它的一侧；如果转向盘向相反方向转动，压力油流到活塞总成的_________一侧。

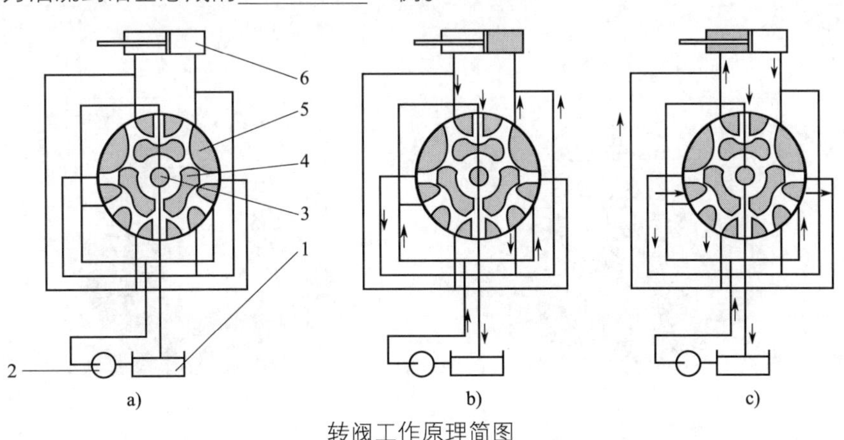

转阀工作原理简图

a）直线行驶时转阀处于中间位置　b）右转弯时　c）左转弯时

1—储油罐　2—油泵　3—扭杆　4—阀心　5—阀套　6—转向器

如上图所示，当向左转动转向盘时，情况与向右转动转向盘时相反。

（5）下面给出一转阀的实物图，写出各编号所代表零部件的名称；各组讨论该转阀的装配关系及油路的流向。

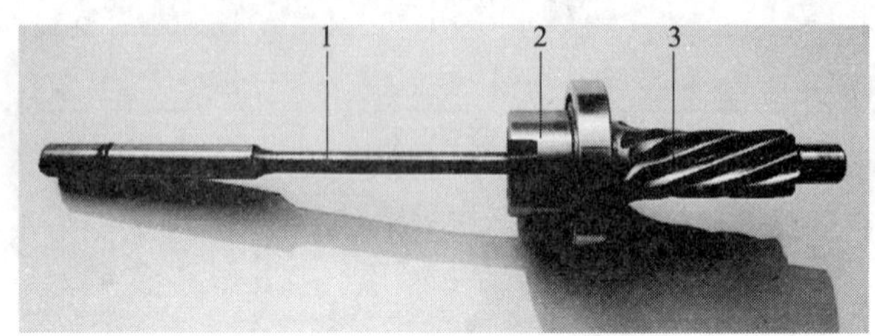

扭杆—转向螺杆组件图

1—______________ 2—______________ 3—______________

短轴—阀芯组件

1—______________ 2—______________ 3—______________

4—______________ 5—______________ 6—______________

阀体图

1—______________ 2—______________ 3—______________

4—______________ 5—______________

转阀组件图

1—__________ 2—__________ 3—__________

二、电控液压助力转向系统

1. 查阅资料，对照实训车辆指出电控液压助力转向系统的部件，并填空。

电控液压助力转向系统简称为______（Electro - Hydraulic Power Assist Steering），系统部件主要包括__________、__________、__________、______________、转向控制单元、EHPAS 警告灯以及__________等，其中转向控制单元、______及液压泵通常安装在一起。

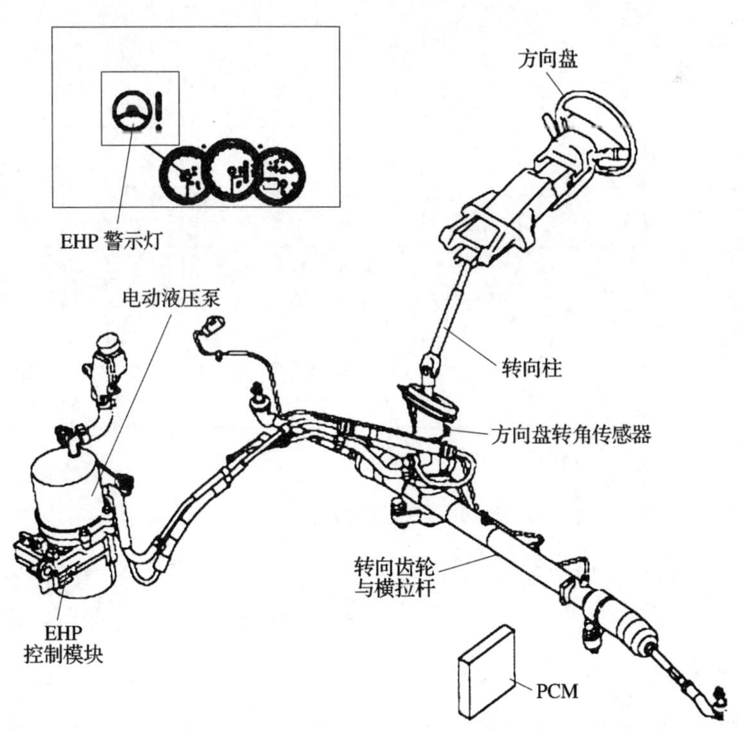

电控液压助力转向系统结构简图

2．查阅有关资料，结合剖视图填表。

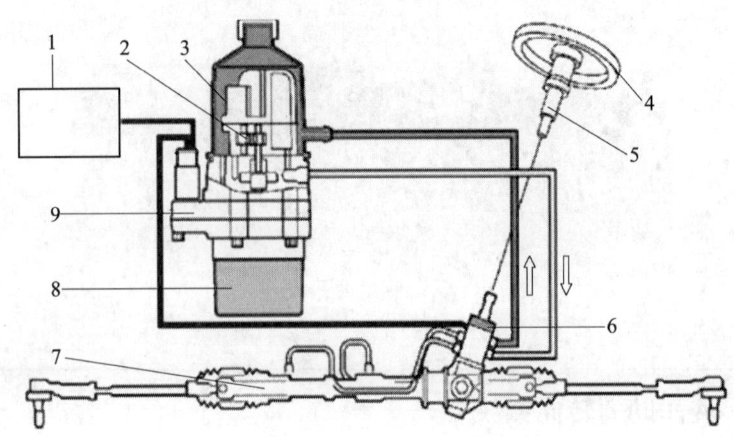

电控液压助力转向系统结构剖视简图

编号	部件名称	安装位置	作用
1	PCM		
	储液腔		
	油泵		
4			
5			
6			
7			
8	电动机		
9			

3．电控液压助力转向系统是如何实现转向助力的？

___________根据车辆的行驶速度和__________等输入信号计算出理想的输出信号，然后控制________输出适当的功率。电控液压助力转向系统中的电动液压泵工作，通过液压油为转向机提供助力。当汽车低速行驶时，转向控制单元控制电动机输出________的功率，使驾驶者可以轻松地转动转向盘；当汽车________行驶时，转向控制单元控制电动机输出较小的功率，这样驾驶者在操纵转向盘时就比较_______，也就实现了车速感应式转向。

4. 举例说明哪些型号的汽车采用了电控液压助力转向系统。

5. 小组讨论：电控液压助力转向系和液压助力转向系的结构和组成有何异同?

三、总结与思考

1. 发动机转速对转向油泵的供油量有何影响?

2. 转向油泵的供油量对转向盘的转动速度有影响吗？通过什么措施解决?

3. 液压助力装置失效时，驾驶员还能控制转向吗?

学习活动 5　分析故障原因并制订维修方案

学习目标

1. 能根据维修手册要求及安全操作规程，在规定时间内对转向系统进行基本检查。

2. 能进行车辆相关信息的收集。

3. 能在教师指导下，完成转向系统转向沉重故障维修方案的制订。

建议学时：4 学时

学习过程

对于转向沉重的故障，为防止不必要的大拆大卸，首先要搞清是由哪些部件引起的故障，为此需对车辆转向系统进行基本检查，判断出故障产生的部位。

1. 作为维修人员，在遇到转向沉重故障时，你将通过怎样的检查步骤确定故障的部位？设计检查步骤并进行实施。

步骤 1：____

步骤 2：____

步骤 3：____

步骤 4：____

步骤 5：____

步骤 6：____

步骤 7：____

步骤 8：____

步骤 9：________________

步骤 10：________________

步骤 11：________________

步骤 12：________________

2. 根据实训车型及相关资料，说明转向沉重的故障检查流程（在图框中绘制故障树）。

学习活动6　机械转向系的拆检

学习目标

1. 能查阅维修手册，在教师指导下完成转向沉重故障的基本检查工作。

2. 能描述汽车转向系统检查所使用工量具及仪器的名称、种类、用途及其使用方法，并能正确使用。

3. 能收集车辆相关信息。

4. 能根据维修手册要求及安全操作规程，在规定时间内对转向器进行拆装、检验，并完成拆装步骤的记录。

建议学时：6学时

学习过程

一、基本检查

1. 在实训车上找到转向器，并拆下转向器。转向器属于哪种类型？对照下图选择。

（　　　）

（　　　）

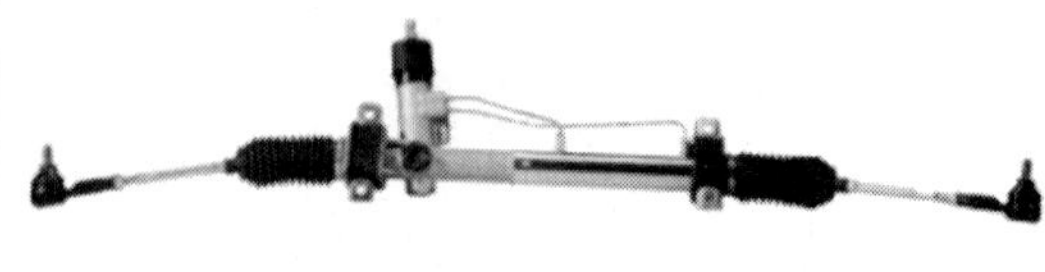

（　　　）

2. 转向器的拆检（以循环球式转向器为例）：松开转向摇臂轴紧固螺母，在转向摇臂和摇臂轴间做好装配记号，然后用拉力器从转向摇臂轴上拉下摇臂。

3. 拆下转向器固定螺栓，从车上取下转向器总成，清洗其外部。

注意事项：做好装配记号，使用专用拉力器。循环球式转向器除因故障、发卡或零件有损坏需解体外，一般不需要解体。当汽车行驶一定里程后，需要正常维护或因故拆捡时，应按一定程序进行。

4. 根据拆卸过程，叙述转向器的分解步骤。

图示	步骤
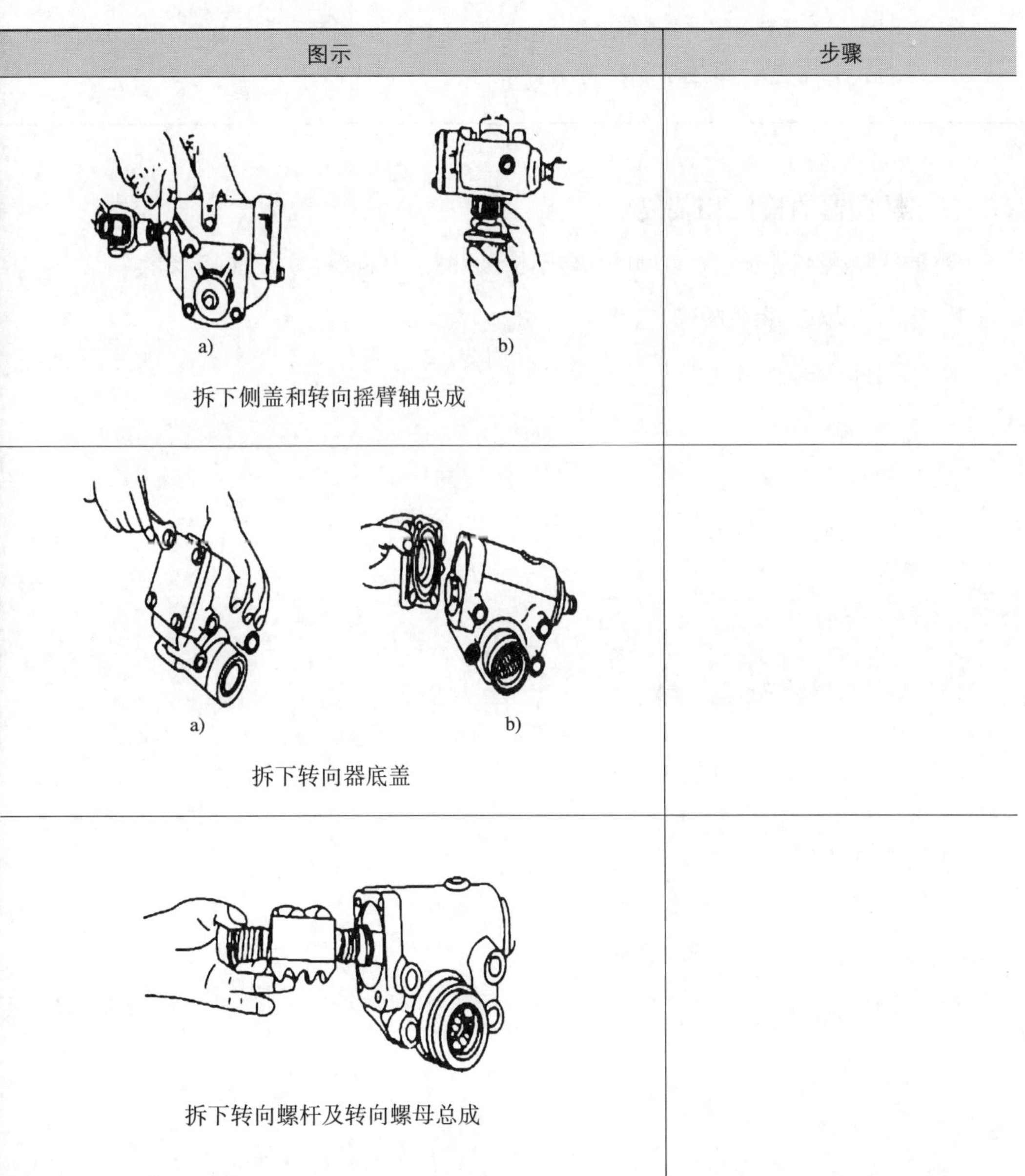 a)　b) 拆下侧盖和转向摇臂轴总成	
a)　b) 拆下转向器底盖	
拆下转向螺杆及转向螺母总成	

续表

图示	步骤
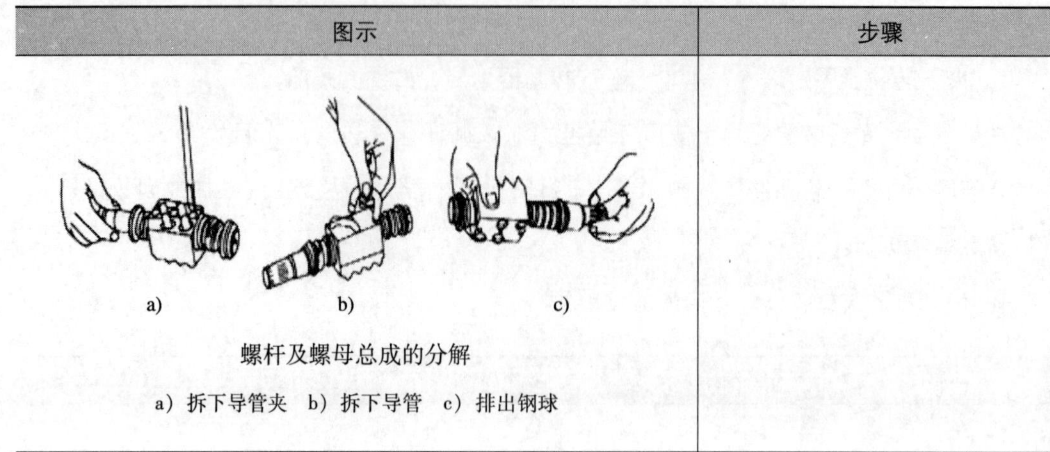 螺杆及螺母总成的分解 a）拆下导管夹 b）拆下导管 c）排出钢球	

二、转向器的检修和装复

查阅资料或维修手册，在教师的指导下检修和装复转向器，并记录下步骤。

1．循环球式转向器的检修

（1）壳体的检修

（2）转向摇臂轴的检修

（3）螺杆与螺母总成的检修

（4）轴承的检修

（5）油封的检修

2. 循环球式转向器的装配和调整

（1）转向螺杆及螺母总成的装复。

1）将转向______套在螺杆上，并置于螺杆的一端。

2）将________放入螺母的滚道孔中，边转动螺杆边放入钢球。要求插入导管时，只能使用木锤敲打导管。

3）用螺栓固定导管，检查螺母转动是否灵活。

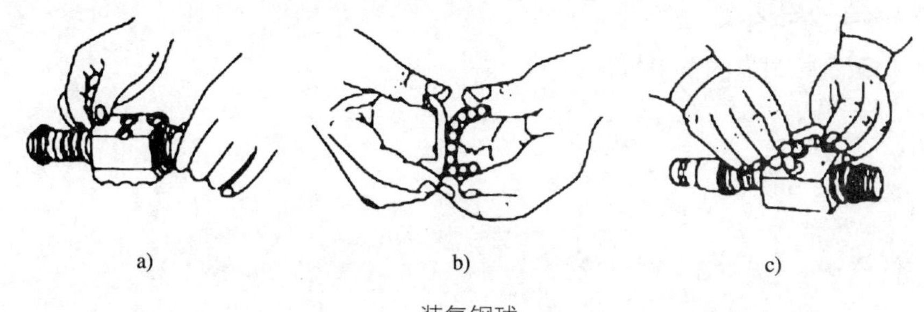

装复钢球

a）把钢球装入滚道　b）把钢球装在导管内　c）把装满钢球的导管插入螺母

（2）把装有轴承内圈的转向螺杆及转向螺母总成放入装有轴承外圈的壳体中，再将底盖装到壳体上。

1）检查并调整____________预紧度。

2）涂密封胶，固定底盖。

（3）转向摇臂轴总成的装复。

1）把螺母转到中间位置，装入摇臂轴总成，并对称拧紧螺栓。

2）用专用工具装入转向螺杆油封和转向摇臂轴油封。

3）调整齿条和齿扇的__________。调整螺栓顺时针转动，啮合间隙______；反之则增大。调整合适后，拧紧调整螺母的锁紧螺母。

齿扇与齿条的啮合情况

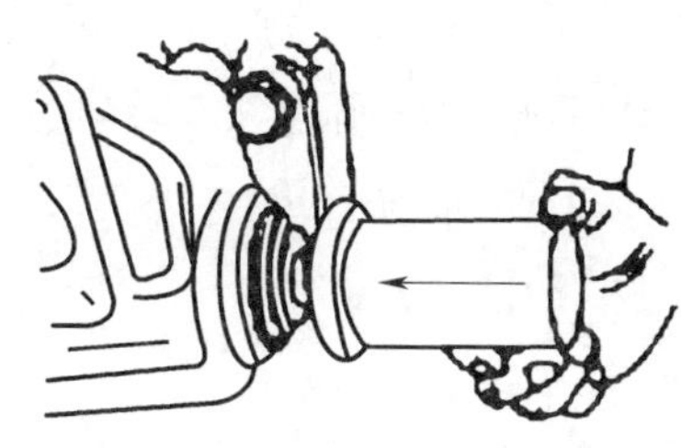

装配油封

(4) 从加油孔加入新的中等负荷齿轮油。

向车上装复:

三、总结与思考

1. 如何测量转向盘的自由行程?

2. 如何检查与调整转向直拉杆?

3. 为什么各杆件之间都采用球形铰链连接?

4. 简述检查与调整汽车转向系转向角的步骤。

5．填写下列空格。

故障现象	故障原因	故障排除方法
转向沉重	1．转向器故障	
	2．转向传动机构故障	
	3．其他原因	
转向盘自由行程过大		

学习活动7 液压动力转向系的检修

学习目标

1. 能根据维修手册要求及安全操作规程，在规定时间内，对液压动力转向系统进行拆装、检验，并完成拆装步骤的记录。

2. 能对相关资料进行检索，完成工单、工作页的填写。

建议学时：6学时

学习过程

一、动力转向器的检修

1. 以桑塔纳2000GSi型轿车为例，填写拆卸动力转向器的步骤。

（1）用升降器升起车辆。

（2）排放____________________。

（3）拆下固定转向横拉杆的螺母，如图1所示。

（4）拆下左前轮罩的转向器固定螺栓，如图2所示。

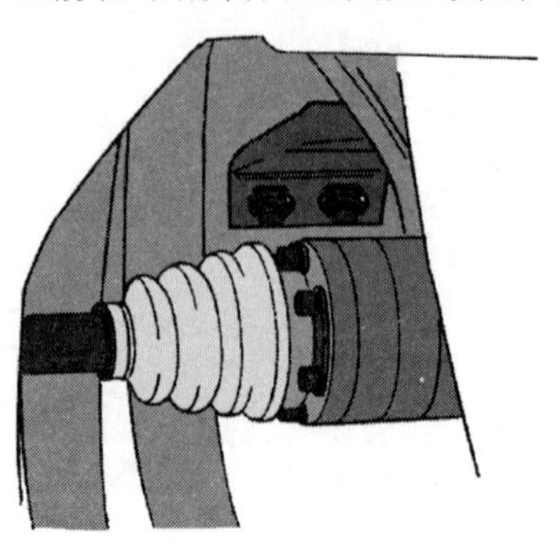

图1

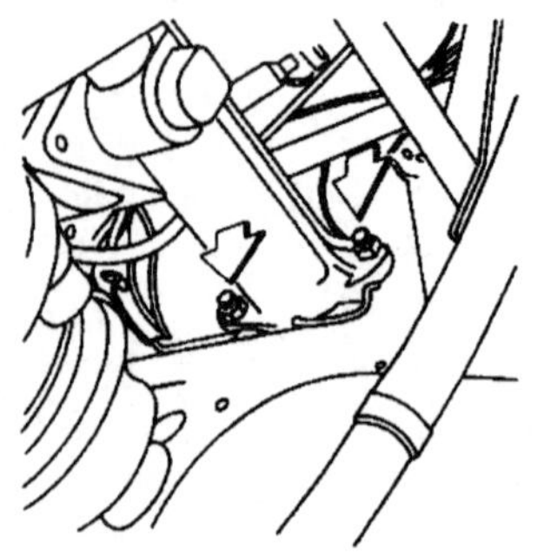

图2

（5）松开在转向器分配阀外壳上的__________，如图3所示。

（6）拆下后横板上固定转向器的自锁螺母（左侧），如图4所示。

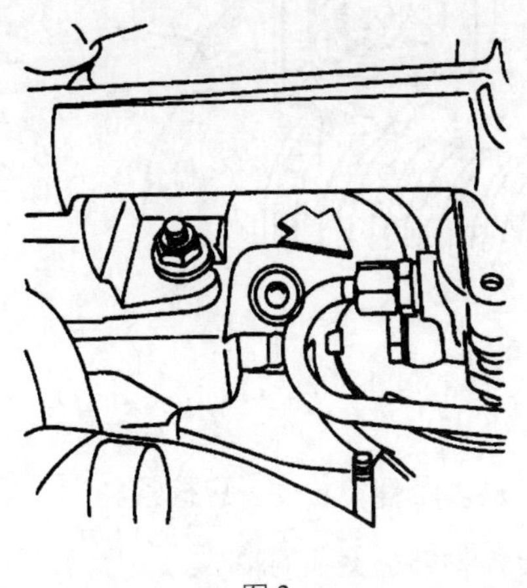

图3

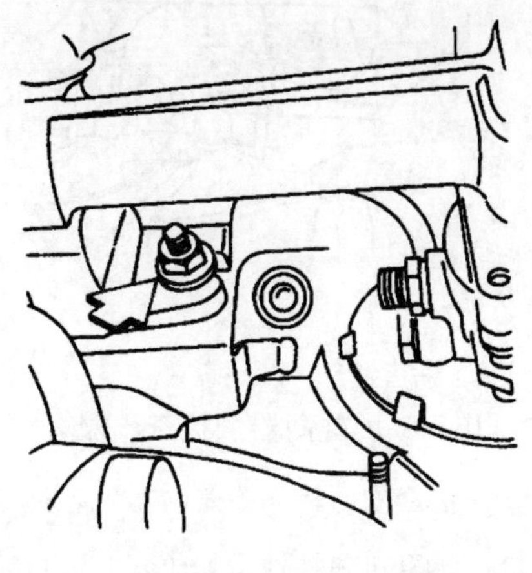

图4

（7）把车辆__________。

（8）拆下紧固齿条与______________的螺栓，如图5所示。

（9）拆卸仪表板侧边下盖、通风管和踏板盖。

（10）拆下紧固转向齿轮轴与____________的螺栓，如图6所示，并使各轴分开。

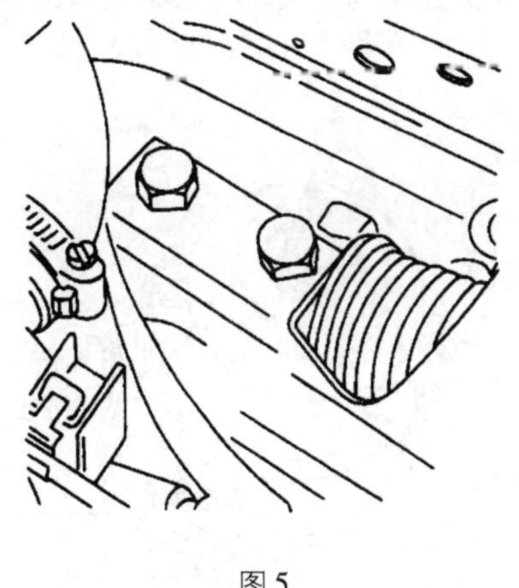

图5

图6

（11）拆卸防尘套。

（12）从车厢内部拆下固定转向器分配阀外壳上回油管的泄放螺栓，如图7所示。

（13）拆下后横板上固定转向器的自锁螺母，如图8所示。

（14）拆下转向器。

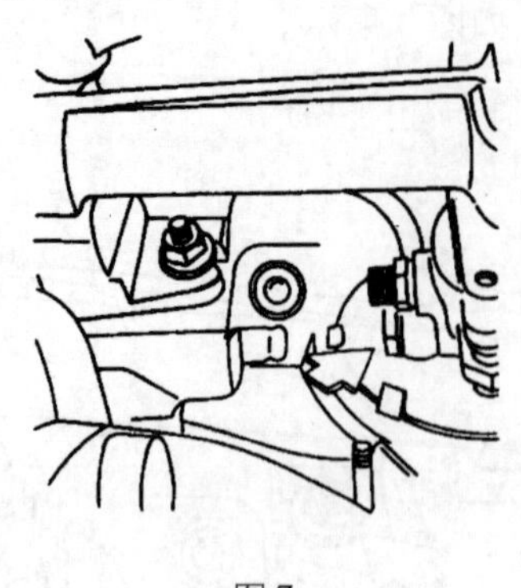
图 7

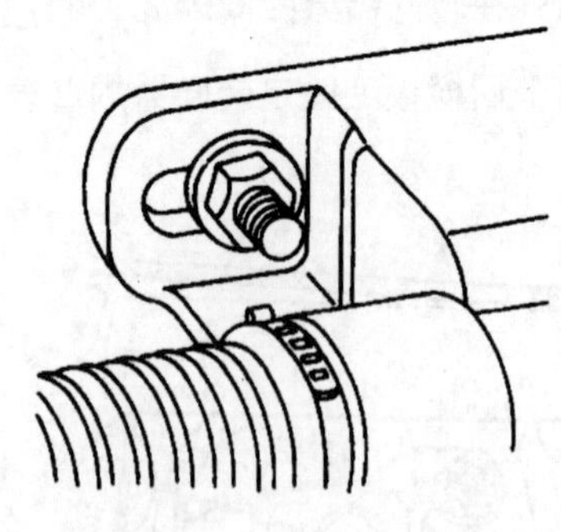
图 8

2. 填写动力转向器的检查步骤。

（1）检查动力转向器是否漏油，盖板螺栓是否松动。若螺栓松动，应拧紧。

（2）如果转向轴轴承松旷，应进行________或更换损坏、磨损的轴承。

（3）动力转向器啮合副间隙过大或过小，通过调整螺栓改变________的预紧力，可调整齿条、主动齿轮的__________。这里应注意，补偿弹簧的弹力出厂时已调好，一般不需要另行调整，只有在确实有问题时才进行调整。

（4）转向轴如有龟裂，应采用____________进行检查。

3. 填写更换转向齿轮轴密封圈的步骤。

（1）将转向器固定在台虎钳上，并使用专用工具拆除转向齿轮轴的锁销，如图 9 所示。

（2）拆下转向器分配阀总成，如图 10 所示。

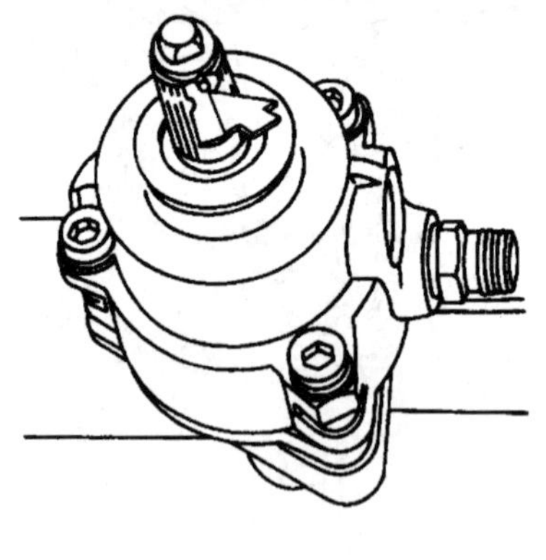
图 9

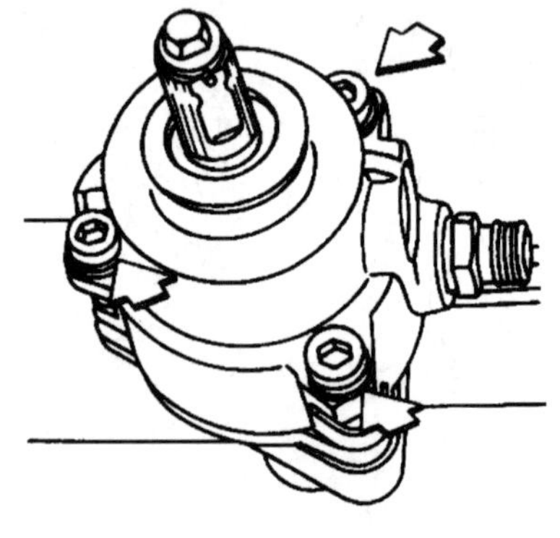
图 10

（3）用__________拆除转向器分配阀外壳的密封圈，如图 11 所示。

（4）使用专用工具 VW065 和塑料铆头，把新的密封圈安装在转向器分配阀外壳上，如图 12 所示。为何使用专用工具 VW065 和塑料铆头？________________________________

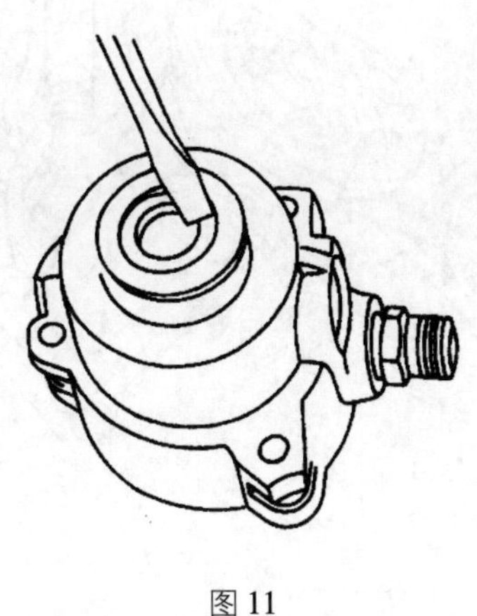

图 11

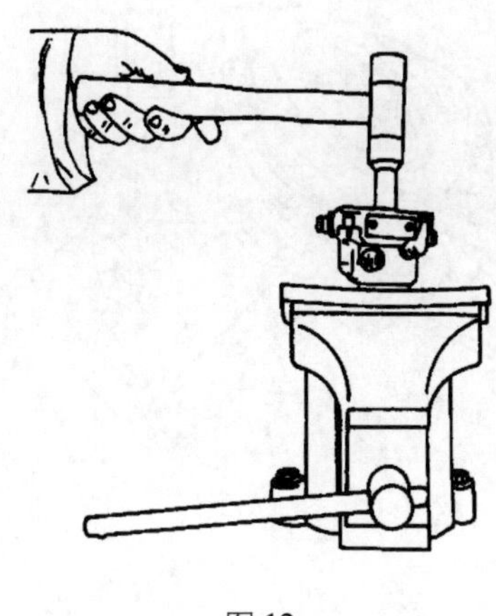

图 12

二、转向油泵的更换

1. 液压泵（叶轮泵）及其附件如图 13 所示。填写拆卸转向油泵的步骤。

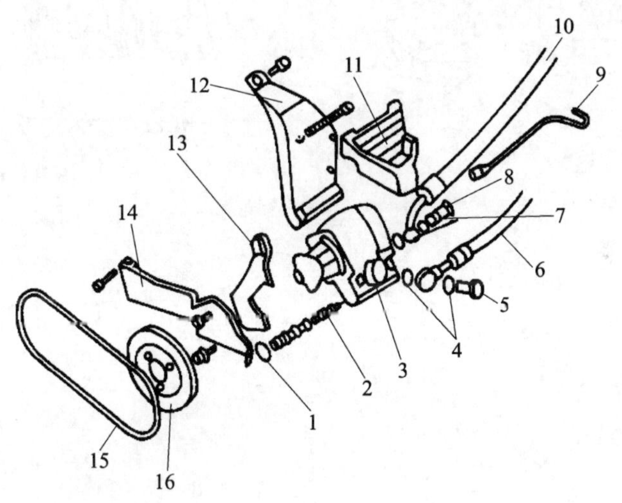

图 13

1—密封环　2—限压阀和溢流阀　3—叶片泵　4、7—密封环　5、8—管接头螺栓　6—进油管　9、12—支架　10—至分配阀套　11—后摆动夹板　13—前摆动夹板　14—夹紧夹板　15—V 带　16—带轮

（1）支承起车辆。

（2）拆下液压泵上________和进油管的______________，如图 14 所示，排放________。

（3）拆下液压泵前支架上的________________，如图 15 所示。

（4）拆下液压泵后支架上的________________，如图 16 所示。

（5）松开液压泵中心支架上的固定________和________，如图 17 所示。

（6）把液压泵固定在台虎钳上，拆卸带轮和中间支架。

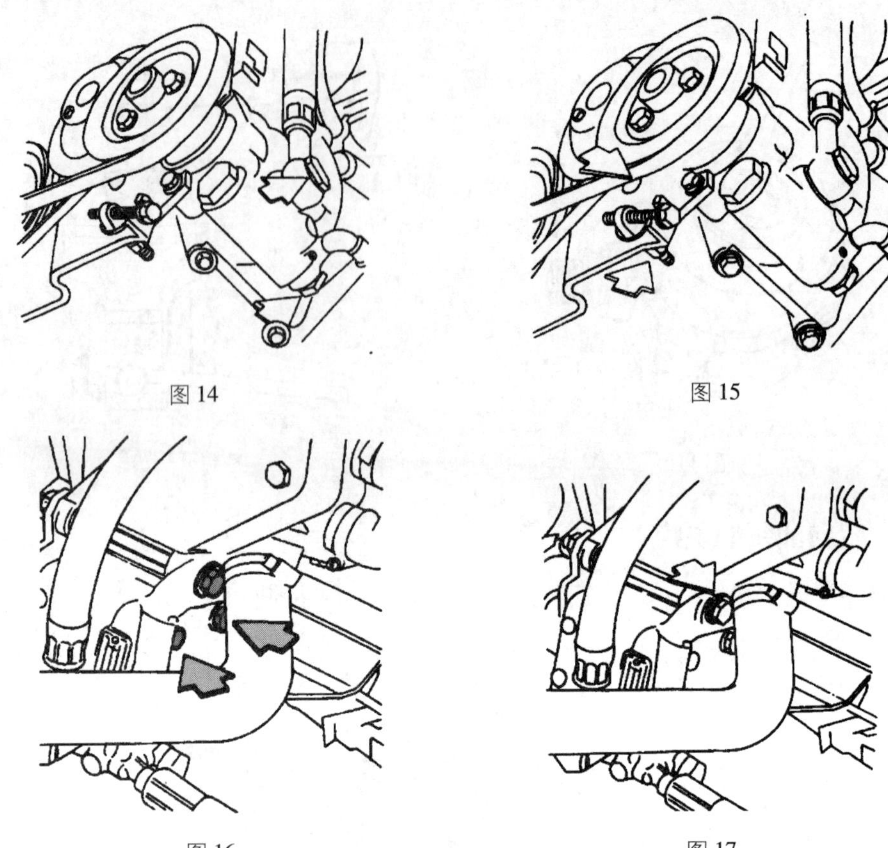

图 14

图 15

图 16

图 17

2．填写安装转向油泵的步骤。

转向油泵安装顺序与拆卸顺序相反。转向油泵安装完毕后应调整转向油泵 V 带的张紧度，并按规定加注液压油。

V 带的张紧度调整：

（1）松开液压泵支架上的后____________，如图 18 所示。

（2）松开张紧螺栓的________，如图 19 所示。

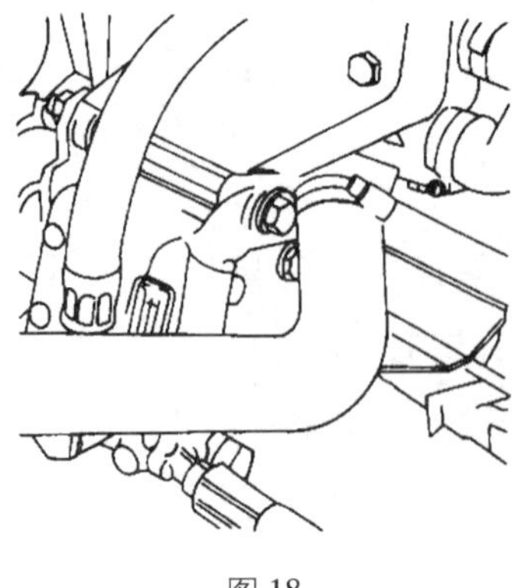

图 18

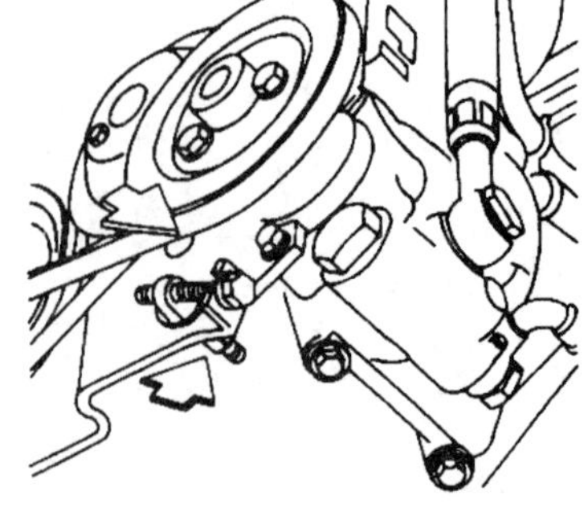

图 19

（3）通过张紧螺栓把V带张紧，如图20所示。当压在V带中间处（约____N压力），有____mm的挠度为合适。

（4）拧紧张紧螺栓的螺母。

（5）拧紧液压泵支架上的固定螺栓。

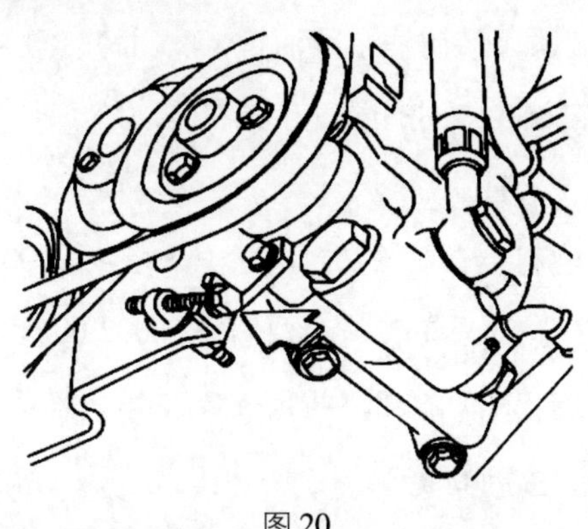

图20

三、转向储油罐的检修

1. 填写检查转向储油罐油面的步骤。

（1）将车辆停放在平坦的地面上，使前轮处于直行位置。

（2）起动发动机，并使其达到正常的工作温度。

（3）使发动机怠速运转大约2 min，左、右打几次______，使油温达到40～80℃，关闭发动机。

（4）观察储油罐的液面，此时液面应处于“MAX”（上限）与“MIN”（下限）之间，液面低于“MIN”时，应加至______，如图21所示。

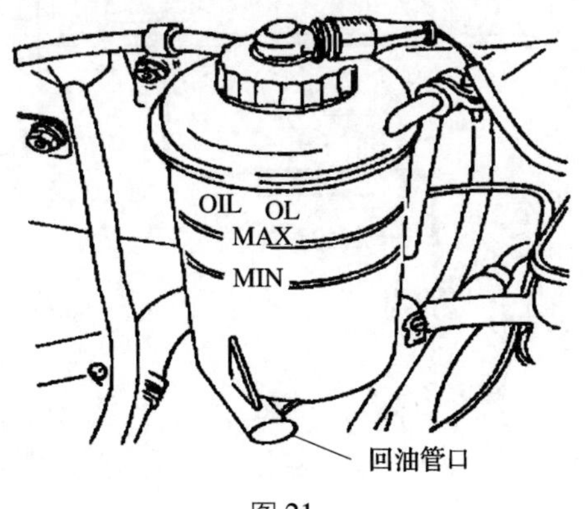

图21

（5）对于用油标尺检查的汽车：拧下带油标尺的封盖，用布将油位标尺擦净，将带油位标尺的封盖插入储油罐内拧好，然后重新拧出，观察油位标尺上的标记，应处于

________与________之间，必要时将转向油加至“MAX”处。

2. 转向油液的更换。

（1）放油

1）支起汽车前部，使两前轮离开地面。

2）拧下转向储油罐盖，拆下转向油泵回油管，然后将转向油放入容器中。

3）发动机怠速运转，在放转向油的同时，左右转动____________。

（2）加油与排气

1）向转向储油罐内加注符合规定的转向油（桑塔纳2000转向油型号为PENPOSIN CHF 11S（PL－VW521 46）；奥迪轿车转向油型号为G 002 000）。

2）停止发动机工作，支起汽车前部，并用支架支承，连续从左到右转动转向盘若干次，将转向系统中____________排出。

3）检查转向储油罐中______高度，视需要加至“MAX”标记处。

4）降下汽车前部，起动发动机怠速运转，连续转动转向盘，注意油面高度的变化，当油面下降时就应不断加注转向油，直到油面停留在“MAX”处，并在转动转向盘后，储油罐中不再出现____为止。

四、系统压力检查

1. 如图22所示，接好压力表和节流阀。

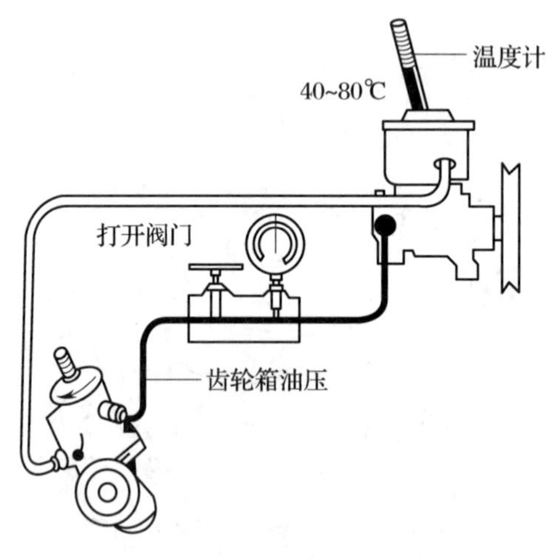

图22

2. 将节流阀打开，起动发动机并以________运转，转动转向盘数次，同时急速关闭节流阀（不超过5～10 s），并读出压力数，额定值为____～____MPa。

3．如果没有达到额定数值，应检查限压阀和溢流阀是否完好。如不正常，应如何处理?

五、总结与思考

1．为什么要调整转向油泵 V 带的张紧度?

2．加注转向油越多越好吗?

3．加注转向油后不排气行吗？有哪些危害?

4．系统压力过低对转向有何影响?

学习活动8　评 价 反 馈

学习目标

1. 能通过试车，检验转向沉重故障的排除。

2. 能向用户说明转向沉重故障的原因，更换的主要零部件，介绍使用维修注意事项，口头表达清楚正确。

3. 能总结转向沉重故障排除的收获。

建议学时：4学时

学习过程

1. 维修作业完成后，你所进行的质量测试有哪些？评定依据是什么？

______________________评定依据______________________

______________________评定依据______________________

______________________评定依据______________________

______________________评定依据______________________

______________________评定依据______________________

______________________评定依据______________________

2. 维修作业完成后，你认为维修过程中需要注意什么？

3. 如果你需要向客户进行说明，你会给客户什么使用和维修建议?

4. 如果需要进行维修费用的评估，你估计该维修项目所需要的时间是多少? 维修费用是多少? 有没有什么方面能够做到资源的节省与环保?

5. 维修该项目后，一般的保质期是多少? 有否有相关依据?

活动评价表

学习任务五评价表

班级：__________ 姓名：__________ 学号：__________

项目	自我评价			小组评价			教师评价		
	10～9	8～6	5～1	10～9	8～6	5～1	10～9	8～6	5～1
	占总评 10%			占总评 30%			占总评 60%		
学习活动 1									
学习活动 2									
学习活动 3									
学习活动 4									
学习活动 5									
学习活动 6									
学习活动 7									
学习活动 8									
协作精神									
纪律观念									
表达能力									
工作态度									
安全意识									
任务总体表现									
小计									
总评									

任课教师：________ 年 月 日

学习任务六　制动拖滞的拆检

学习目标

1．能根据理论知识判断制动拖滞的可能故障点并展示。

2．能根据维修手册要求，在规定时间内规范地对制动系统进行拆卸、解体、清洗、装配、调整，并完成拆装、调整步骤的记录。

3．能通过情景模拟，正确回收零部件，填写竣工单，并向班组汇报维修情况。

4．能对相关资料进行检索，完成工单、工作页的填写与总结。

建议学时

60 学时

工作情境描述

车辆在行驶时，司机感觉车辆有跑偏的现象，将车送入维修站，经班组长检查判断为制动拖滞故障。你作为维修人员，现需对相关部件进行拆检，根据维修手册的相关要求，在规定时间内完成系统的检查与零部件的更换，完成后交付班组长验收。

教学流程与活动

1．明确学习任务

2. 制动系统的认知

3. 分析故障原因并制订维修方案

4. 制动拖滞的故障排除

5. 评价反馈

学习活动1　明确学习任务

学习目标

1. 能列举车辆跑偏的故障现象及原因。
2. 能收集车辆的相关信息。

建议学时：4 学时

学习过程

1. 什么是车辆跑偏?

2. 进行故障再现时，需要注意哪些问题?

3. 造成车辆跑偏故障的原因有哪些？通过信息收集后完成鱼骨图的绘制（在鱼骨图中对应的地方填写相应内容的标号）。

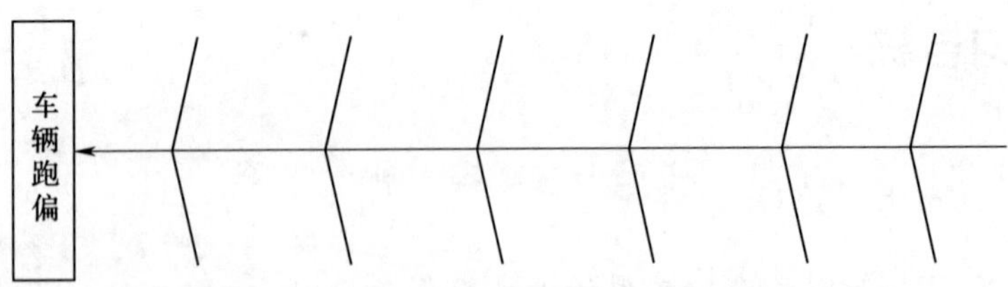

学习活动2　制动系统的认知

学习目标

1. 能描述制动系结的结构和原理。

2. 能描述制动系统各个组成部件的功用、原理和结构。

建议学时：12 学时

学习过程

一、制动系统的作用和分类

1. 什么是制动系？它的作用是什么？

2. 查阅资料，制动系统可分为以下类型：

（1）按功用分为：________、________、________。

（2）按制动能量传输方式分为：________、________、________、________、________。

（3）按回路数量分为：________、________。

（4）按能源分为：________、________、________。

二、行车制动系的基本组成

1. 查阅资料，行车制动系由哪几部分组成?

2. 查阅资料，对下列零件图进行标注。

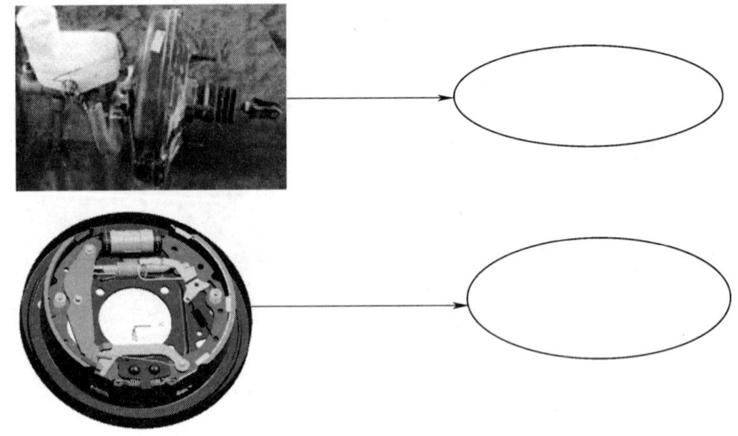

三、制动器

1. 查阅资料，写出制动器的分类、优缺点和应用。

(1) ____________________

优点：____________________

缺点：____________________

应用：____________________

(2) ____________________

优点：____________________

缺点：____________________

应用：____________________

2. 查阅资料，填写以下空格。

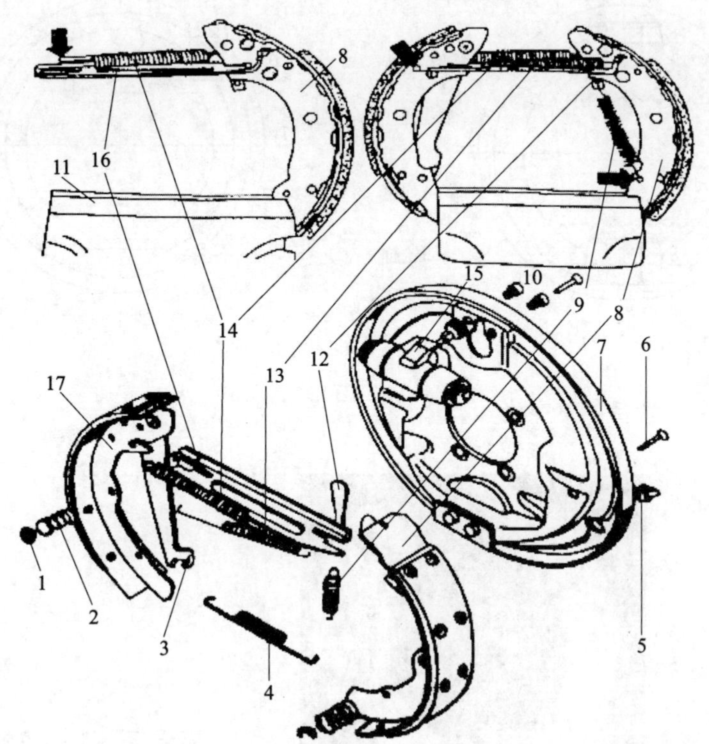

（　）—定位销弹簧座　2—定位销弹簧　（　）—驻车制动杠杆　（　）—下复位弹簧

5—检查孔盖　6—销钉　（　）—制动底板　8—前制动蹄　（　）—契形调整板弹簧

（　）—制动轮缸　10—螺栓　11—止挡板　12—（　　　　）　13—（　　　　）

14—复位弹簧　16—制动推杆　17—（　　　　）

3. 查阅资料，对以下几种形式的鼓式制动器进行分类。

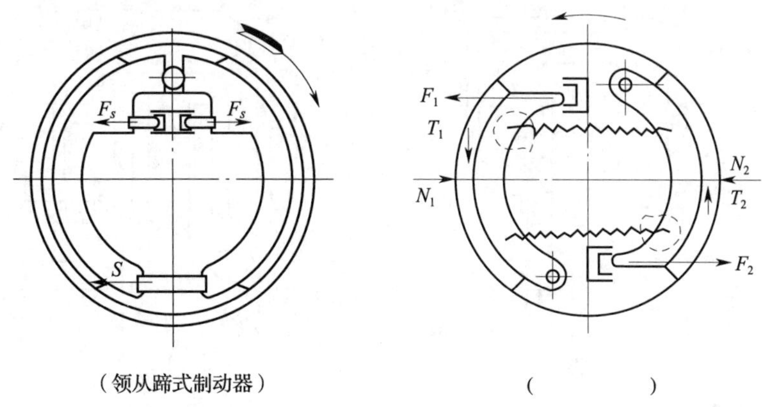

（领从蹄式制动器）　　　　（　　　　）

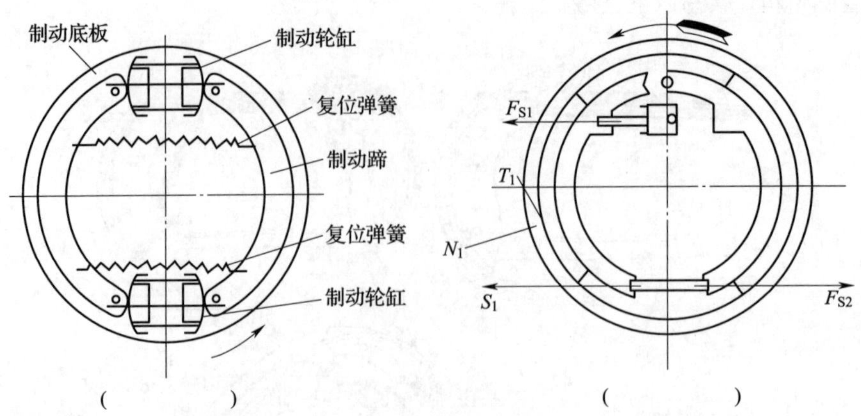

（　　　　） （　　　　）

4. 查阅资料，填写以下空格。

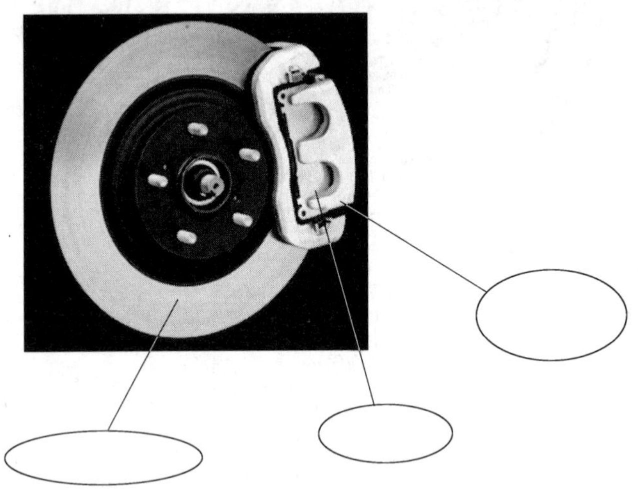

5. 查阅资料，填写下面两种不同的盘式制动器的名称。

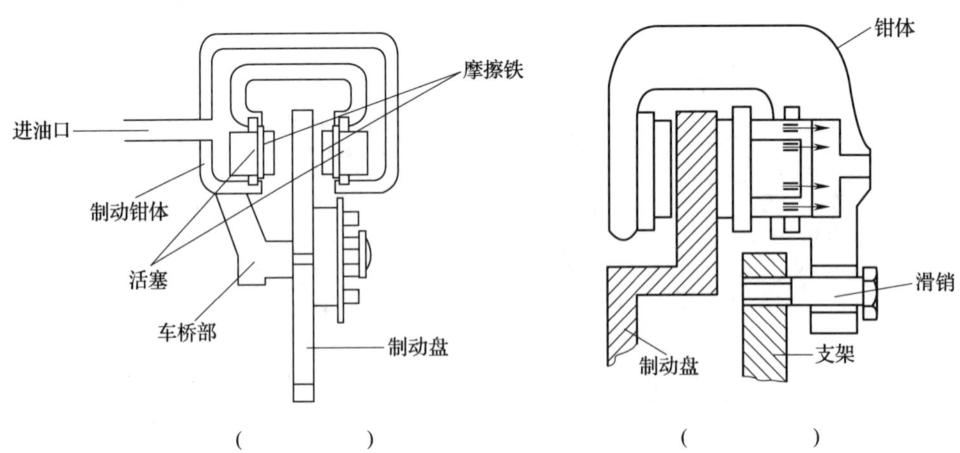

（　　　　） （　　　　）

四、制动总缸

1. 查阅资料，填写下面空格。

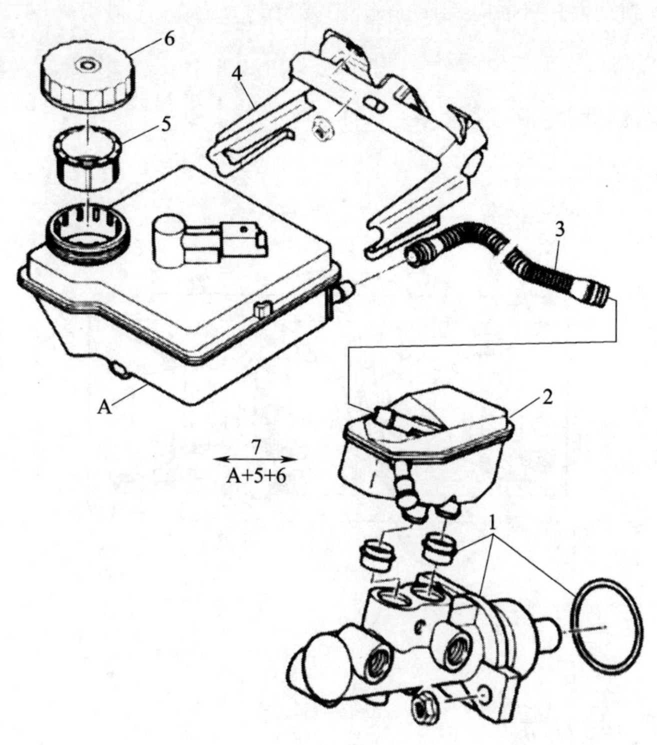

1—（　　）　2—制动总缸储液罐　3—制动液管　4—支架

5—（　　）　6—（　　）　7—制动液管总成

2. 制动总缸处于制动踏板与管路之间，其功能是将制动踏板输入的机械力转换为液压力。制动总缸常见的故障为泄漏，泄漏可分为内漏和外漏。查阅资料分析制动总缸内漏、外漏的原因以及导致的故障。

五、制动轮缸

1. 制动轮缸又称______________，其功用是将制动主缸传来的液压力转变为制动器工作的机械力。根据制动器的不同，制动轮缸主要分为________制动器制动轮缸和________制动器制动轮缸两种。

2. 鼓式制动器制动轮缸可以分为________________和____________________。结合下图填写零件的名称。

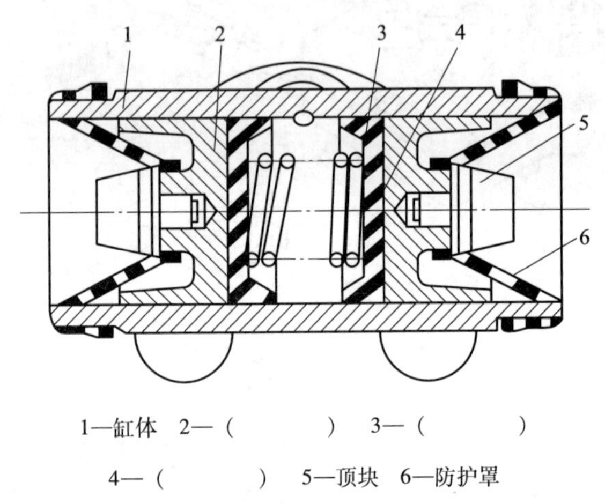

1—缸体　2—（　　　　）　3—（　　　　）

4—（　　　　）　5—顶块　6—防护罩

六、真空制动助力器

机械控制式真空制动助力器中真空部件与制动主缸一起安装。利用空气压力与发动机进气管内压力（真空）之间的压力差作为助力源，降低制动所需要的脚踏板力。

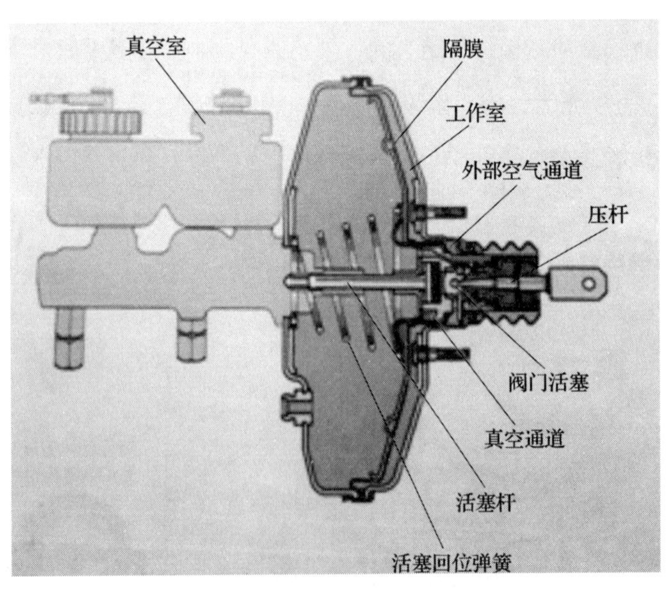

1. 真空失灵时，制动系统完全丧失制动功能。　　□对　　□错

2. 处于制动踏板松开位置时，工作室与真空室______。外部通道关闭，隔膜两侧压力相同。

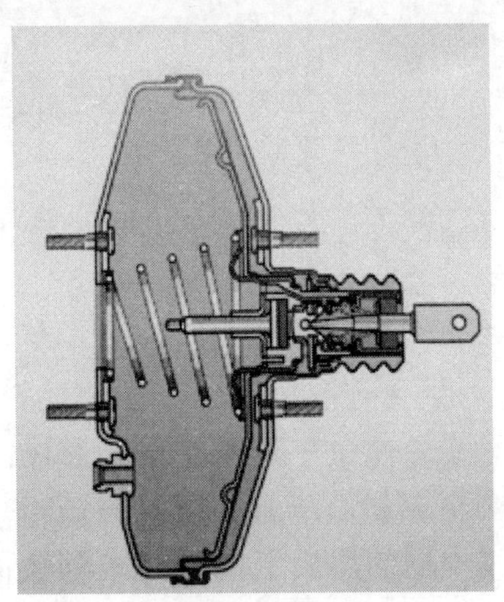

3. 处于制动踏板制动位置时，真空通道____________，工作室与外部空气连通。外部空气流入____________。工作室与真空之间的压力差产生的作用力克服活塞回位弹簧力推动隔膜、压杆和活塞，直至与主缸产生的反作用力相等。

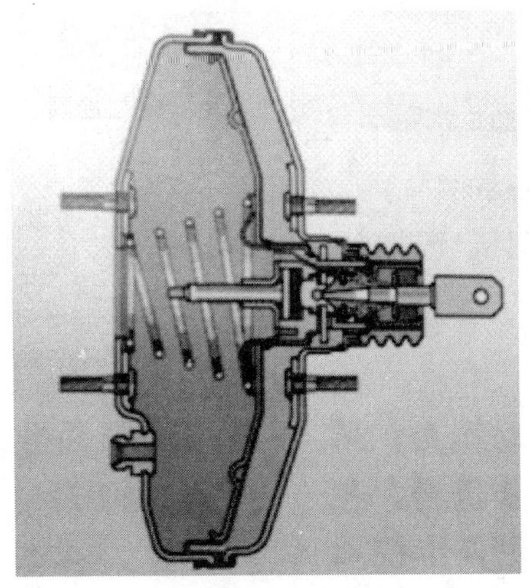

4. 处于最大制动位置时，工作室与真空室______________，外部空气通道________________。此时工作隔膜前后的压力差最大，脚踏力以最大助力放大。

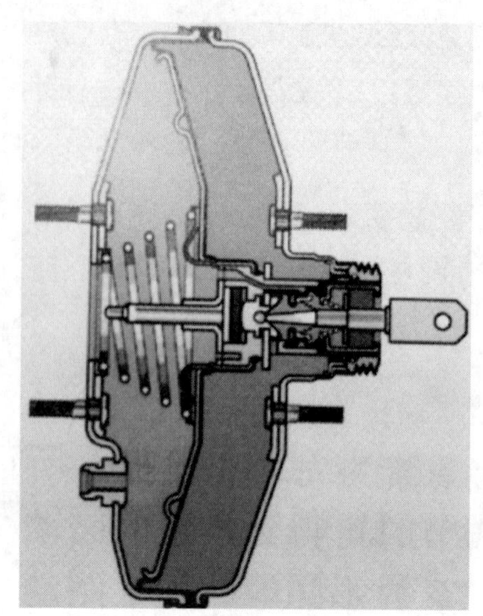

七、总结与思考

1．气压制动传动机构是将____________的压力转变为机械推力，使车轮产生制动。

2．气压制动传动机构主要总成：______________、____________、______________、______________。

3．制动控制阀的作用是什么？简述其工作原理。

4．案例分析

故障现象：一辆 2003 年产赛欧 SLX－AT 轿车，行驶里程 126 000 km。据车主反映，制动时需要将制动踏板踩到很低的位置才会有制动力。

组长检修过程：使发动机原地怠速工作，缓慢踩下制动踏板，踏板会不断下降；快速踩下制动踏板，踏板在较低的位置时才会感觉有制动力；保持施加踏板力，制动踏板会下降，踏板感觉柔软。

进行路试。在车速为 30 km/h 左右时缓慢踩下制动踏板，车辆仍然向前行驶，明显感觉制动效果不良；如果快速踩下制动踏板，车辆可以停住，但是制动踏板位置较低。为了排除制动系统存在空气的可能，进行了制动系统放气，但是未见气泡，而且放气后制动踏板不能回位，这说明制动总泵已经不能建立油压。

故障排除：更换制动总缸后路试，故障排除。

为什么组长根据检修的过程最终判断故障原因为制动总缸损坏，分析组长的诊断思路，谈谈你的想法。

学习活动3　分析故障原因并制订维修方案

学习目标

1. 能绘制鱼骨图并制订维修方案。
2. 能分析行驶跑偏的原因。
3. 能分析制动拖滞故障。

建议学时：8 学时

学习过程

1. 作为维修人员，当判断造成车辆跑偏的原因是制动拖滞后，你将对哪些零部件进行检查？写下检查步骤，并以小组为单位进行展示。

步骤 1：______

步骤 2：______

步骤 3：______

步骤 4：______

步骤 5：______

步骤 6：______

步骤 7：______

步骤 8：______

步骤 9：______

步骤 10：______

步骤 11：______

步骤 12：____

步骤 13：____

步骤 14：____

2. 绘制鱼骨图，并制订制动拖滞的维修方案。

学习活动4　制动拖滞的故障排除

学习目标

1. 能对制动系统各个零部件进行拆装。
2. 能对制动系统各个零部件进行检测和故障分析。
3. 能对零部件进行故障排除。

建议学时：32 学时

学习过程

一、故障排除

1．制动踏板自由行程检查

自由行程

（1）什么是制动踏板自由行程?

（2）制动踏板自由行程过大或过小有何影响?

（3）进行制动踏板自由行程调整需要哪些工具和设备?

（4）制动踏板自由行程的大小为__________________。

（5）制动踏板动作是否正常?　　　□正常　□不正常

（6）制动踏板自由行程如何调整?

2. 检查车轮转动

（1）将车轮用举升机顶起，放松驻车制动器，用手转动每个车轮转动，如四个车轮均不能转动或转动阻力大，说明故障原因是（　　）。

A. 制动总缸故障　　B. 制动踏板故障　　C. 制动器故障

（2）将车轮用举升机顶起，放松驻车制动器，用手转动每个车轮转动，如四个车轮中有一个车轮不能转动或转动阻力大，说明故障原因是（　　）。

A. 制动总缸故障　　B. 制动踏板故障　　C. 制动器故障

3. 制动器的拆检

（1）鼓式制动器的拆卸（查阅资料，根据下图编写拆卸步骤）。

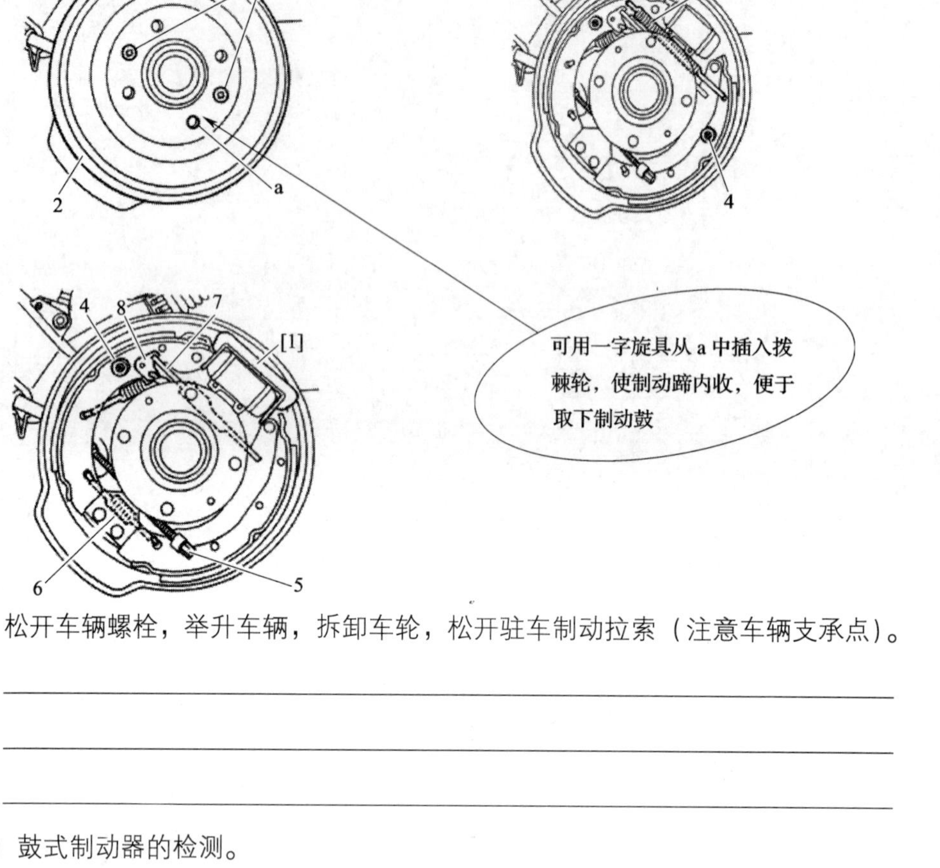

1）松开车辆螺栓，举升车辆，拆卸车轮，松开驻车制动拉索（注意车辆支承点）。

2）______________________________

3）______________________________

4）______________________________

（2）鼓式制动器的检测。

1）制动鼓应该无裂纹，不__________，磨损__________。

2）检查制动鼓内径。

3）测量制动鼓内径采用的量具是__________。

4）查阅资料，实训车的制动鼓内径标准值为__________，最大极限值为__________。

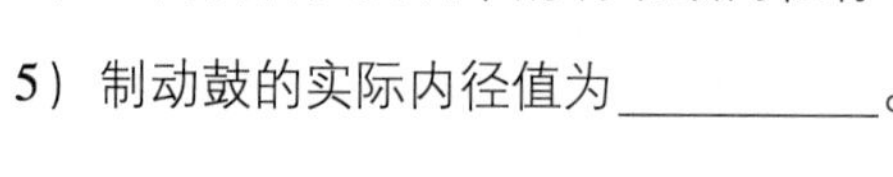

5）制动鼓的实际内径值为__________。

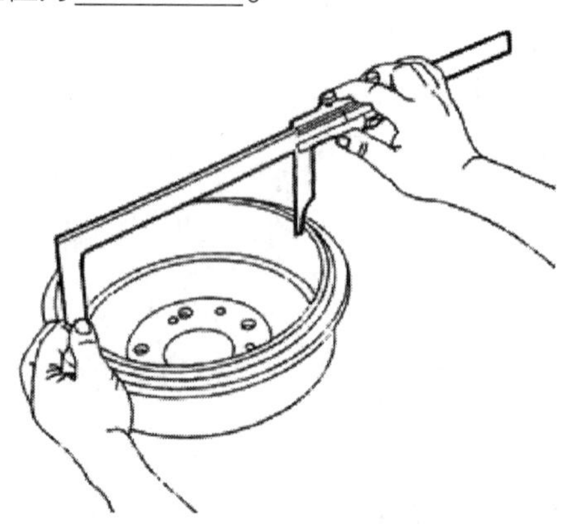

（3）盘式制动器的拆卸（查阅资料，根据下面的图编写拆卸步骤）。

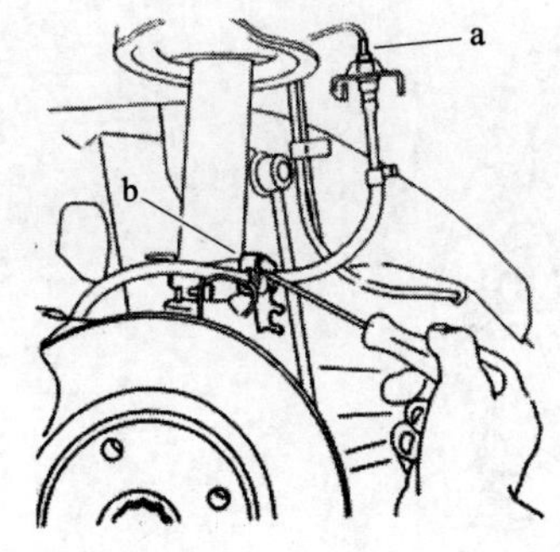

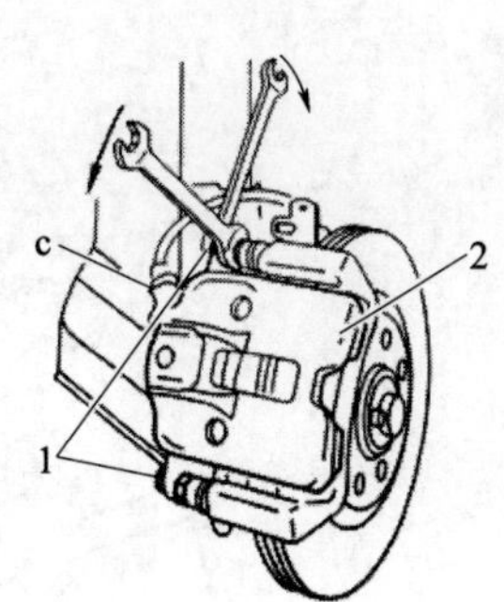

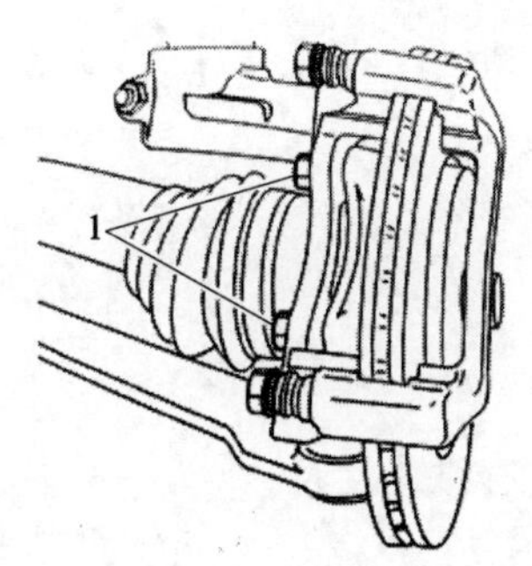

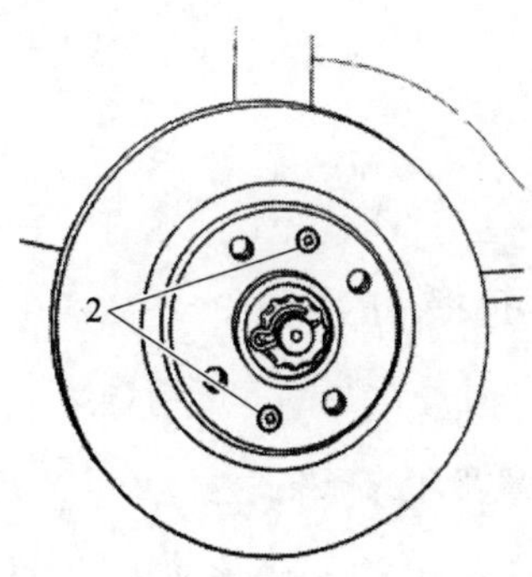

1）松开车轮螺栓，举升车辆，拆卸车轮。

2）______________________________

3）______________________________

4）______________________________

5）______________________________

（4）盘式制动器的检测。

1）检测制动盘的厚度。

①选用__________外径千分尺。

②车辆的制动盘标准厚度为________，磨损极限厚度为________。

③车辆制动盘的实际厚度为__________，□正常　□不正常。

2）检测制动盘端面圆跳动量。

①选用____________量具。

②制动盘端面圆跳动量应__________。

③如果制动盘端面圆跳动量超出极小值，可采用的修理方式为__________________

______________________。

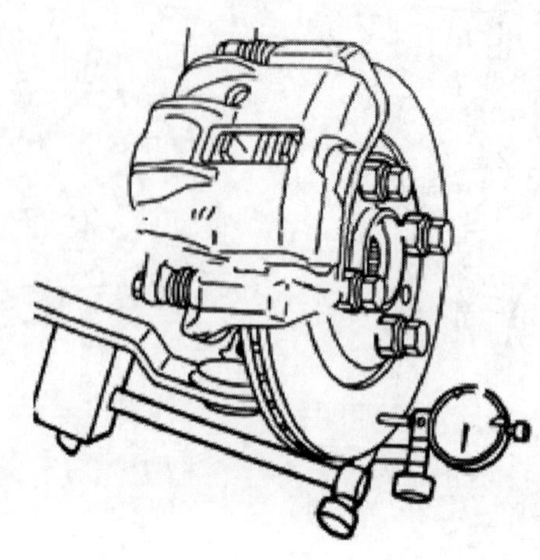

（5）制动摩擦片的检查。

1）测量制动摩擦片的厚度用量具__________。

2）制动摩擦片的标准厚度为____________，磨损极限厚度为____________________。

3）一个车桥上的制动摩擦片必须同时更换，因为：____________________________

____

____

____

____

（6）制动器间隙的调整。

1）鼓式制动器间隙的调整。

部分车辆有自行调整机构，例如，__________________车辆；部分车辆有人工调整机构，例如，______________________车辆，该车的调整方法为__________________________

____

____

____

____

2）盘式制动器间隙的调整。

盘式制动器都具有间隙自调整装置，装配完成后只需连续踩几脚制动踏板即可。

4. 制动轮缸的拆检

（1）制动轮缸的检查。

1）有无漏油　□有　□无

2）防尘罩有无破损　□有　□无

3）活塞和缸壁是否完好　□是　□否

4）皮碗是否有破损　□是　□否

5）弹簧是否完好　□是　□否

（2）制动轮缸一般会引起什么故障?

5. 制动总缸的拆检

（1）根据下图，记录总泵的拆卸位置。

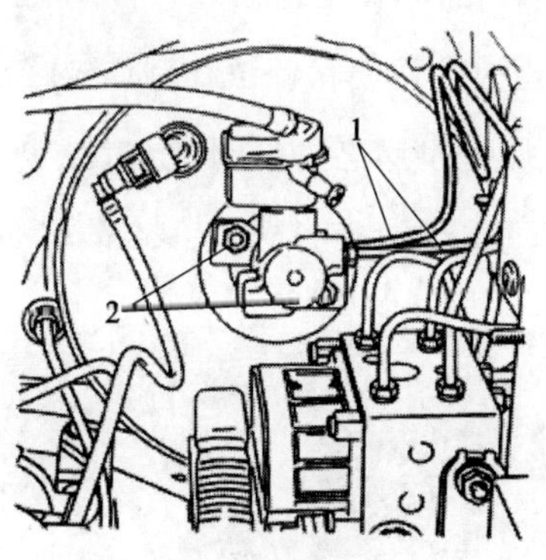

（2）制动总缸的检查。

1）有无漏油　□有　□无

2）皮碗有无破损　□有　□无

3）弹簧是否完好　□是　□否

4）缸壁是否完好　　　　□是　　□否

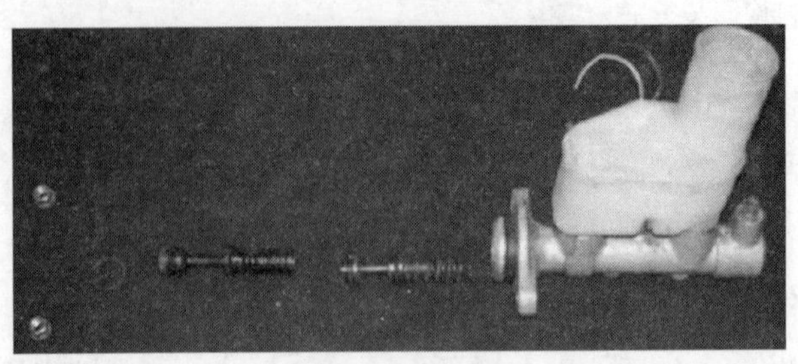

（3）制动总缸内漏或外漏，会导致制动系统产生什么故障？

6. 真空助力器的检查

真空助力器是利用外部空气与发动机进气管真空之间的压力差进行工作的，因此踩下制动踏板时可增大踏板力。

（1）发动机熄火后，真空助力器的真空马上自行消除。□对　　□错

（2）用适中的力踩下制动踏板，并使它停留在制动位置上，然后起动发动机，正常情况下，制动踏板的________，否则说明真空助力器无作用。

（3）柴油车与汽油车制动助力器的真空都可以来自发动机进气歧管吗？为什么？

7. 驻车制动系统的检查

(1) 工作时，驻车制动杆应该在________齿（响）。

(2) 对车辆进行操纵检查，将驻车制动杆拉起到合适位置，车轮应________，否则，导致其发生的可能原因有：____。

(3) 将驻车制动杆放松，车轮应__________，否则导致其发生的可能原因有：____

(4) 当驻车制动系统不正常时可以通过调整的方法解决，调整方法如下：____
____
____
____
____

8. 液压制动系统排空

(1) 制动液的检查。

制动液一般具有腐蚀性，所以在更换时切不可与汽车漆面接触。另外，制动液还具有较强的吸湿性，能吸收周围空气中的水分，时间久了会使制动液效能降低。

1) 检查制动液液面是否正常。____________________

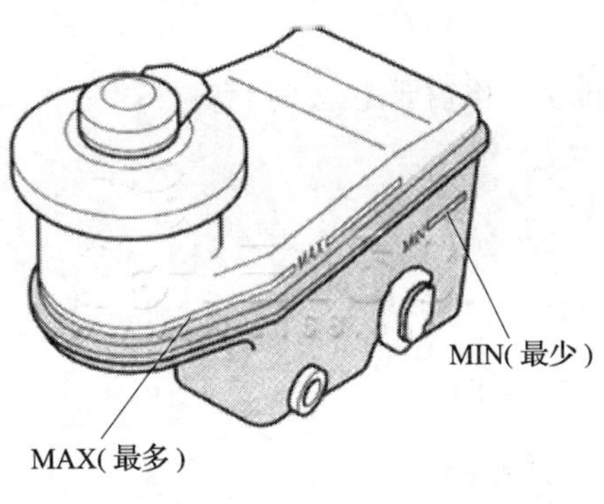

2) 如果制动液不足，应加入什么样的油液？目前常用的制动液是什么型号的？

(2) 制动液的更换周期是________________。

（3）查阅资料，为什么制动液中不能混入空气?

（4）如何进行制动液废弃处理?

（5）安全措施。

1）进行车辆制动系统排空需要采取哪些安全措施?

2）进行车辆制动系统排空操作需要哪些工具和材料?

（6）编写出制动液排空的步骤。

（7）制动液的加注。

1）制动液排气前，加注量______（可以/不可以）超过最高刻度线。

2）制动液排气采用__________（单人/双人）操作。

3）如何确定排气完成？

二、总结与提高

一辆丰田海狮面包车，其制动系是前盘后鼓式，后制动有比例感载阀。该车进厂做二级维护。施工前，技师试车正常，前后轮均能抱死。在二级维护过程当中，发现有一个制动轮缸漏油，于是更换了皮碗。但修后试车时，发现制动踏板总是软绵绵的，总是能踩到底，且车轮不能抱死。于是技师又更换了原厂总泵及感载阀，并排空气多次，用了几瓶制动液仍然无法解决问题。

1. 比例感载阀的作用是什么？

2. 你认为故障的原因可能是什么?

3. 你认为应如何检修?

学习活动 5　评 价 反 馈

学习目标

1. 能熟练运用维修手册，评定维修质量。
2. 能对维修进行总结，口头表达清楚正确。

建议学时：4 学时

学习过程

1. 维修作业完成后，你所进行的质量测试有哪些？评定依据是什么？

____________________________________评定依据__________

____________________________________评定依据__________

____________________________________评定依据__________

____________________________________评定依据__________

____________________________________评定依据__________

____________________________________评定依据__________

2. 维修作业完成后，你认为维修过程中需要注意什么？

3. 如果你需要向客户进行说明，你会给客户什么使用和维修建议?

4. 如果需要进行维修费用的评估，你估计该维修项目所需要的时间是多少? 维修费用是多少? 有没有什么方面能够做到资源的节省与环保?

5. 维修该项目后，一般的保质期是多少? 有否有相关依据?

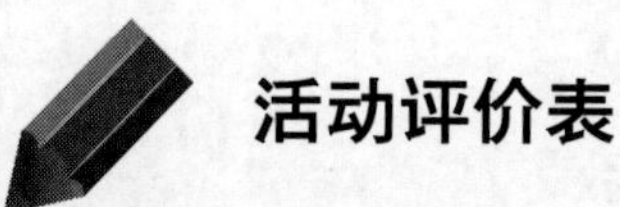

活动评价表

学习任务六评价表

班级：＿＿＿＿＿＿＿　　姓名：＿＿＿＿＿＿　　学号：＿＿＿＿＿＿

<table>
<tr><th rowspan="3">项目</th><th colspan="3">自我评价</th><th colspan="3">小组评价</th><th colspan="3">教师评价</th></tr>
<tr><th>10 ~ 9</th><th>8 ~ 6</th><th>5 ~ 1</th><th>10 ~ 9</th><th>8 ~ 6</th><th>5 ~ 1</th><th>10 ~ 9</th><th>8 ~ 6</th><th>5 ~ 1</th></tr>
<tr><th colspan="3">占总评 10%</th><th colspan="3">占总评 30%</th><th colspan="3">占总评 60%</th></tr>
<tr><td>学习活动 1</td><td></td><td></td><td></td><td></td><td></td><td></td><td></td><td></td><td></td></tr>
<tr><td>学习活动 2</td><td></td><td></td><td></td><td></td><td></td><td></td><td></td><td></td><td></td></tr>
<tr><td>学习活动 3</td><td></td><td></td><td></td><td></td><td></td><td></td><td></td><td></td><td></td></tr>
<tr><td>学习活动 4</td><td></td><td></td><td></td><td></td><td></td><td></td><td></td><td></td><td></td></tr>
<tr><td>学习活动 5</td><td></td><td></td><td></td><td></td><td></td><td></td><td></td><td></td><td></td></tr>
<tr><td>协作精神</td><td></td><td></td><td></td><td></td><td></td><td></td><td></td><td></td><td></td></tr>
<tr><td>纪律观念</td><td></td><td></td><td></td><td></td><td></td><td></td><td></td><td></td><td></td></tr>
<tr><td>表达能力</td><td></td><td></td><td></td><td></td><td></td><td></td><td></td><td></td><td></td></tr>
<tr><td>工作态度</td><td></td><td></td><td></td><td></td><td></td><td></td><td></td><td></td><td></td></tr>
<tr><td>安全意识</td><td></td><td></td><td></td><td></td><td></td><td></td><td></td><td></td><td></td></tr>
<tr><td>任务总体表现</td><td></td><td></td><td></td><td></td><td></td><td></td><td></td><td></td><td></td></tr>
<tr><td>小计</td><td colspan="3"></td><td colspan="3"></td><td colspan="3"></td></tr>
<tr><td>总评</td><td colspan="9"></td></tr>
</table>

任课教师：＿＿＿＿　　年　　月　　日

学习任务七　ABS 警报灯亮的拆检

学习目标

1. 能对照汽车向组员介绍 ABS 系统的组成、功能及基本工作原理。

2. 能向组员描述 ABS 系统拆装安全操作规程，并在作业过程中检查执行情况。

3. 能根据维修手册要求，在规定时间内规范完成 ABS 系统的拆装，并填写相关记录。

4. 能正确选用工量具与仪器，对 ABS 系统零部件进行测量与记录，并判断其技术状况。

5. 能正确回收废旧零部件及制动液，填写竣工单，并向客户介绍维修情况。

6. 能正确使用汽车诊断仪完成 ABS 系统的自诊断检查。

7. 能对相关资料进行检索，完成工单、工作页的填写。

建议学时

20 学时

工作情境描述

车辆行驶过程中，车主发现仪表 ABS 警报灯亮，开到修理厂经维修班组长检查判断为 ABS 系统故障。现需要维修技工根据维修手册相关要求，在规定时间内对 ABS 系统部件进行检查与更换，自检完成后交付班组长验收。

教学流程与活动

1. 明确学习任务

2. 制订维修方案

3. ABS系统的工作检查

4. ABS系统的拆检

5. 评价反馈

学习活动 1　明确学习任务

学习目标

1. 能收集车辆相关信息并记录。

2. 能再现并记录 ABS 警报灯亮的故障现象。

3. 能查阅维修手册，列举 ABS 防抱死系统的功能、组成及安装位置。

建议学时：4 学时

学习过程

一、询问客户故障描述

1. 询问客户有关 ABS 系统的反馈。

（1）不同人对相同故障的描述可能不同。澄清客户的描述非常重要。客户有什么具体的故障描述?

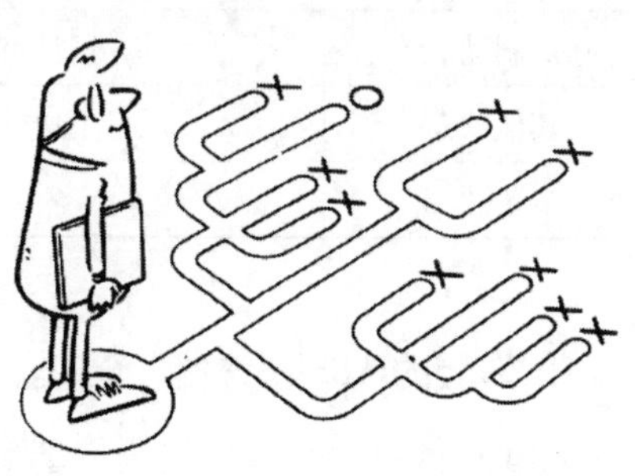

（2）询问客户在什么状态下出现了这样的症状?

（3）使用这些信息，在试车驾驶中再现故障症状。

（4）查阅车辆相关信息，填写诊断单。使用诊断单以避免遗漏信息是非常重要的。

故障诊断单

<table>
<tr><td>客户姓名
先生/女士</td><td></td><td>车型或年份</td><td></td><td>VIN 码</td><td></td></tr>
<tr><td>发动机号</td><td></td><td>变速箱</td><td></td><td>里程</td><td></td></tr>
<tr><td>故障日期</td><td></td><td>制造日期</td><td></td><td>维修日期</td><td></td></tr>
<tr><td rowspan="2">故障症状</td><td colspan="2">□噪声及振动来自发动机仓
□噪声及振动来自车轿</td><td>□警告或指示灯亮</td><td>□踏板操作过硬，踏板操作行程过长</td><td>□ABS 不工作（加速时后轮打滑）</td></tr>
<tr><td colspan="3">□ABS 不工作（制动时后轮打滑）</td><td colspan="2">□没有加速感</td></tr>
<tr><td>发动机状况</td><td colspan="5">□起动时　□起动后</td></tr>
<tr><td>路况</td><td colspan="5">□低摩擦路面（□雪地、□沙砾路面、□其他路面）
□颠簸/坑洼路面</td></tr>
<tr><td>行驶条件</td><td colspan="5">□完全加速　□高速转向　□车速：大于 10 km/h（6 MPH）
□车速：小于 10 km/h（6 MPH）　□车辆停止</td></tr>
<tr><td>施加制动状态</td><td colspan="5">□突然　□逐渐</td></tr>
<tr><td>其他状态</td><td colspan="5">□电气设备操作　□换挡　□其他说明</td></tr>
<tr><td>备注</td><td colspan="5"></td></tr>
</table>

2. 车辆的 ABS 系统信息查询。

根据车辆的________信息，查阅用户手册或维修手册，从中学习 ABS 相关使用信息，并确定就车操作检查的状况。

（1）在刚刚起动车辆后，制动踏板可能会振动，或者会听到来自发动机室的电动机工作噪声。这是________（正常/不正常）的。

（2）在 ABS 工作中，制动踏板会轻微振动，并可能会听到机械噪声。这是________

（正常/不正常）的。

（3）当车辆行驶在颠簸、砂砾或积雪（较深的新雪）路面时，制动距离可能会比无 ABS 的车辆长。这是________（正常/不正常）的。

二、故障确认

1. 识别车辆配置的 ABS 系统。

在汽车起动时，通过观察仪表板上有无短时点亮的________警告灯，可用来判断汽车是否装备 ABS 防抱死系统，也可直接向经销商询问或查阅随车使用说明获知。

图 a　　图 b

2. 就车检查确定 ABS 系统故障的相关信息与症状。

观察待检车辆，图 a 中黄色的警告灯为________，系统正常情况下，点火开关打开接通时，ABS 故障警告灯点亮 2 s，然后自动________。如果点火开关接通，ABS 警告灯不亮，说明________存在故障；若警告灯常亮，则说明______。

图 b 红色的警告灯为________，其一般用于驻车制动显示、________等常规制动系统提示。观察待检车辆 ABS 警告灯显示状况并记录。

三、ABS 的功能与优点

1. ABS 是英文“Anti－lock Brake System”的缩写，意为____________，是在常规液压制动系统基础上增加的一套______________的现代汽车行车电子控制装置。

2. ABS 系统可保证在各种路面上制动时每个车轮______（会/不会）抱死，可使汽车获得最佳的制动距离，使汽车拥有良好的制动稳定性和________。

3. 在干燥路面上，汽车最大制动力比湿路面上要________（大/小），因为干路面上的附着系数比湿路面上的要________（大/小），因此当路面的附着系数较高时，制动时获得的最大制动力就________（大/小）。

四、ABS 系统的类型

1. ABS 是如何产生与发展的？查询网络资源，填写下表。

年份	ABS 发展重要里程事件	国家
1908	第一套 ABS 系统面世并安装在火车上	
1936		德国
1954	福特公司首次在林肯轿车上使用 ABS 系统	美国
1958	ABS 系统开始用于货车	
1978	博世（BOSCH）公司推出了数字式电子控制 ABS 系统	

2. 查阅资料，确定并填写下表中 ABS 系统的类型。

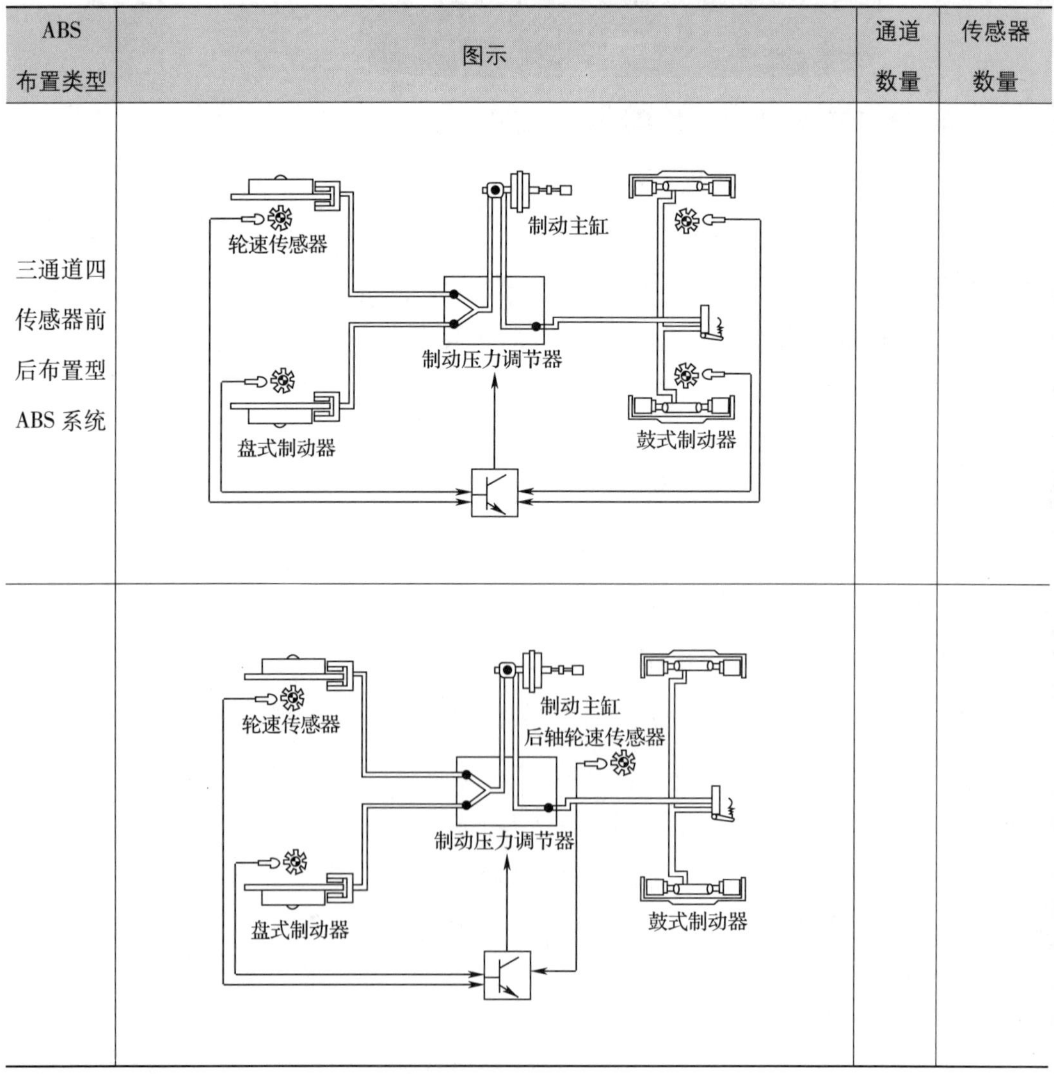

ABS 布置类型	图示	通道数量	传感器数量
三通道四传感器前后布置型 ABS 系统			

续表

ABS 布置类型	图示	通道 数量	传感器 数量
	轮速传感器 制动主缸 制动压力调节器 盘式制动器 鼓式制动器		
	轮速传感器 制动主缸 制动压力调节器 盘式制动器 鼓式制动器		

五、ABS 防抱死系统的组成与功用

1. 查阅维修手册中 ABS 系统组成及安装位置，结合下图中的图号填空。

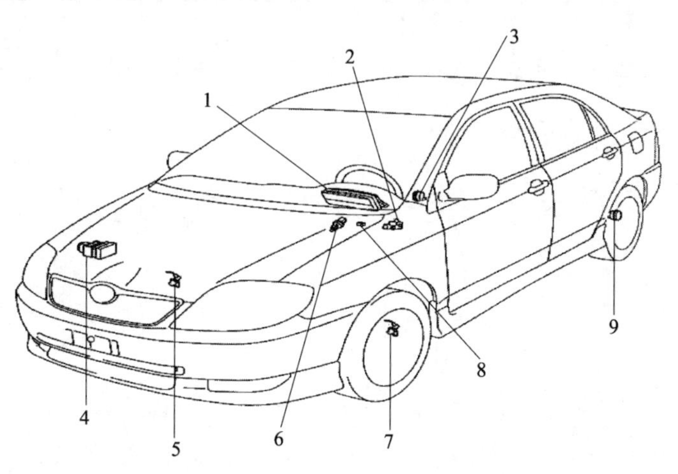

组合仪表（ABS警报灯、制动警报灯）是__________，驻车制动开关是2，左前轮速传感器是____，右后轮速传感器是3，左后轮速传感器是______，ABS控制单元是4，制动灯开关是6，诊断座是8。

2. 查阅维修手册，对照常规液压制动与ABS制动的区别，并填写下表。

常规制动与ABS制动系统的组成

序号	名称	功用	类别	失效影响
1	制动助力器		常规液压制动	
2	制动主缸			
3	制动轮缸			
4	盘式制动器			
5	鼓式制动器			
6	轮速传感器		电子控制系统信号输入装置	
7	制动灯开关			
8	ABS控制单元		电子控制单元	
9	ABS故障灯		电子控制系统执行元件	
10	诊断接口			
11	液压电磁阀			
12	液压泵电机			

3. 根据下图填写ABS系统各元件的安装位置，并在实训车辆上识别各元件。

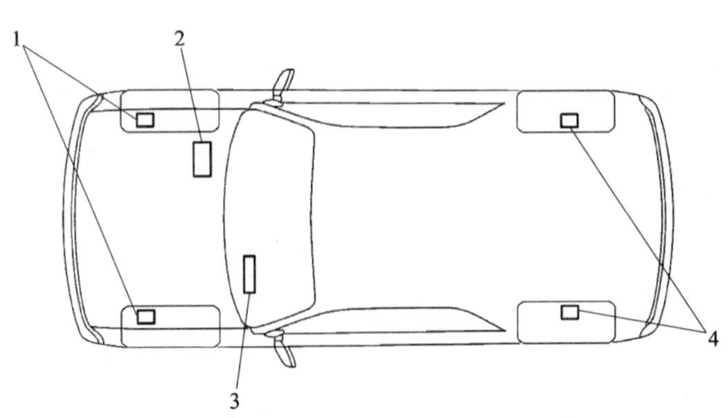

图中号码	名称	安装位置	结构图示
2	电子控制单元		
1	前轮速传感器		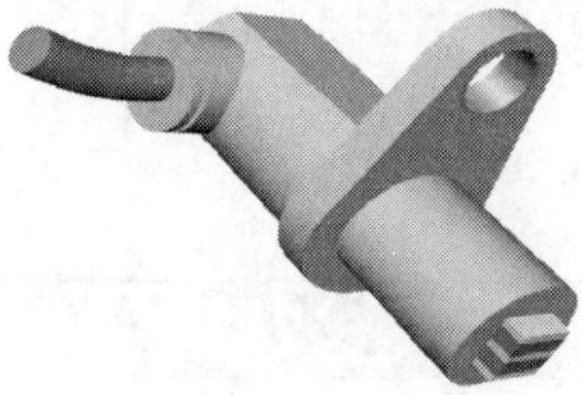
4	后轮速传感器		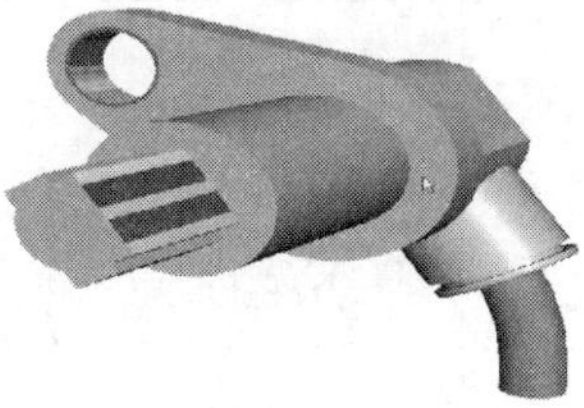
3			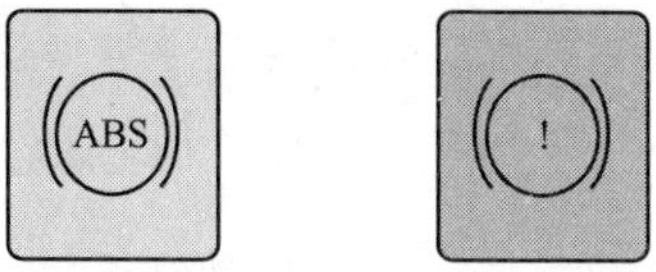 ABS !

4. 查阅下图 ABS 电子控制系统原理图，识别各元件并填写下表。

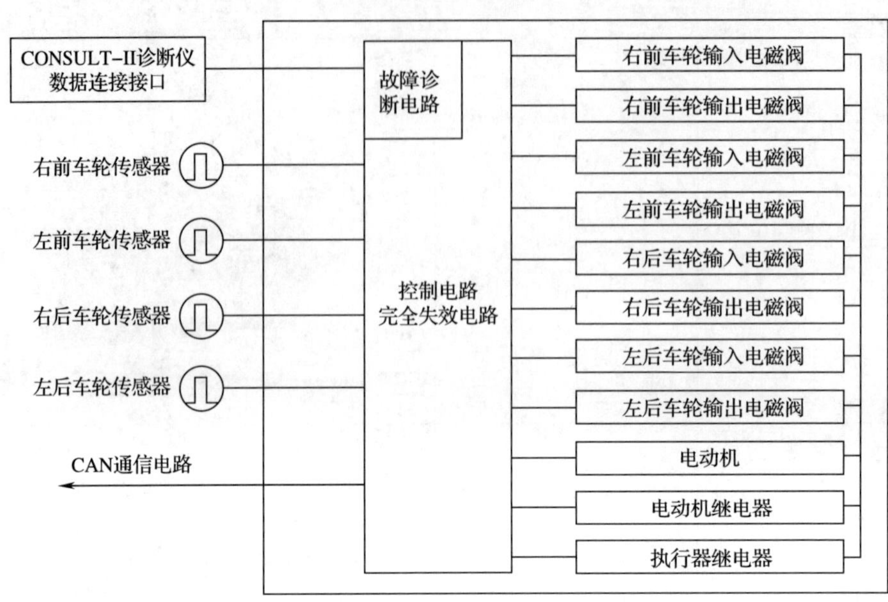

ABS执行器和电气单元（控制单元）

系统元件	数量	类别	功用
轮速传感器	左前、右前、左后、右后 4 个车轮传感器	信号输入装置	
控制单元	故障诊断电路、控制电路及完全失效电路	电子控制单元	
车轮电磁阀	每个车轮由输入、输出 2 个电磁阀组成，共 8 个		
电动机	1 个液压泵电动机		
继电器	包括电动机继电器、执行器继电器（电磁阀继电器）		

5. 下图中______是制动灯开关，用于控制汽车后部的制动灯，同时也用于检测驾驶员是否踩下______，并将该信息发送给 ABS 电子控制单元。当没有制动灯开关信息输入时，ABS 系统仍然可以起作用，但是在这种情况下，ABS 系统开始控制制动压力的时间要比正常时的时间________（快/慢）。

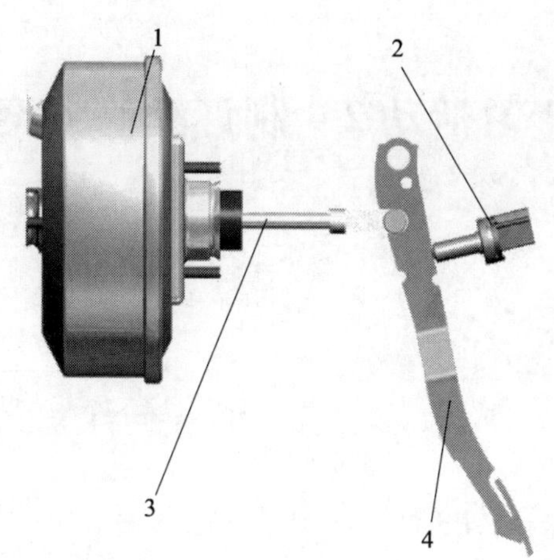

六、总结与思考

1. 查阅资料，ABS 车的制动距离一般比非 ABS 车更________（长/短）一些，ABS 为驾驶员提供了方向盘的________（可控/不可控）能力，但它本身并不能自动完成。

2. 汽车制动时，车轮抱死有哪些危害?

□前轮抱死汽车将失去转向能力。

□后轮抱死汽车将会跑偏或侧滑。

□制动效果、方向稳定性及转向能力均会变差，从而会导致整车安全性下降。

3. ABS 电子控制系统由____________、电子控制单元及______________组成，其中信号输入装置有轮速传感器、____________等。

4. 轮速传感器的功用是检测车轮的______，并转化为电信号传给电子控制单元，最终电子控制单元判断车轮的运动状态，通过控制制动压力保证车轮制动时不会产生________。

5. 查询使用手册解释 ABS 系统使用时要做到“四不要”：一不要在驾驶配置有 ABS 汽车时比驾驶非 ABS 汽车更随意。二不要反复踩制动踏板。三不要忘记转动______。ABS 为驾驶员提供了方向盘的可控能力，但它本身并不能自动完成汽车转向操作。四不要被 ABS 的正常液压工作噪声和制动踏板振颤吓住，这种声音和振颤是____（正常/不正常）的。请你向客户提出使用 ABS 防抱死制动系统的建议。

学习活动 2　制订维修方案

学习目标

1. 能识读 ABS 电子控制系统电路图。
2. 能描述 ABS 控制系统工作原理。
3. 能列举 ABS 故障灯亮的原因。
4. 能在教师指导下制定 ABS 各部件的检查流程。

建议学时：4 学时

学习过程

一、ABS 电子控制系统电路图

1. 查阅尼桑 ABS 电子控制系统示意图，在下表中填写 ABS 系统元件组成及功能表格。

系统元件	特点	类别	接线端子	失效影响
车轮传感器	4 个电磁式传感器	信号输入装置	左前：27、23 右前：______；左后：30、26 右后：______	
制动灯开关	开关式		通过端子__与计算机相连接	
电子控制单元	与液压单元一体	电子控制单元	电源线：1、2、16 接地线：________	
液压电磁阀	每个车轮由进、出 2 个电磁阀组成	执行元件	内部连接	
电动机	控制单元直接控制			

续表

系统元件	特点	类别	接线端子	失效影响
ABS 故障指示灯	发光二极管	执行元件	通过 CAN 线端子______ 与电子控制单元通信	
制动指示灯	发光二极管		接地：制动液位开关、______ ______	

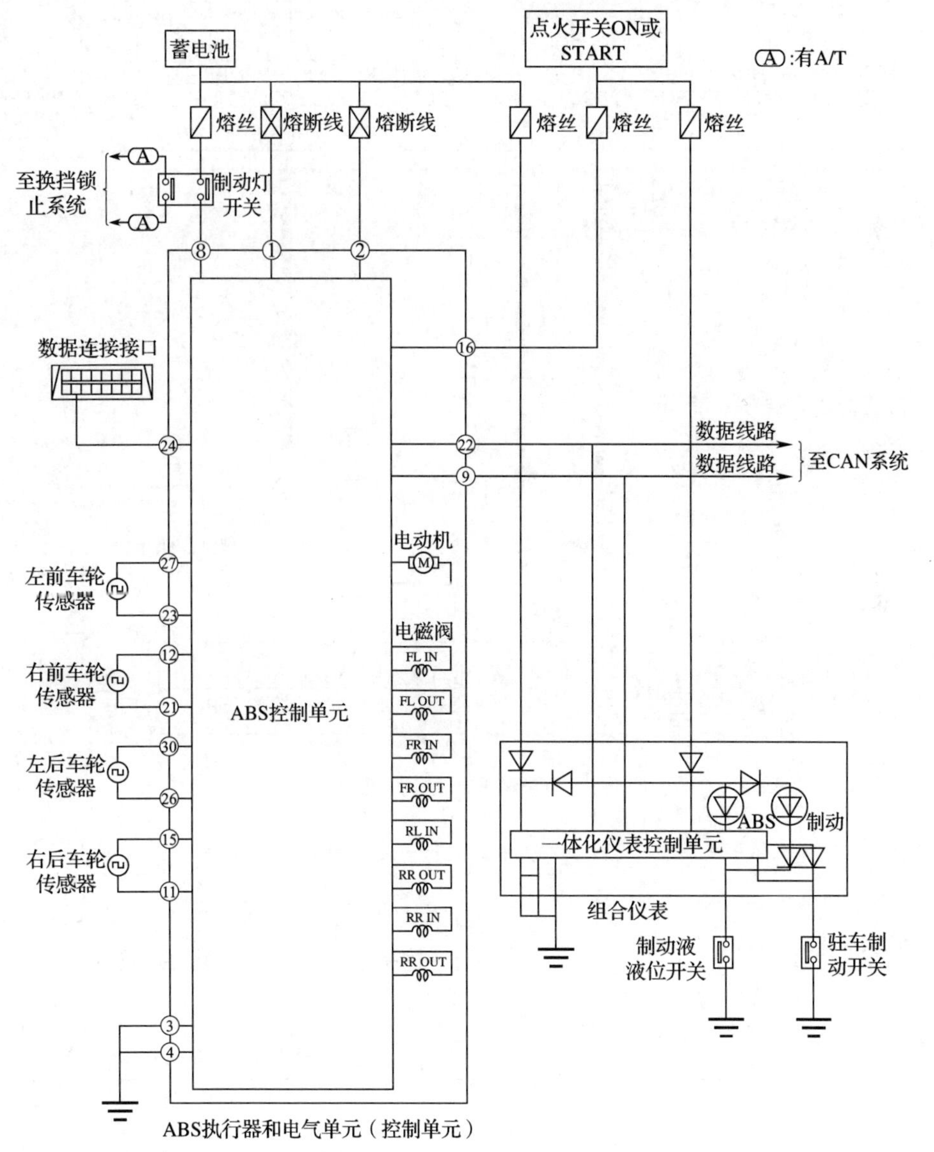

尼桑 ABS 电子控制系统示意图

2. 查阅下图 ABS 电子控制单元的电源电路，回答相关问题。

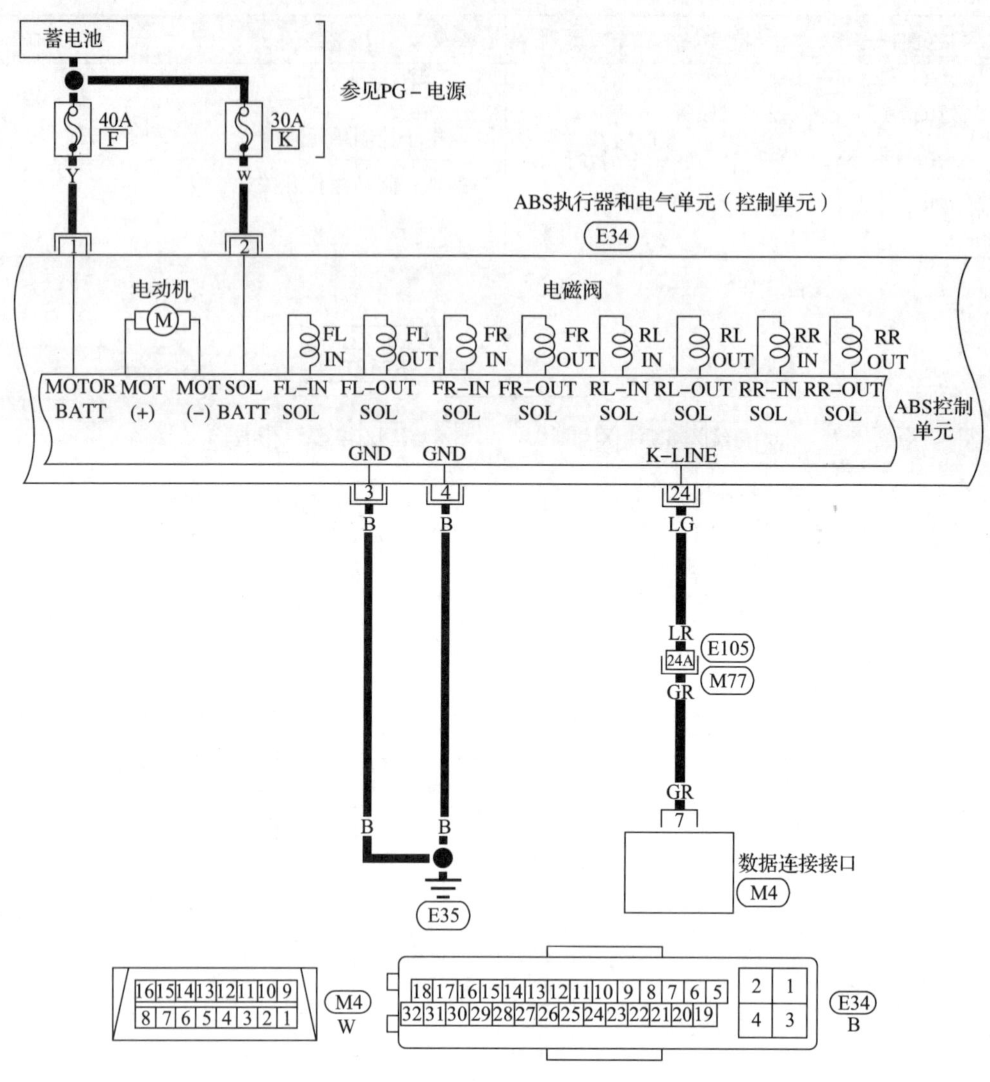

ABS 电子控制单元电源电路

电子控制单元 E34 有________个接线端子，数据连接诊断接口 M4 有________端子，其中以________端子与电子控制单元 24 号端子相通信，电子控制单元电源保护有________A、________A 熔断器 2 个，接地线颜色为__________。写出电子控制单元电源电路的检查步骤：

（1）____

（2）____

（3）____

（4）____

（5）____

3．识读右后轮速传感器电路，查阅维修手册在表中写出右后轮速传感器的检测流程。

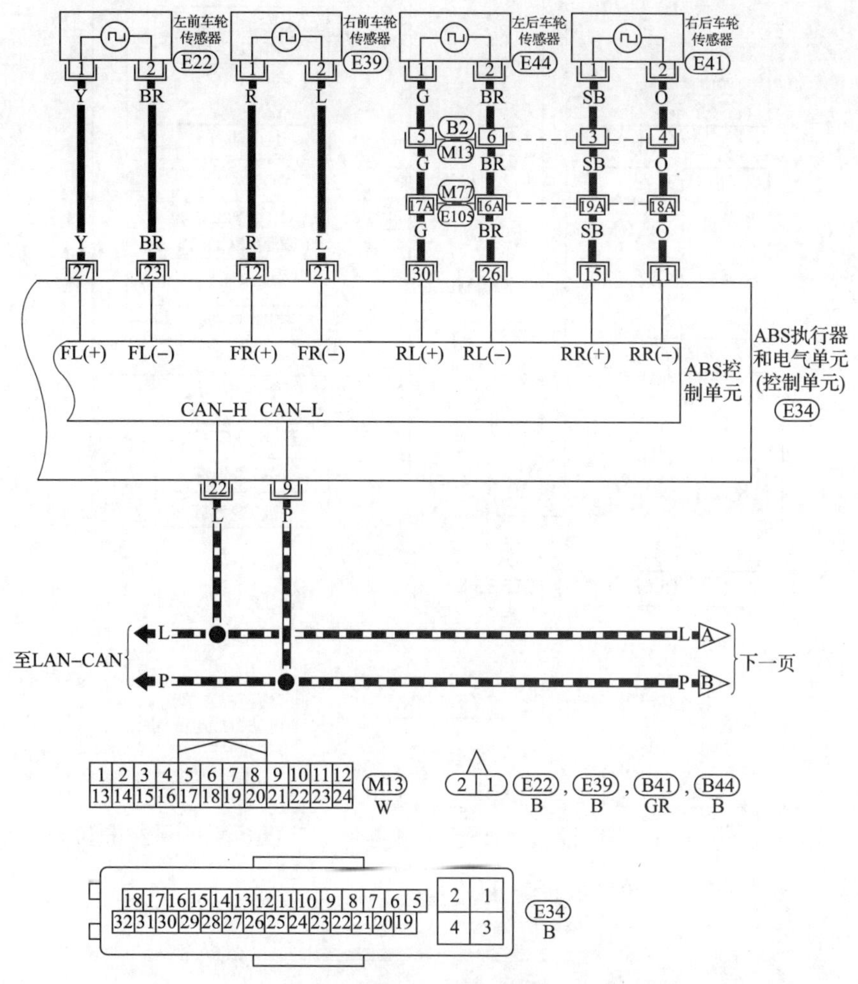

右后轮速传感器检测步骤

序号	检测项目	检测方法	测量标准
1	自诊断检查	专用诊断仪读取故障码或数据流	
2	检查轮胎	检查轮胎压力、磨损情况及尺寸	
3	检查传感器或制动盘	检查是否损坏、脱落或松动	
4	检查接头		
5	检查线束		
6	检查轮速传感器		

二、ABS 防抱死控制系统的控制原理

1．查阅资料，在了解 ABS 基本控制原理的基础上，完成以下工作过程连线。

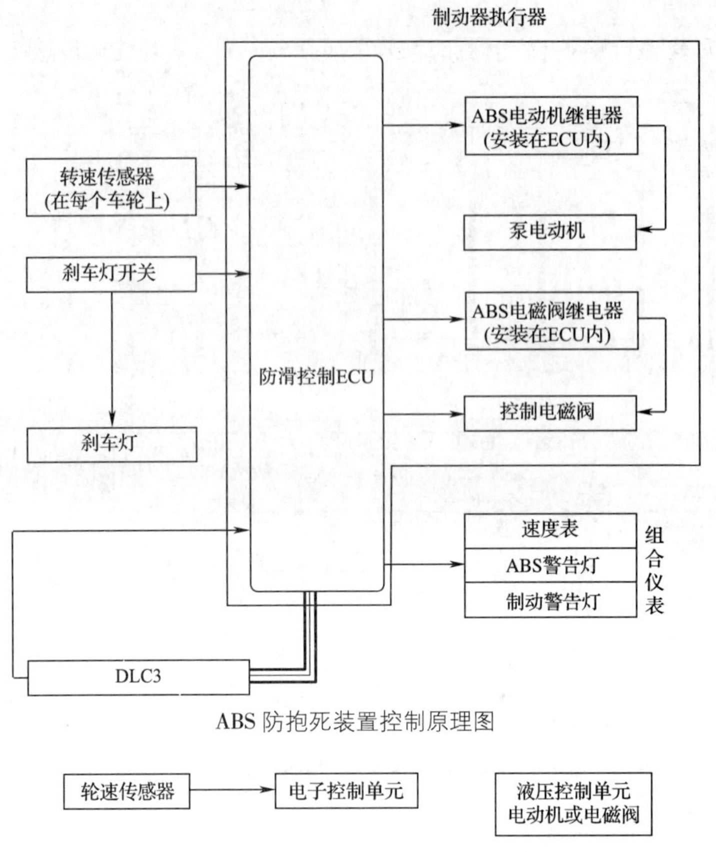

ABS 防抱死装置控制原理图

轮速传感器 → 电子控制单元　　液压控制单元
电动机或电磁阀

改变车轮转速　　改变车轮制动力　　改变车轮上的液压

2. 查阅资料，对照 ABS 控制系统对单个车轮控制示意图，ABS 系统通过________（液压单元与液压泵）的工作，分别实现建压、______、______及升压工作过程。

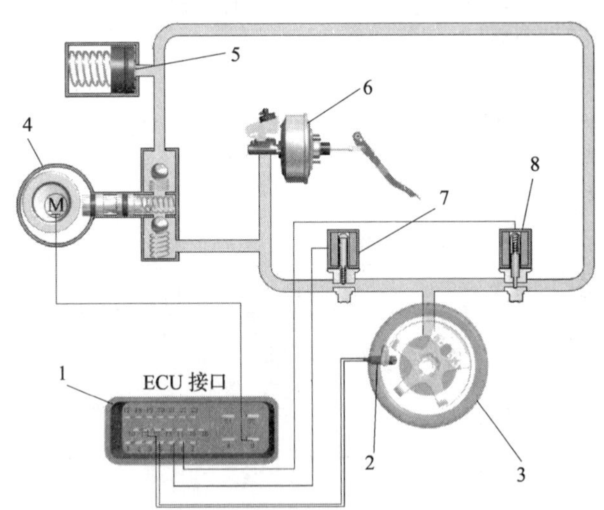

上图中，2 为__________，属于信号输入装置，ABS 电子控制单元 ECU 为______，执行元件有 4 ______、7 ______、8 ______，其中蓄能器______为平衡制动器油压产生的脉

动，与泵电机、电子控制单元及电磁阀安装在一起。图示中可看出电磁阀 7 的状态为断电常开，电磁阀 8 的状态为断电__________（常开/常闭）。

3. 对照下图双电磁阀制动压力调节器的建压、保压、降压及增压工作过程示意图，填写相关内容。

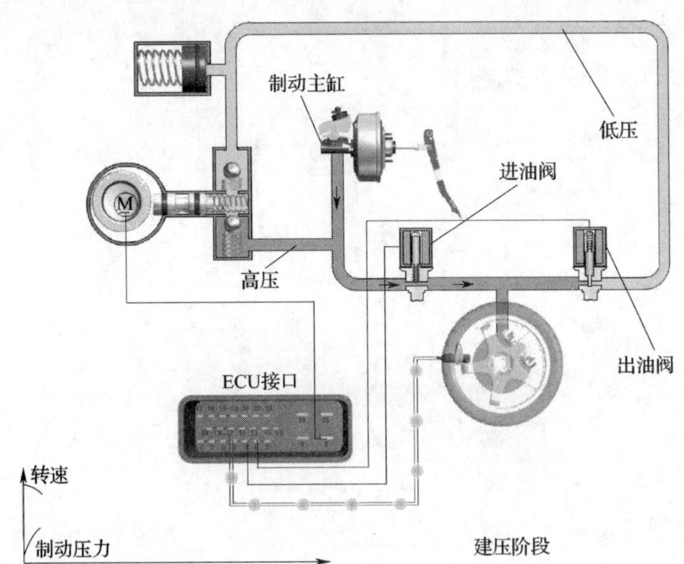

建压阶段

在上图中的建压阶段，ABS 在开始制动阶段即系统油压______。驾驶员踩下制动踏板，制动压力由______产生，通过常开的不带电的进油阀进入到车轮______，此时不带电的出油阀______，ABS 未参与控制，与常规液压制动系统相同，制动压力不断上升，直到 ABS 电子控制单元识别到车轮有抱死倾向，在制动力作用下车轮转速开始下降，其变化的转速信号由______传给 ABS 电子控制单元。

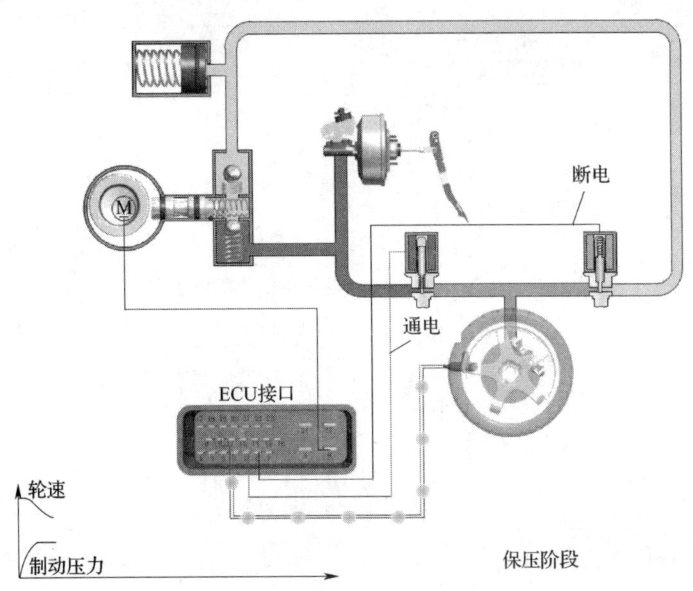

保压阶段

在上图中的保压阶段，驾驶员继续踩下制动踏板，随着油压继续升高车轮转速降低，当输入的转速信号达到ABS电子控制单元认定的车轮出现抱死趋势时，ABS电子控制单元ECU将发出指令使常开进油阀通电______（打开/关闭），进油口关闭，而常闭出油阀依然断电______，从而使系统油压不增不降维持不变。

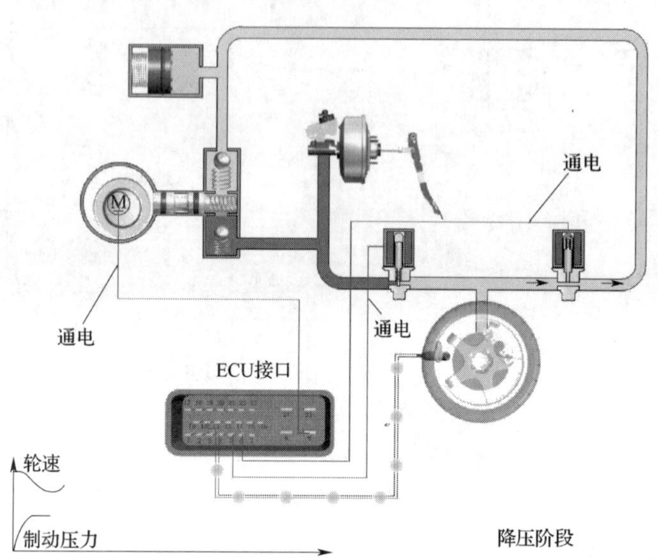

在上图中的降压阶段，驾驶员仍然保持踩下制动踏板，当轮速传感器输入的转速信号达到ABS电子控制单元认定的车轮有抱死趋势时，ABS电子控制单元ECU会在进油阀通电关闭的基础上，给出油阀通电______（打开/关闭），使车轮制动轮缸中的油压进入______降低油压，与此同时，驱动电动液压泵开始工作，将制动液由______泵送到__________，因此驾驶员这时会感觉到制动踏板“顶脚”抖动。随着油压降低，制动力下降，车轮转速便会开始上升。

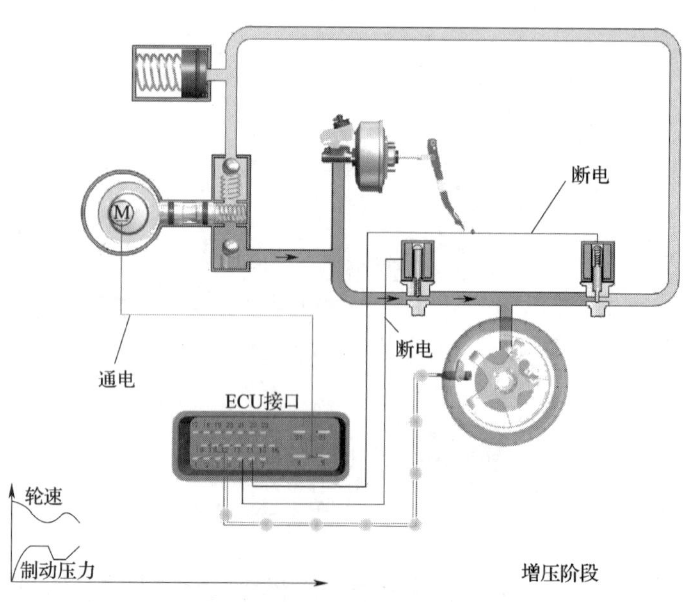

在上图中的增压阶段，当车轮转速增加到一定值时，ABS 电子控制单元给出油阀断电将其________（打开/关闭），同时给进油阀________（通电/断电）使其打开，电压液压泵继续________从低压蓄能器中吸取制动液泵入液压制动系统，使制动压力上升，制动力增大，车轮转速又降低。这样反复控制，制动压力防抱死系统降压、保压与升压为一个工作循环，调节频率为每秒钟 2 ~4 个工作循环，将车轮的滑移率始终控制在______，在获得最大制动力的同时，车轮不会出现抱死状态。

如果 ABS 出现故障，将出现进油阀始终断电______，出油阀始终断电______，从而使常规液压制动系统继续工作，但 ABS 将不会进入工作状态，直到故障排除为止。

三、ABS 警报灯亮的故障原因分析

通过学习电路及工作原理后，在下面鱼骨图中对应的地方填写相应内容，从而完成故障原因分析。

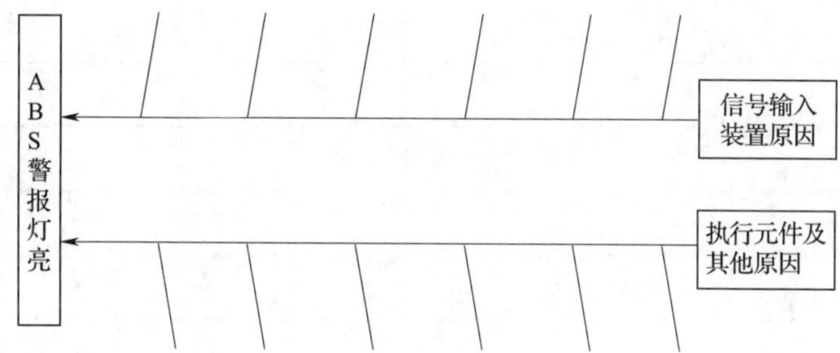

四、ABS 警报灯亮检查流程的确定

1. 查阅维修手册，补充大众车系故障代码的故障部位及相关分析。

故障现象	类型	代码	故障部位	可能原因
ABS不工作	有故障代码	65535	电子控制单元	损坏
		01276		电源供应、线束松脱、电动机损坏
		00283		
		00285	右前轮传感器	
		00290		
		00287	右后轮传感器	
		01044		ABS 线束端子连接错误、编码错误
		00668		熔丝烧断、线束插头或 ECU 损坏、蓄电池电压不正常
		01130	ABS 工作异常	高频电磁波干扰、传感器或线束损坏、ECU 损坏

续表

故障现象	类型	代码	故障部位	可能原因
ABS不工作	无故障代码	ABS警报灯常亮	警报灯控制器	警报灯控制器损坏
			警报灯电路	回路开路、ECU损坏
			传感器	安装不当、线束与传感器有问题
		ABS不工作	液压单元	
			电子控制单元电路	
			ABS电子控制单元	ABS电子控制单元ECU损坏

2. 查阅维修手册，根据故障原因制订ABS警报灯亮的检查方案及检查步骤。

步骤1：________

步骤2：________

步骤3：________

步骤4：________

步骤5：________

步骤6：________

步骤7：________

步骤8：________

步骤9：________

步骤10：________

3. 各小组派代表展示交流，讨论学习后重新调整自己的检查流程并说明原因。

五、总结与思考

1. ABS是在常规液压制动基础上增加的电子控制制动系统，其工作必须以________正常为前提，在使用时________（可以/不可以）采用点刹缩短制动距离，在低速时一般______（参与/不参与）工作。

2．识读上海大众 ABS 系统电路图。

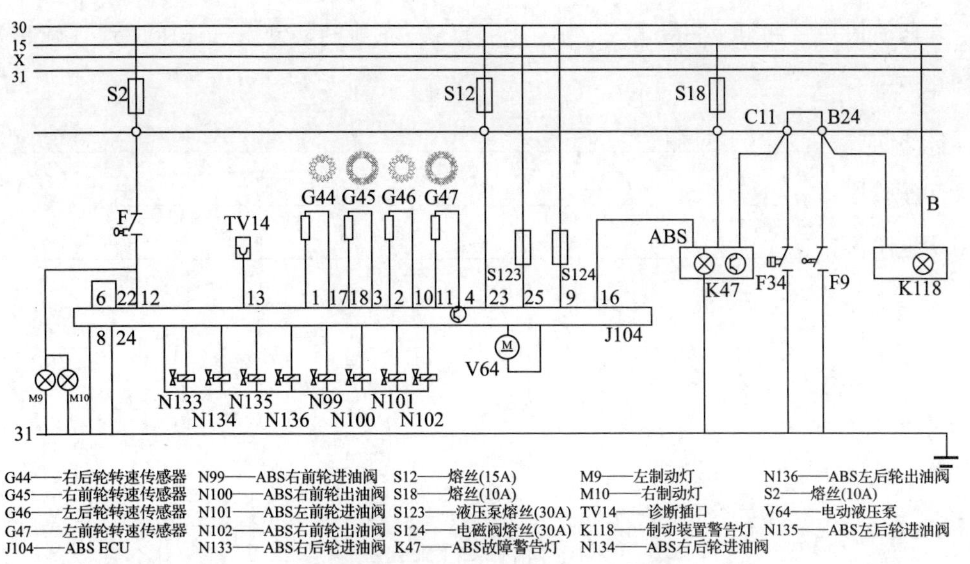

上海大众时代超人 ABS 控制电路图

（1）查阅上图上海大众时代超人 ABS 控制电路图，用彩笔将电路图中的传感器和开关涂成黄色，执行器涂成绿色，按照图中显示在教学实训车或台架上找到相应的元件、线束、线束插接器和接线盒，并相互交流。

（2）仔细阅读电路图，分析 ABS 电子控制单元各端子的功能，并将结果填写在下表中（如该端子没有与其他元件相连接则填写为空脚）。

ABS ECU（J104）插头各端子功能

端子	连接元件	端子	连接元件
1	右后轮转速传感器（G44）	14	
2		15	
3		16	
4		17	
5		18	
6		19	
7		20	
8		21	
9		22	
10		23	
11		24	
12		25	
13			

3. 识读下图中的液压单元工作原理图，写出左前轮工作流程图。

建压阶段：主油缸－主要侧－____________－左前制动分泵－油压上升（输出电磁阀断电不通）

保压阶段：____

卸压阶段：____

增压阶段：____

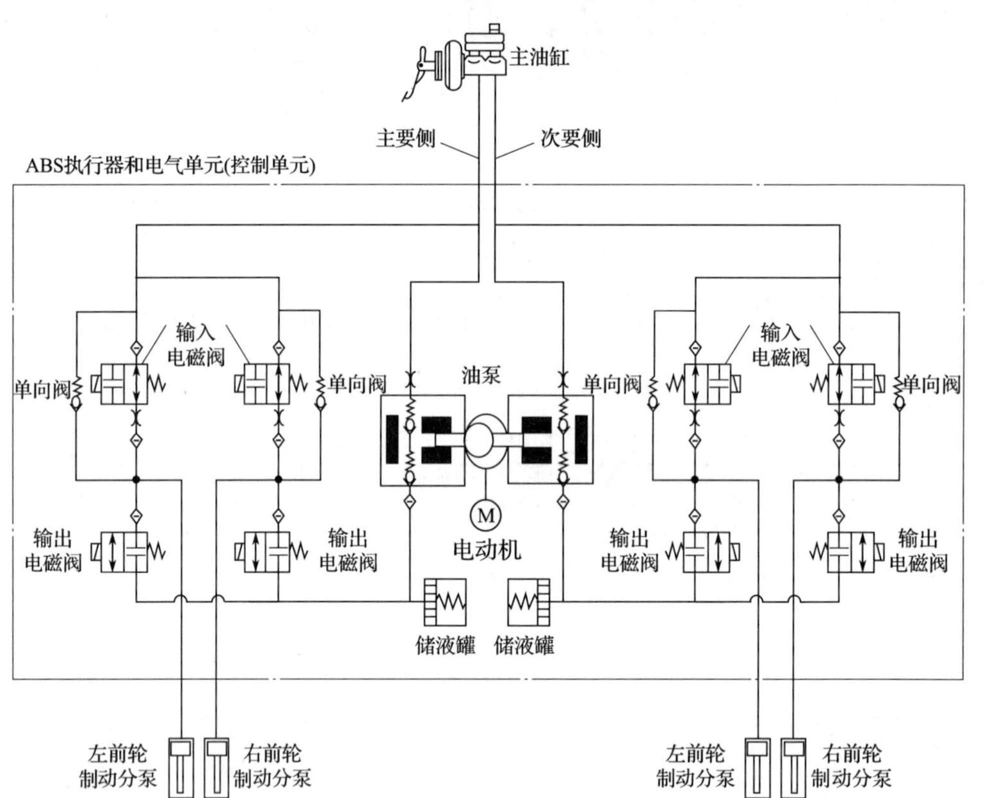

学习活动 3　ABS 系统的工作检查

学习目标

1. 能查阅维修手册列举 ABS 系统工作检查的项目、内容及方法。

2. 能完成 ABS 系统的工作检查。

3. 能利用诊断仪对 ABS 系统进行自诊断检查。

建议学时：4 学时

学习过程

ABS 故障警报灯点亮故障发生后，为确认故障点是否为零部件损坏，防止不必要的拆解对 ABS 系统造成的损害，需要首先对 ABS 系统进行工作检查，判断故障可能产生的部位。

一、检查 ABS 故障警报灯、制动液位警报灯

1. 检查 ABS 故障警报灯

（1）将点火开关转到 ON，观察 ABS 警报灯是否点亮。________________根据点亮的 ABS 指示灯，记录其安装位置为：________________。如不能点亮，则查阅对应 ABS 电路图，画出 ABS 警报灯的控制电路，并列出后续应检查哪些部位。

（2）如点亮，大约2 s后，观察是否能够熄灭？____________。如不熄灭说明什么？

2．检查制动液位警报灯

识读下图制动液位警报灯控制电路，解决相关问题。

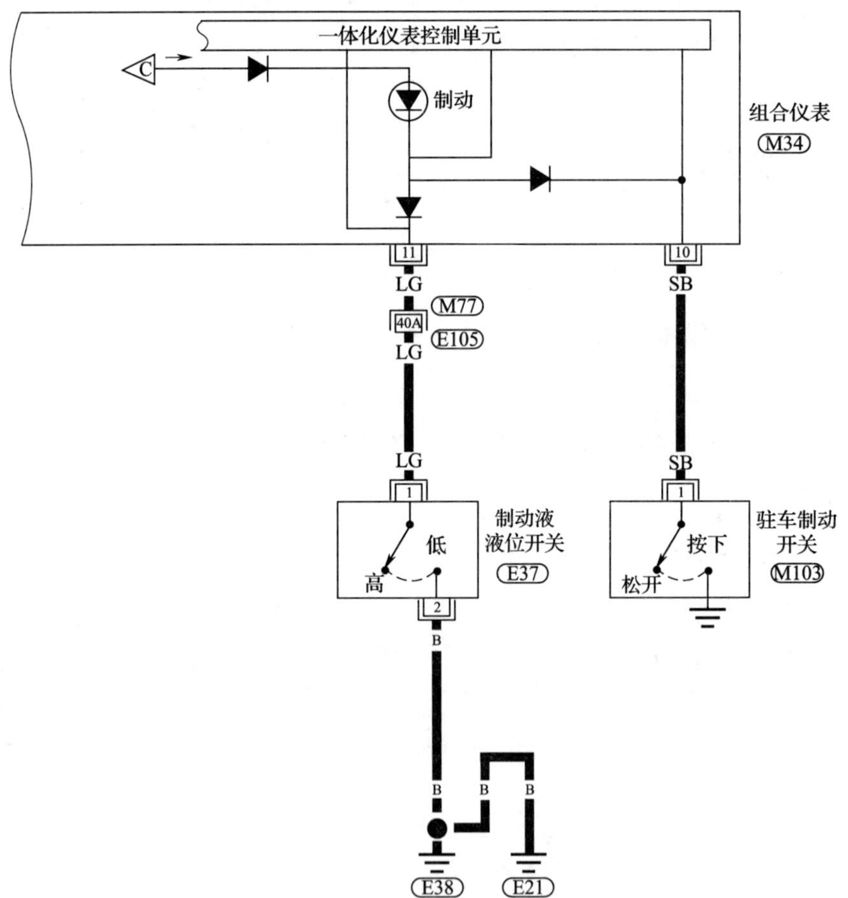

（1）将点火开关转到ON，观察制动液位警报灯是否点亮。________如点亮，则放下驻

车制动器，再观察警报灯是否仍然点亮。____________________如点亮，则说明什么？应去检查什么？

（2）如在拉起驻车制动器的情况下，制动液位警报灯不亮，则说明什么？应去检查哪些部位？

3．查阅维修手册，记录并对比警报灯状态。

×：ON　－：OFF

状态	ABS 警报灯	制动警报灯［注 1］
点火开关 OFF	—	—
在点火开关转至 ON 1 s 内	×	×［注 2］
在点火开关转至 ON 1 s 后	×	×［注 2］
ABS 功能有故障	×	—
EBD 功能有故障	×	×

注 1：如果执行驻车制动（开关转至 ON）或操作驻车液液位开关（制动液不足）时，制动警告灯将点亮。

注 2：起动发动机后关闭。

二、ABS 系统故障码的读取与清除

1．查找故障诊断接口的安装位置

查阅维修手册，ABS 故障诊断接口（丰田车的 DLC3）用于连接________，一般位于仪表台下面，使诊断仪直接与______ECU 完成通信，或者维修人员通过短接诊断接口的一些端子，将 ABS 故障警报灯激活至闪烁模式，进行______或对传感器功能进行测试。

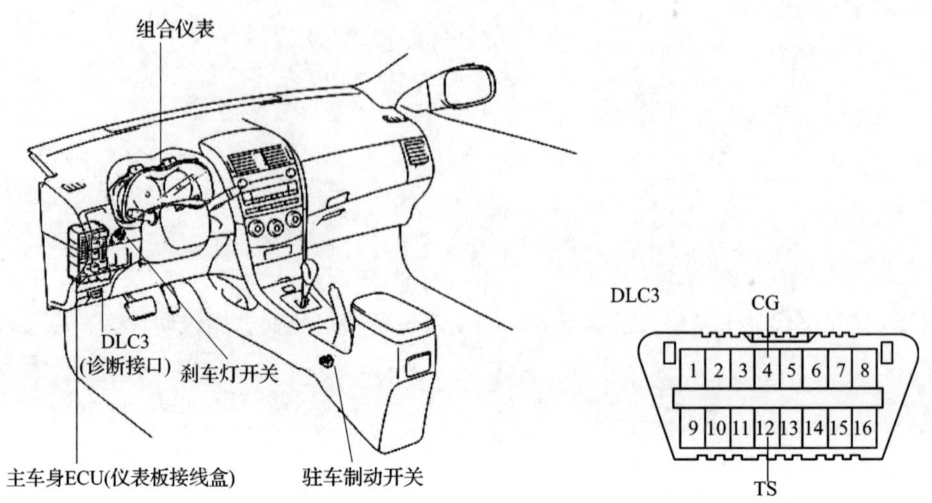

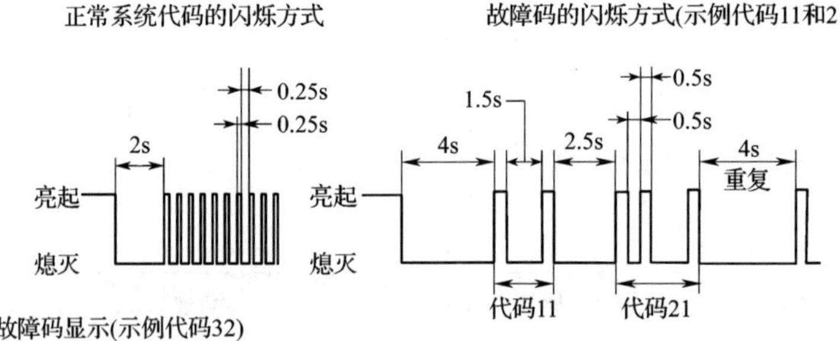

2. 自诊断前需要进行的基本检查（每检查确认一步在后面的括号中划"√"）

- 检查所有车轮，必须安装规定的相同尺寸的轮胎，轮胎气压要符合规定。（ ）
- 检查常规的制动系统，制动液位、制动灯开关和灯都应正常。（ ）
- 对液压泵、制动总泵及制动分泵进行目测检查，液压管与管接头不能有泄漏。（ ）
- 检查车轮轴承和轴承间隙都正常。（ ）
- 检查 ABS 电子控制单元、轮速传感器等连接插头，应良好无松脱。（ ）
- 检查所有熔断器、继电器是否完好。（ ）
- 检查蓄电池供电电压，应在 10.5 V 以上。（ ）

3. 读取 ABS 系统的状态信息

（1）连接诊断仪，打开点火开关，并确认是否连接好__________________，如屏幕没显示则检查________________；如无法进入 ABS 诊断界面，显示与车辆无法通讯，而可以进入发动机或其他电子控制系统，则查阅分析 ABS 系统电路图中电子控制单元的________电路并检查。

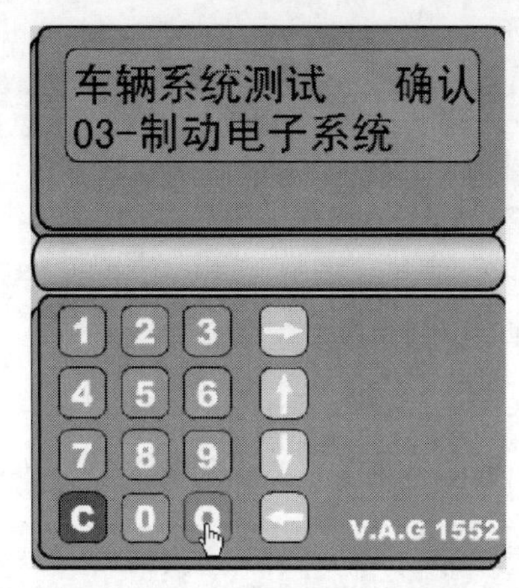

（2）电子控制单元电源电路检查：如上图上海大众电路图中，可首先检查电子控制单元电源电路中________、________、________3 个熔断器是否完好，检查 ECU 的端子 23、________、________是否有蓄电池电压，检查搭铁线端子________与 24 能否完好接地。

（3）不同品牌与不同诊断仪进入 ABS 系统的方式不同，写出你所用故障诊断仪的类型及进入 ABS 系统故障码读取界面的菜单路径。

（4）下图为大众车系专用解码器进入 ABS 系统的路径，在进入主界面后，先输入______地址号，便进入 ABS 系统界面。

汽车系统测试　帮助 输入地址指令××	汽车系统测试　确认 03制动电子系统

读取的大众车系状态信息如下：

3A0 907 379　ABS ITT AE 20 GI　VOD → Coding 04505　WCS×××××

3A0 907 379　ABS ITT AE 20 GI　VOD → 编码 04505　WCS×××××

- ♦3A0 907 379 ABS　控制单元零件号
- ♦ABS ITT AE 20 GI　ITT公司ABS产品型号
- ♦VOD 软件版本
- ♦Coding 04505　控制单元编码号
- ♦WCS××××× 维修站代码

在进行电子控制单元更换时，需要查询控制单元零件号，即______________，更换新的电子控制单元后需要进行编码，此控制单元编码号为__________，产品型号为________。

4．读取故障码

汽车系统测试	帮助
选择功能××	

汽车系统测试	确认
02–查询故障存储	

输入功能号______便进入故障码读取界面，读取故障码，并记录____________。ABS 故障类型分为偶发型故障与____________，偶发型故障一般在故障码后用____________标识。

查阅大众 ABS 系统维修手册，并补充下表大众车系 ABS 系统常见故障码及说明。

故障代码	故障内容	可能原因
00668	汽车 30 号线终端电压超差	电源供应线路、熔断器、连接插头
00283	左前转速传感器	
00285	右前转速传感器	
00287	左后转速传感器	
00290	右后转速传感器	
01044	控制单元编码不正确	
01130	ABS 信号超差	
01276	ABS 液压泵信号超差	
65535	控制单元	

5．清除故障码

执行功能 05，可清除系统存储的______，执行 06 功能，结束输出。

汽车系统测试	确认
05–清除故障存储	

汽车系统测试	确认
06–结束输出	

清除故障的方式有机器清码和______清码两种，有些车如丰田车，两种方式均可用，其可通过诊断仪清码，也可用跨接线将诊断接口的 TC 与______端子短路，并在 5 s 内连续踩下制动踏板 8 次来清除故障码；而大众车系只能用诊断仪来清码，如果故障码可清除，说明故障属于______故障或上次维修排除故障而没有清除的故障码；如果清除不了，二次再读出同样故障码，则为______故障，故障还没有排除。

三、ABS 系统轮速传感器、制动灯开关的自诊断检查

1. ABS 自诊断系统有数据流功能，查阅维修手册列出哪些元件的数据流可检测？

2. 查阅维修手册，利用诊断仪进行轮速传感器检测（每完成一项后在后面的括号中划“√”）。

- 举升车辆，使 4 个车轮离地，用于将来能够转动车轮。（ ）
- 连接诊断仪，打开点火开关。（ ）
- 进入 ABS 电子控制系统界面，大众车专用诊断仪通过输入地址码______可进入。（ ）
- 进入数据流读取界面。大众车系诊断仪通过输入______功能，进入数据流读取界面。（ ）
- 大众车系输入 01 显示组，屏幕显示区域 1 ~ 4 分别显示 4 个车轮实际转速，用手转动每个车轮，其数据应发生变化，如单个车轮没有数据则说明没有转速信号输入，应检查相应轮速传感器______、安装及传感器本身。

♦ 显示区域1到4应是用手转动车轮的速度

显示区域	表示含义	V.A.G1552 屏幕显示
1	左前轮速度(km/h)	0...255
2	右前轮速度(km/h)	0...255
3	左后轮速度(km/h)	0...255
4	右后轮速度(km/h)	0...255

读测量数据块1			→
0公里/小时	0公里/小时	0公里/小时	0公里/小时

- 选择下一步，可读取 02 显示组各数据。

Read measuring value block 2			→
255 km/h	255 km/h	255 km/h	255 km/h

Read measuring value block 2			→
3 km/h	6 km/h	2 km/h	1 km/h

读测量数据块2			→
255公里/小时	255公里/小时	255公里/小时	255公里/小时

读测量数据块2			→
3公里/小时	6公里/小时	2公里/小时	1公里/小时

当汽车静止时，4 个数据显示为______km/h，汽车缓慢行驶进，便显示实际各车轮车速，查阅维修手册检测标准，可知显示区域 1 与 2 两个前轮数值偏差小于______为正常；3 与 4数值偏差小于______为正常，如相差过大则说明__________，需要检测各轮速传感器

电路。

- 读取03显示组，显示制动灯开关状态，不踩制动踏板时应为________；踩制动踏板时应为______，否则检查制动灯开关。

Read measuring value block 2 →
0

读测量数据块3 →
0

四、液压泵及液压单元的自诊断检查

ABS系统液压泵及液压单元的工作检查，可通过ABS系统____________这一功能来完成检测，其工作时实际是通过诊断仪控制ABS液压泵及液压单元中的____交替工作，来交替开闭阀门和释放压力，通过______状态来间接判定液压泵及液压单元状况。

1. 检查条件的准备

- 车辆必须被升起，4个车轮需离地。
- 需要2个人配合操作，其中1个人在驾驶员座位上操作故障诊断仪，另外1个人在外转动车轮。
- 先踩几次制动踏板，排尽管路空气形成真空。
- 为了获得与有真空助力时相同的制动压力，踩制动踏板的力必须增加。
- 准备汽车故障诊断仪，写出你所用的汽车故障诊断仪：________________。
- 查阅维修手册，填写ABS相关英语缩略语：

FL = Front Left 左前　FR = Front Right ________ RL = Rear Left 左后 RR = ________右后

I = Inlet Valve 进油阀　O = Outlet Valve ________　Lock/Free = 锁死/自由　Hydr - P = Hydraulic Pump ________

VBAT = Voltage Battery at Valve　在阀上有蓄电池电压 0 V = 0 Volt

2. 液压泵及液压单元的自诊断检查

（1）连接诊断仪，打开点火开关，松开驻车制动器，进入ABS自诊断系统界面（03地址码）。

汽车系统测试　确认
03最终控制诊断

最终控制诊断 →
ABS液压泵-V64

（2）输入 03 功能，进入____元件测试工作。

Final control diagnosis　→
Operate brakes

最终控制诊断　→
踩下刹车

（3）按确认键，____开始工作。（以下到结束整个程序进程时，ABS 故障警报灯必须以 2 次/秒的频率闪烁，制动装置警报灯以 4 次/秒的频率闪烁）

Final control diagnosis　→
IFL 0V　OFL 0V　Wheel FL locked

最终控制诊断　→
左前进油阀:0伏　左前出油阀:0伏　左前轮锁定

（4）60 s 内按下向下键，屏幕提示________，车内人员把制动踏板踩到底。

（5）按继续向下键，进入制动压力建压阶段，屏幕显示左前轮油压控制 2 个电磁阀的状态，分别为进油阀断电处于________（常开/常闭）状态，制动总泵产生的油压通过进油阀进入________；出油阀为 0 V，处于断电________（常开/常闭）状态，从而使制动分泵中的制动油压上升，产生制动力，左前轮锁定处于________状态，车轮不能转动。

（6）按向下确认键，进入________阶段，屏幕显示如下图所示，进油阀为蓄电池电压处于通电________状态，左前出油阀为 0 V，仍处于断电________状态，制动分泵的油保持不变，仍保持制动力，车轮处于锁定________（能/不能）转动状态。

Final control diagnosis　→
IFL VBAT　OFL 0V　Wheel FL locked

最终控制诊断　→
左前进油阀:电瓶电压　左前出油阀:0伏　左前轮锁定

（7）按向下确认键，进入______阶段，____开始运转工作（听到明显的声音），屏幕显示左前进油阀为蓄电池电压，仍处于通电____状态，左前出油阀也为蓄电池电压，处于通电____状态，制动分泵内油压____，制动踏板也能够感到“顶脚”放松，制动力下降，左前轮处于自由状态，____（能/不能）够自由转动。

Final control diagnosis　→
IFL VBAT　OFL VBAT　Wheel FL free

最终控制诊断　→
左前进油阀:电瓶电压　左前出油阀:电瓶电压 左前轮自由

（8）继续按向下确认键，进入________阶段，ABS 泵停止工作，屏幕显示左前进油阀为蓄电池电压，处于通电______状态，左前出油阀为 0 V，处于________，制动分泵油压保持较低状态，制动力较小，左前轮处于自由状态，可自由________。

（9）继续按向下确认键，进入重新建压阶段，屏幕显示左前进油阀为 0 V，处于______状态，左前出油阀为 0 V，处于断电____，制动总泵中的油重新进入制动分泵，制动踏板有明显下移感觉，制动分泵油压上升，制动力增加，左前轮锁定，处于____（能/不能）转动状态。

Final control diagnosis		→
IFL 0V	OFL 0V	Wheel FL locked

最终控制诊断		→
左前进油阀:0V	左前出油阀:0V	左前轮锁定

（10）继续按向下确认键，屏幕提示，松开制动踏板，左前轮检测结束，说明左前轮的 2 个电磁阀（____与____）与液压泵工作正常。

Final control diagnosis →
Release brakes

最终控制诊断 →
松开刹车

车轮 ABS 及液压泵测试表

步骤	操作者动作	屏幕显示	正常时的结果
01		Hydraulisch ABS Pumpe V64 （液压泵测试）	
02	踩下制动踏板不放	Bremse Bestatigung （踩下制动踏板）	
03	踩下制动踏板不放	EVL：0 V　AVL：0 V　Rad blockiert （常开阀：0 V　常闭阀：0 V　车轮抱死?）	车轮抱死
04		EVL：UBAT　AVL：0 V　Rad blockiert （常开阀：通电　常闭阀：通电　车轮抱死?）	车轮抱死

续表

步骤	操作者动作	屏幕显示	正常时的结果
05	踩下制动踏板不放	EVL：UBAT　AVL：0 V　Rad frei （常开阀：通电　常闭阀：通电　车轮可自由转动?）	车轮可自由转动，踏板回弹，可听见泵电动机工作噪声
06		EVL：UBAT　AVL：0 V　Rad frei （常开阀：通电　常闭阀：0 V　车轮可自由转动?）	车轮可自由转动
07		EVL：0 V　AVL：0 V　Rad blockiert （常开阀：0 V　常闭阀：0 V　车轮抱死?）	车轮抱死 踏板自动微微下沉
08	松开制动踏板	Bremse lösen （松开制动踏板）	

（11）按向下确认键，进入__________的诊断测试，过程同前。

（12）右前轮结束后，进入__________的诊断测试，过程同前。

（13）右后轮结束后，进入右后轮诊断测试，过程同前。

（14）按向下确认键后，ABS 故障指示灯与__________熄灭，终端元件测试全部结束。如果此时 ABS 故障指示灯不灭，说明系统存在故障，应进行故障码检测后再清码。

ABS 液压单元电磁阀检测过程

左前轮常开阀及常闭阀密封性	ON	踩踏板	左前轮无法转动时，踏板不下沉	常闭阀检查
	ON（两阀和泵同时通电）	踩踏板	左前轮可自由转动时，踏板不下沉	常开阀检查
右前轮常开阀及常闭阀密封性	ON	踩踏板	右前轮无法转动时，踏板不下沉	常闭阀检查
	ON（两阀和泵同时通电）	踩踏板	右前轮可自由转动时，踏板不下沉	常开阀检查

续表

左后轮常开阀及常闭阀密封性	ON	踩踏板	左后轮无法转动时，踏板不下沉	常闭阀检查
	ON（两阀和泵同时通电）	踩踏板	左后轮可自由转动时，踏板不下沉	常开阀检查
右后轮常开阀及常闭阀密封性	ON	踩踏板	右后轮无法转动时，踏板不下沉	常闭阀检查
	ON（两阀和泵同时通电）	踩踏板	右后轮可自由转动时，踏板不下沉	常开阀检查

五、ABS 电子控制单元编码

1. 通常 ABS 电子控制单元在车辆出厂时已经有编码，读取 ABS 电子控制单元状态信息时可查到 code ______，但维修站供应的新的 ABS 电子控制单元配件则没有编码，因此在更换新的 ABS 电子控制单元后，必须利用______完成编码工作。如果 ABS 电子控制单元没有编码（状态信息检查时，为 code 00000）或编码错误，ABS 故障警报灯和制动装置警报灯将以 1 次/秒的频率闪烁。

2. 查阅维修手册，写出编码操作流程。

（1）______________________________

（2）______________________________

（3）______________________________

（4）______________________________

（5）______________________________

六、总结与思考

1. 查阅维修手册可知，ABS 自诊断功能有读取故障码、______________、终端元件测试、______________数据流测试等功能。

2．ABS 电子控制单元在哪些条件下需要进行编码?

3．液压单元电磁阀测试可通过自诊断系统的____________________（读取数据流/终端元件测试功能）功能来完成。

4．磁阻式轮速传感器为主动式传感器，其输出信号波形为方波，精度比电磁式________（高/低），对其________（可以/不可以）测量电阻。

学习活动4　ABS 系统的拆检

学习目标

1. 能查阅维修手册，描述 ABS 防抱死装置主要部件的结构及工作原理。

2. 能进行汽车 ABS 防抱死装置主要部件的检测及技术状况的判定。

3. 能查阅维修手册，规范进行 ABS 系统主要部件的拆装与检查。

4. 能通过试车进行 ABS 系统检查。

建议学时：4 学时

学习过程

一、轮速传感器的结构与工作原理

1. 查阅资料，填写轮速传感器相关内容。

轮速传感器的功能是与传感器齿圈配合，用于检测 4 个车轮的______，并把信号发送给 ABS 电子控制单元（ECU）。目前，市场上常见的轮速传感器有两种，分别为________与磁阻式（丰田车）。

2. 查阅维修手册，比较前、后轮轮速传感器的差异。

（1）下图为大众车系前轮速传感器，其与后轮速传感器结构与安装位置不同。前轮盘式制动器中，信号脉冲轮为 2，轮速传感器为______，制动盘为______，制动轮缸及制动钳为______，轮速传感器的工作面为______（前面/侧面），从下图大致可判定本轮速传感器类型为____________。

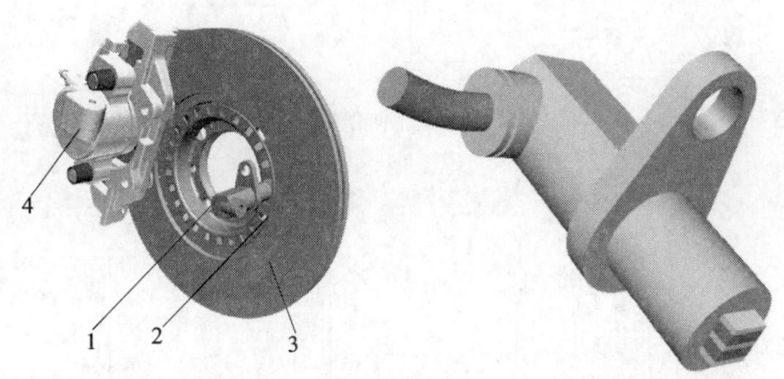

（2）下图为后轮速传感器结构与安装位置，在后轮鼓式制动器中，轮速传感器为 1，信号轮为______，制动轮缸为______，制动鼓为__________，轮速传感器与信号盘的安装位置与前轮不同，工作面为______（前面/侧面）。

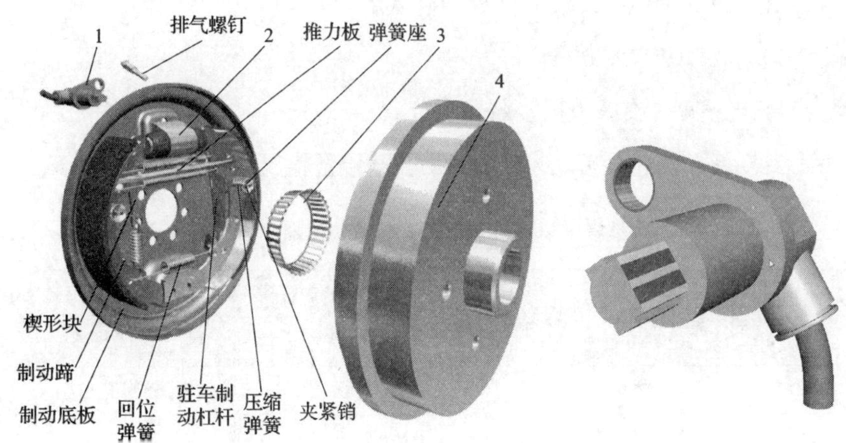

二、轮速传感器的检查与更换

轮速传感器提供的转速信号是 ABS 控制单元调节________的依据，如果轮速传感器及其电路存在故障，则 ABS 系统就不能正常工作。

1．查阅维修手册，进行轮速传感器的安装及外观检查（检查确认后在括号中划“√”）。

- 检查插头是否连接好。（　）
- 拔出插接器，观察是否有锈蚀、松动。（　）
- 检查传感器外壳是否损坏。（　）
- 如下图所示，检查传感器与齿圈之间的间隙，查阅维修手册，大众桑塔纳 2000GSI 的 ABS 标准间隙是________________。（　）
- 检查传感器的安装情况是否良好。如下图传感器与安装面之间应__________，固定螺栓不能有松动。（　）

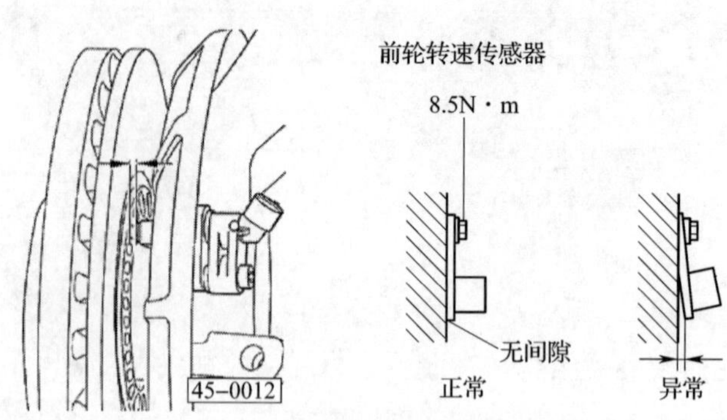

轮速传感器标准间隙

2. 检查轮速传感器的电压或波形（检查确认后在括号中划“√”）。

- 顶起车轮，松开驻车制动器。（ ）
- 拆下 ABS 电线束，在线束插接器处测量。（ ）
- 以每秒约 0. 5 转的速度转动车轮，用万用表测量输出电压，并补充下表。

大众桑塔纳 2000GSI 电磁式轮速传感器电压测量

检测项目	检测端子	检测条件	输出电压实测值	标准值	不正常时需检测
左前轮信号电压	4 - 11	以每秒约 1 转的速度转动车轮		约 65 mV	
右前轮信号电压	3 - 18			190 ~ 1 140 mV	
左后轮信号电压	2 - 10				
右后轮信号电压					

- 用示波器检测轮速传感器波形。从波形中可看出，车轮转速越高，则波形频率越______，间隙越大，则波形电压越________。（ ）

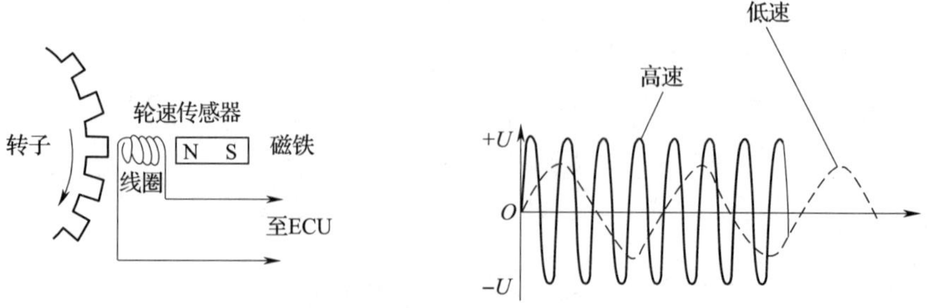

电磁式轮速传感器波形检测

3. 检查轮速传感器的电阻。

轮速传感器电阻测量包括传感器本身的电阻测量，以及传感器端子与接地之间的电阻测量。

I 轮速传感器电阻测量

检测项目	检测端子	额定值	实测值	不正常时需检测
左前轮速传感器电阻	4 – 11	1.0 ~ 1.3 kΩ		检查插头 检查转速传感器电阻，应为 1.0 ~ 1.3 kΩ 检查通向转速传感器导线（应拉动导线可能触点有松动）
右前轮速传感器电阻	3 – 18			
左后轮速传感器电阻	2 – 10			
右后轮速传感器电阻				
左前轮速传感器与车身接地之间的电阻	1 – 车身接地	1 MΩ 或更大		
	2 – 车身接地			
右前轮速传感器与车身接地之间的电阻	1 – 车身接地			
	2 – 车身接地			
左后轮速传感器与车身接地之间的电阻	1 – 车身接地			
	2 – 车身接地			
右后轮速传感器与车身接地之间的电阻	1 – 车身接地			
	2 – 车身接地			

4. 前轮速传感器的拆卸（每检查确认一步在后面括号中划“√”）。

- 拔下传感器插头，如下面左图中箭头所示。使用中，传感器导线插头由于受外力作用导致损坏时（下面右图），可采用线束修理包对插头进行修复。（　　）
- 拧下轮速传感器的________紧固螺栓。（　　）
- 拔出前轮轮速传感器。不能直接硬拉________，应该先用一字旋具将传感器头部两侧撬松后再拉出。（　　）

注意事项：前轮左右侧轮速传感器________（能/不能）替换，零件号不同。

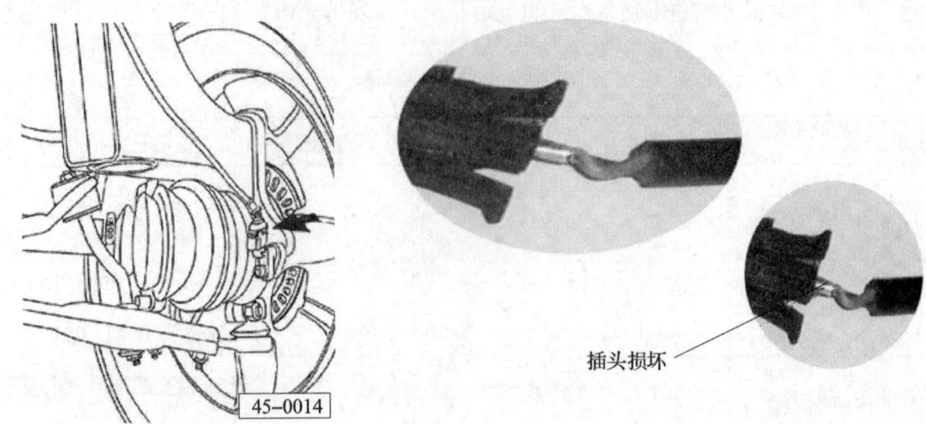

5. 拆卸后轮速传感器（每检查确认一步在后面括号中划“√”）。

后轮传感器左右侧零件相同，拆卸顺序如下：

- 翻起汽车后座垫，如图分开后轮传感器的连接插头。（ ）
- 如图拧下传感器的内六角固定螺栓。（ ）
- 拆下后轮传感器，拆卸方法同前轮。（ ）
- 如图取下后梁上的转速传感器导线保护罩。（ ）
- 拉出导线与导线插头。（ ）
- 其余拆卸同前轮速传感器。（ ）

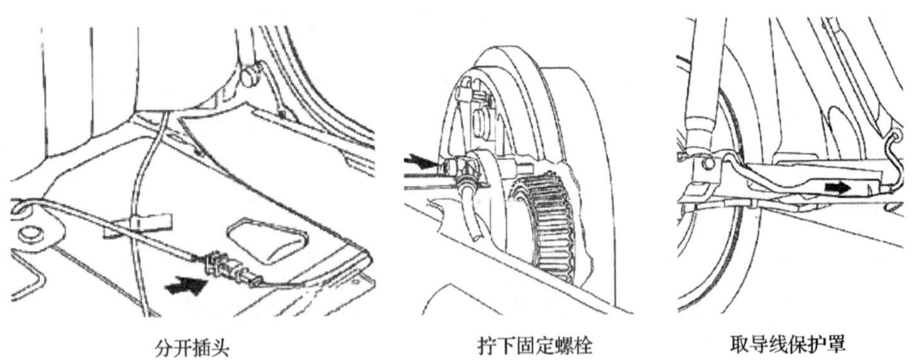

分开插头　　拧下固定螺栓　　取导线保护罩

6. 检查轮速传感器端部。

- 检查传感器端部是否有损坏或____________，如有需要更换传感器。
- 检查传感器是否有由于外力或异物铰断使得其头部磁钢叠片损坏（见下图）。

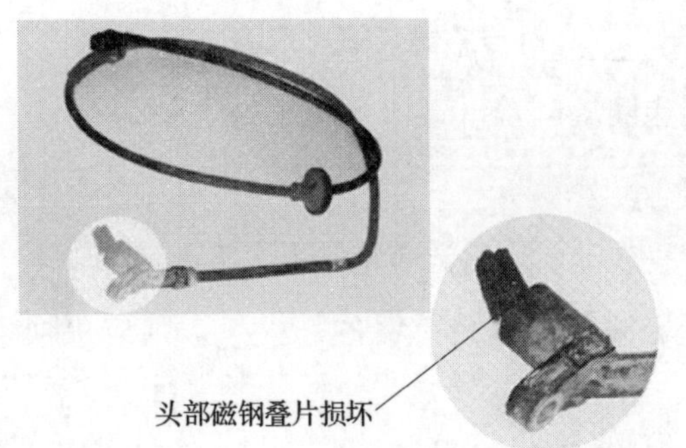

- 检查传感器铜衬套处有无______、头部断裂（在拆卸过程中要特别注意，防止因拆卸不当而造成__________脱落的问题发生）（见下图）。

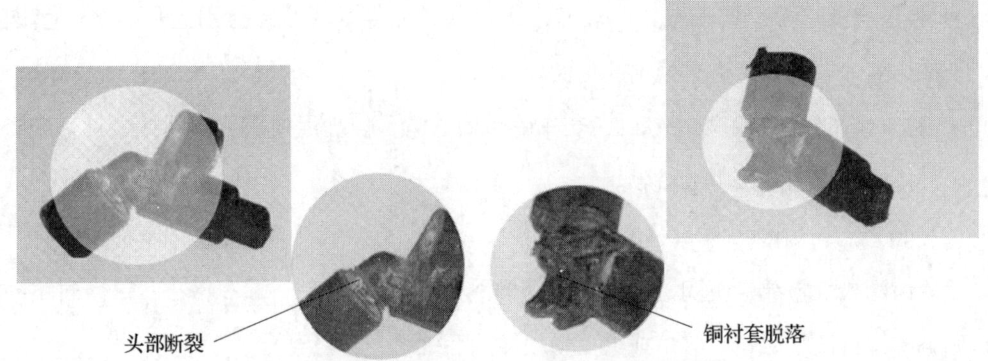

- 检查传感器头部磁钢叠片是否与齿圈有磨损。由于车架受冲击，安装位置变形，使传感器与________之间间隙过小，引起磨损（见下图）。

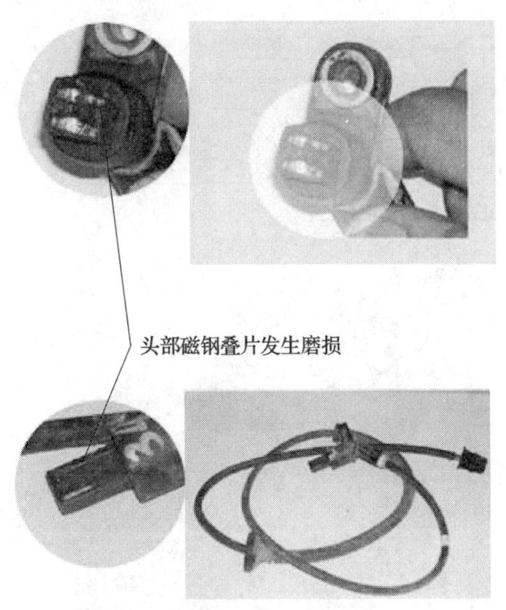

- 清洁传感器。传感器前端有异物时，需要清洁。清洁时用____轻轻刷去 ABS 传感器

头部的金属铁屑，同时用______对传感器头部进行清洁。

7. 检查轮速传感器齿圈。

（1）检查前轮齿圈

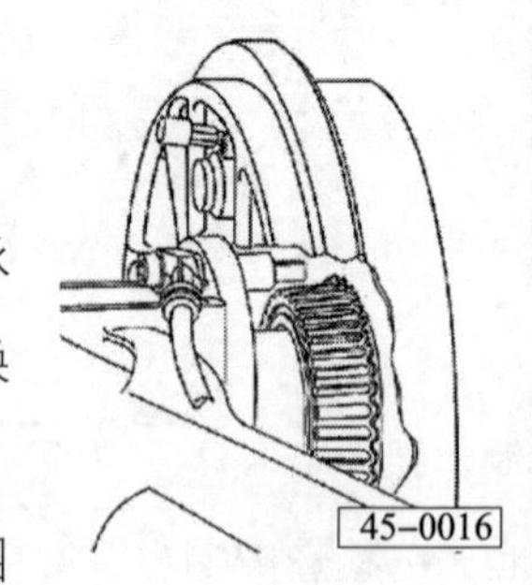

- 前轮离地，用双手转动前轮感觉前轮是否异常。前轮轴承损坏或轴向游隙过大会影响前轮速传感器的______，则应更换______。
- 检查齿圈轴向摆差。若轴承轴向游隙过大，则要检查齿圈轴向摆差，查阅维修手册，大众桑塔纳2000GSI轴向摆差标准值为______。
- 检查齿圈是否有变形或____。若出现齿圈轴向摆差过大，会引起传感器与齿圈擦碰，造成齿圈______，则应更换前轮齿圈。
- 检查齿圈是否有脏物或锈蚀。若车轮齿圈正常，但被泥或脏物堵塞或锈蚀，会降低______，应清除齿圈空隙中的脏物。

（2）检查后轮齿圈

后轮齿圈检查与前轮类同，大众车系径向跳动标准值为≤______。若后轮径向跳动过大，则调整螺母调整后轮______或者更换损坏的后轴承。

8. 安装轮速传感器。

- 安装传感器之前，要先清洁传感器安装座孔的内表面。
- 涂上固体______，然后装入轮速传感器。
- 拧紧内六角固定螺栓，拧紧力为________。
- 插上导线插头，安装后要进行________检验。

三、ABS 控制单元的检查与更换

1. ABS 控制单元的组成。

查阅维修手册并观察上图 ABS 控制单元的结构，可知与制动主缸相连接的接口是 1，其通过__________个接口与制动主缸相连。与制动轮缸相连的接口是__________，其与对应有__________个接口分别与四个车轮连接。

ABS 电子控制单元线束连接口是__________，不同车型有不同数目的连接针脚。

如下图所示，ABS 控制器（控制单元）是由电子控制单元 ECU ____________、液压控制单元 HECU __________及液压泵电动机________等组成，其既是 ABS 的控制核心，同时也是制动压力调节器的执行元件。

2. 查阅维修手册，结合下图液压控制单元组成，标注图标与元件之间的对应关系。

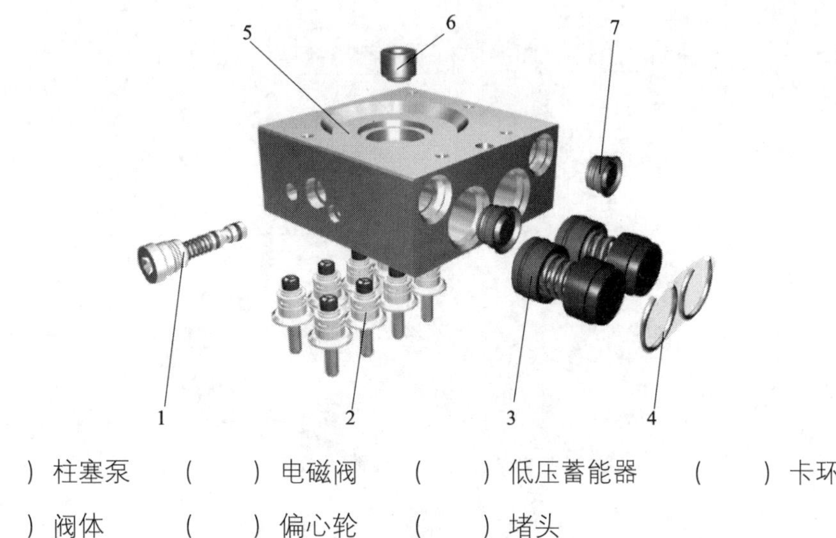

（　　）柱塞泵　（　　）电磁阀　（　　）低压蓄能器　（　　）卡环

（　　）阀体　（　　）偏心轮　（　　）堵头

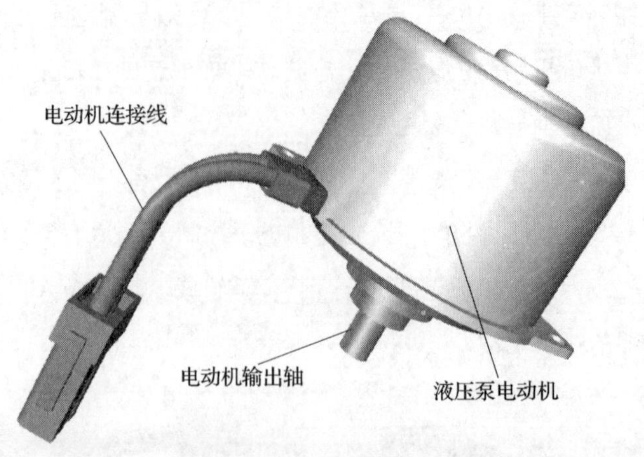

ABS液压控制单元（HECU）装在制动主缸与____________之间，主要任务是转换执行ABS电子控制单元的指令，其阀体内8个电磁阀，每个回路各一对，其中一个是常开的____________，一个是常闭的出油阀，在制动主缸、制动轮缸和回路之间建立联系，进行压力自动调节；柱塞液压泵与低压储液罐合为一体装在液压控制单元HECU内部，低压蓄能器的作用是暂时存储从制动轮缸中流出的制动液，以缓和制动液从轮缸中流出时产生的__________；柱塞液压泵的作用是将低压蓄能器中的制动液及时送回__________，同时在施加压力阶段，从低压罐中吸取剩余制动力，泵入制动循环系统，给液压系统以压力支持，快速增加__________，其运转是由液压泵电机通过__________驱动的。

液压泵电动机通过输出轴驱动液压控制单元内偏心轮，从而驱动柱塞液压泵工作，其运转受ABS ________控制，也属于ABS防抱死控制系统中的执行器。

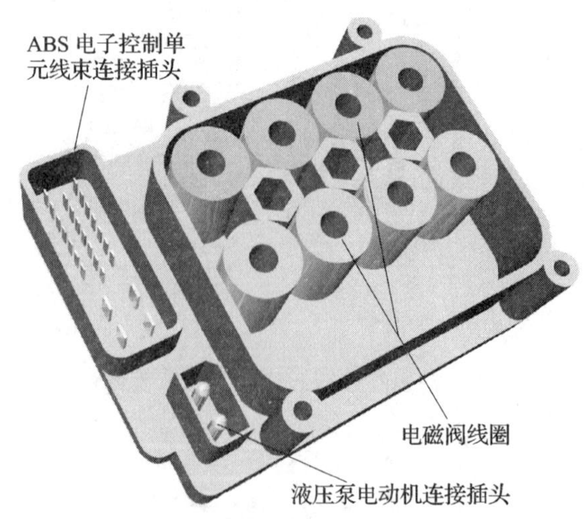

3．ABS 控制单元的检查

（1）检查 ABS 控制单元线束插头安装是否正确，外观是否完好，插头是否连接良好。________（是/否）拔出插接器观察是否有锈蚀或松动。________（是/否）

（2）检查 ABS 熔丝是否正常。________（是/否）

（3）检查蓄电池电压是否正常。________（是/否）

（4）在上海大众桑塔纳 2000GSi ABS 控制电路图（或提供的其他类型的 ABS 系统电路图）上，用彩笔将 ABS 控制单元的电源电路描成红色，接地电路描成棕色。（在前文图上画出。）

（5）查阅控制电路，检查 ABS 控制单元的电源与接地情况并填写下表。

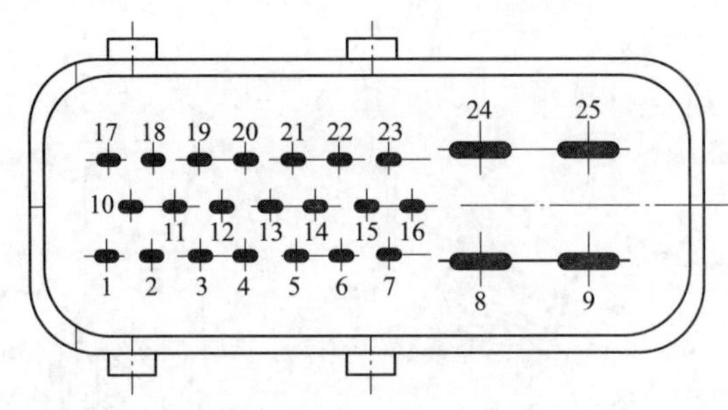

检测端子	检测内容	检测条件	标准值	实测值	结论
8 - 9	检测电源	断开 ABS 电线束	10 ~ 14.5 V		
24 - 25	与接地	与 ECU 的连接	10 ~ 14.5 V		
8 - 25	液压泵供电	点火开关关闭	10 ~ 14.5 V		
9 - 24	电磁阀供电	点火开关关闭	10 ~ 14.5 V		
8 - 23	电控单元供电	点火开关打开	10 ~ 14.5 V		
8 - 12	制动灯开关功能	点火开关关闭	不踩为 0 ~ 0.5 V		
			踩为 10 ~ 14.5 V		
6 - 12	编码桥接	点火开关关闭	≤1 Ω		
13 - 诊断插座端子 7	诊断线	点火开关关闭	≤1 Ω		

4．ABS 控制单元的更换。

（1）ABS 控制器的拆卸（每实施一步在后面对应括号中划“√”）

- 关闭点火开关，拆下蓄电池及蓄电池支架。注意应先拆______（正极/负极）。（　　）

- 从 ABS 控制单元上拔下 25 针的插头。 (   )

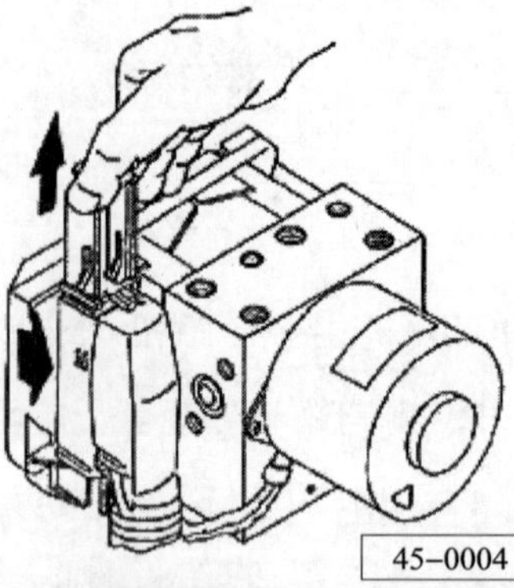

- 踩下踏板，并用______工具固定踏板。 (   )
- 在 ABS 控制单元下垫一块布，用来吸干从开口处流下的制动液。 (   )

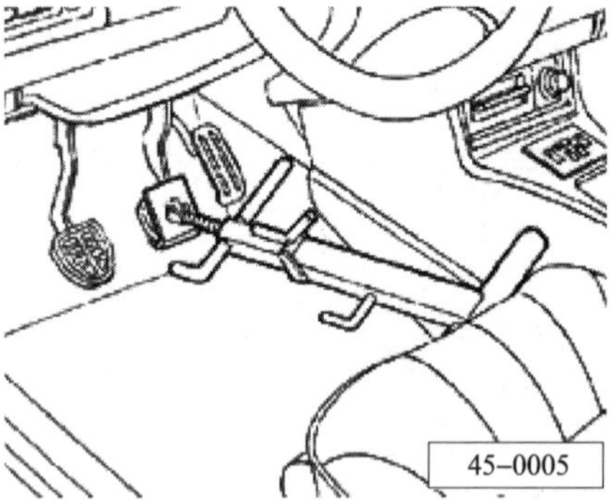

固定支架 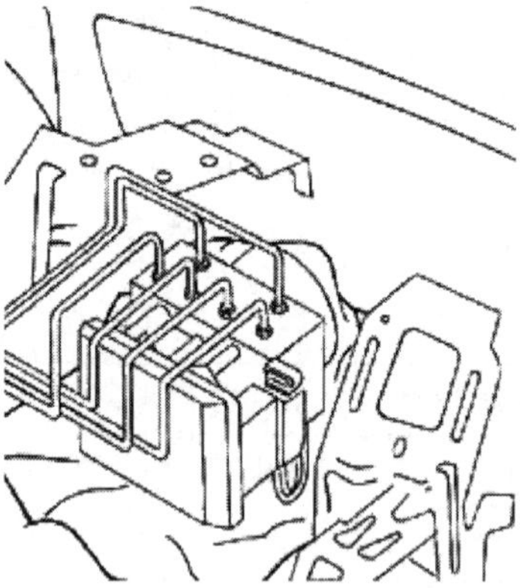　　　　垫布

- 先拆下制动总泵到液压单元的制动油管 A 和 B，并用密封塞将开口塞住。 (   )
- 用软铅丝把制动油管 A 和 B 扎在一起，挂到高处，使开口处高于____________的油平面。 (   )
- 拆液压单元通到各轮的制动油管 1 ~ 4，做上记号，并用________将开口部塞住。 (   )

注意：在操作过程中必须小心，不得把制动液渗入到____________中去。如果制动液渗漏到控制单元中去，会使触点腐蚀，损坏系统。如果壳体脏，可用压缩空气吹净。

- 从支架上拆下 ABS 控制器。 (   )

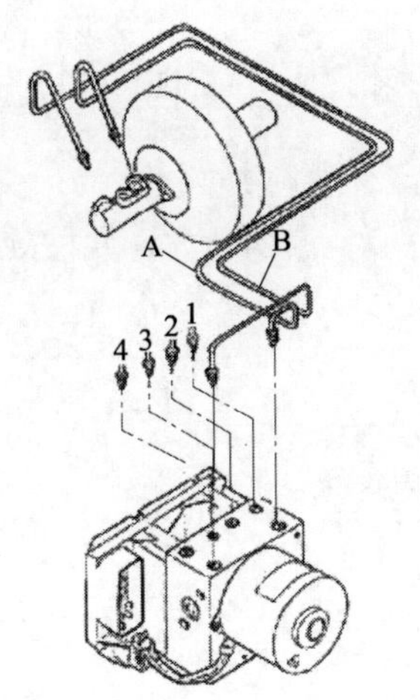

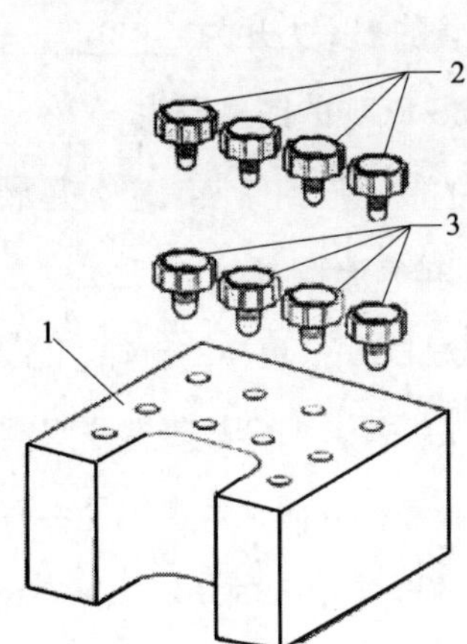

（2）ABS 控制器的分解（每实施一步在后面对应括号中划“√”）

- 压下接头侧的________，拔下 ABS ECU 上的液压泵电线插头。（　　）
- 用专用套筒扳手拆下 ABS ECU 与 HECU 的 4 个连接螺栓。查阅维修手册，拆下的旧螺栓________（能/不能）再用。（　　）
- 将液压控制单元（HECU）与电子控制单元（ECU）分离。（　　）

注意：拆下控制单元时要直拉，小心别碰坏阀体。

- 在控制单元的电磁阀上盖一块________的布。（　　）
- 把液压单元和液压泵安放在专用支架上，以免在搬运时碰坏阀。（　　）

（3）ABS 控制器的装配（每实施一步在后面对应括号中划“√”）

- 清洁装配场地，不允许有灰尘及脏物。（　　）
- 把 HECU 和 ECU 装成一体，用专用套筒扳手拧紧新的螺栓，力矩不得超过______。（　　）
- 插上液压泵电线插头，注意______必须到位。（　　）

（4）ABS 控制器的安装（每实施一步在后面对应括号中划“√”）

- 将 ABS 总成装在支架上，以__________力矩拧紧固定螺栓。（　　）
- 拆下液压口上的密封塞，装上各制动油管，确认油管连接正确。（　　）

- 装上连接到总泵的制动油管 A 和 B。 (　　)
- 制动油管的拧紧力矩为__________（M10×1）和______（M12×1）。 (　　)
- 插上 ABS ECU 的线束插头。 (　　)
- 加注新的制动液到储液罐中，直到液面到达________的地方，并按规定方法排气。具体排气方法见排气流程图。 (　　)
- 如果 ABS ECU 是更换的新件，必须对 ECU 进行________。
- 打开点火开关，ABS 故障警告灯需亮起 2 s 后再熄灭。
- 先清除故障码存储，再查询是否有故障码。 (　　)
- 试车行驶检查 ABS 的功能，需感到制动踏板________。 (　　)

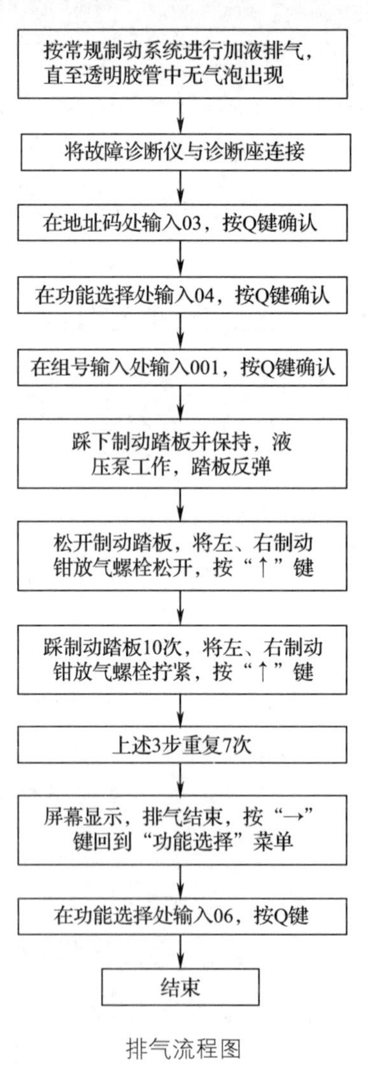

排气流程图

四、总结与思考

1. ABS 系统轮速传感器检查时，根据传感器类型与原理的不同，电磁式轮速传感器可进行________检查，但不进行________检查；磁阻式轮速传感器可进行________检查，但不能检查电阻。

2. 识读丰田卡罗拉磁阻式轮速传感器电路图。

下图为丰田卡罗拉轮速传感器电路，其传感器为__________（电磁式/磁阻式）传感器，其中左前轮速传感器 A28 通过 1、2 号端子分别与防滑控制 ECU 的__________、________两个端子相连接，可用于检测车轮的转速并向______发送相应的信号，右前轮速传感器 A27 正极端子与防滑控制 ECU 的__________端子相连接。

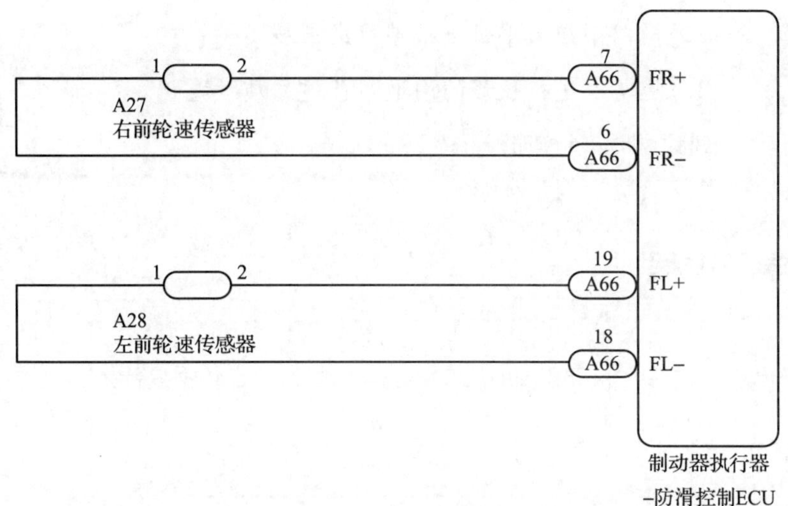

丰田卡罗拉轮速传感器电路图

3. 磁阻式轮速传感器包含一个由 2 个________组成的传感器 IC。轮速传感器转子包含呈圆形排列的 48 组 N 和 S 磁极，与________内座圈安装在一起。为了检测旋转方向，输出波形用于确定由 2 个 MRE 产生的脉冲关系。收到该信号后，传感器 IC 向 ECU 输出如下图所示的向前的波形。

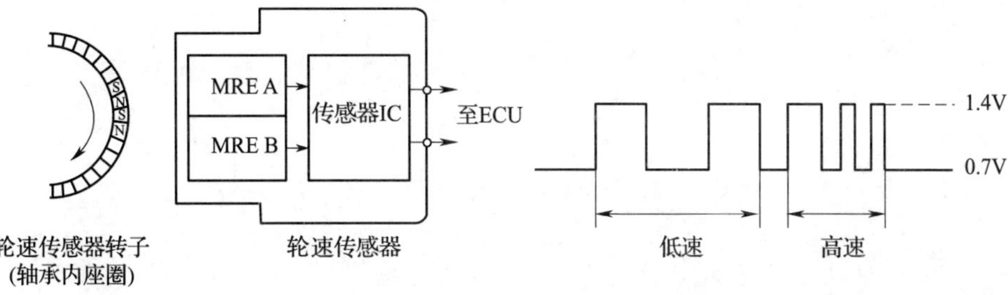

学习活动5　评 价 反 馈

学习目标

1. 能查阅维修手册进行ABS系统修复后的维修质量检查。

2. 能以小组为单位进行学习成果展示。

3. 能与人进行良好的沟通，并建立质量意识。

建议学时：4学时

学习过程

1. 维修作业完成后，你所进行的质量测试有哪些？评定依据是什么？

____评定依据____________

____评定依据____________

____评定依据____________

____评定依据____________

____评定依据____________

____评定依据____________

2. 维修作业完成后，你认为维修过程中需要注意什么？

3. 如果你需要向客户进行说明，你会给客户什么使用和维修建议?

4. 如果需要进行维修费用的评估，你估计该维修项目所需要的时间是多少? 维修费用是多少? 有没有什么方面能够做到资源的节省与环保?

5. 维修该项目后，一般的保质期是多少? 有否有相关依据?

活动评价表

学习任务七评价表

班级：__________　　姓名：__________　　学号：__________

项目	自我评价			小组评价			教师评价		
	10 ~ 9	8 ~ 6	5 ~ 1	10 ~ 9	8 ~ 6	5 ~ 1	10 ~ 9	8 ~ 6	5 ~ 1
	占总评 10%			占总评 30%			占总评 60%		
学习活动 1									
学习活动 2									
学习活动 3									
学习活动 4									
学习活动 5									
协作精神									
纪律观念									
表达能力									
工作态度									
安全意识									
任务总体表现									
小计									
总评									

任课教师：______　　年　　月　　日